江门海关年鉴

2022

《江门海关年鉴（2022）》编纂委员会——编著

中国海关出版社有限公司
·北京·

图书在版编目（CIP）数据

江门海关年鉴．2022／《江门海关年鉴（2022）》编纂委员会编著．—北京：中国海关出版社有限公司，2023.3

（中国海关史料丛书）

ISBN 978－7－5175－0643－0

Ⅰ.①江…　Ⅱ.①江…　Ⅲ.①海关—江门—2022—年鉴　Ⅳ.①F752.55－54

中国国家版本馆 CIP 数据核字（2023）第 036551 号

江门海关年鉴（2022）

JIANGMEN HAIGUAN NIANJIAN（2022）

作　　者：《江门海关年鉴（2022）》编纂委员会

责任编辑：刘白雪

出版发行：中国海关出版社有限公司

社　　址：北京市朝阳区东四环南路甲 1 号　　邮政编码：100023

编 辑 部：01065194242－7521（电话）

发 行 部：01065194221/4238/4246/5127（电话）

社办书店：01065195616（电话）

https://weidian.com/?userid=319526934（网址）

印　　刷：北京盛通印刷股份有限公司　　经　　销：新华书店

开　　本：889mm×1194mm　1/16

印　　张：19.25　　字　　数：360 千字

版　　次：2023 年 3 月第 1 版

印　　次：2023 年 3 月第 1 次印刷

书　　号：ISBN 978－7－5175－0643－0

地图审图号：粤 S（2022）300 号

定　　价：200.00 元

《江门海关年鉴（2022）》编纂委员会

《江门海关年鉴（2022）》编辑部

编辑说明

一、《江门海关年鉴》由江门海关组织编纂，是全面、客观、系统记载江门海关发展历程的编年史料，是集权威性、综合性、实用性为一体的资料性工具书，每年出版一卷，本卷为首卷。

二、《江门海关年鉴（2022）》以习近平新时代中国特色社会主义思想为指导，载录2021年度江门海关工作的基本情况，包括改革发展的主要举措、重要事件以及成效和经验，发挥年鉴存史、资政、育人作用，为建设社会主义现代化海关提供精神动力和史实支撑。

三、《江门海关年鉴（2022）》记述时限为2021年1月1日至12月31日。鉴于本卷是首次编纂，综合反映江门海关发展的前言、概况、专记等内容适当上溯。

四、《江门海关年鉴（2022）》记述范围为江门海关及所属部门、隶属海关单位、事业单位和群众团体管辖事务。

五、《江门海关年鉴（2022）》采用分类编辑法，设类目、分目、条目3个层级，有特载、专记、党的建设、业务建设、综合保障、隶属海关、事业单位和江门海关学会、人物荣誉、大事记、统计资料10个类目，部分设次分目，以条目为基本记述单元。卷首设专题图片。撰稿人按姓氏笔画排序。

六、《江门海关年鉴（2022）》统计数据和单位名称以及标点符号均按国家有关规定执行，计量单位采用国家法定计量单位和国际单位，技术规范、专业名词从规范要求。文中引用数据一般保留小数点后两位。因四舍五入原因，个别合并项与分项和之间略有差异。如与年度发布统计数据有所出入，以发布数据为准。

七、《江门海关年鉴（2022）》所称“总署”为“海关总署”的简称，“广东分署”为“海关总署广东分署”的简称。

目　录

第四篇　业务建设

第六篇　隶属海关

第七篇 事业单位和江门海关学会

第八篇 人物荣誉

第九篇　大事记

第十篇　统计资料

缩略语

附　录

“中国海关史料丛书”编委会

综述

江门海关前身是1904年设立的江门关，1950年更名为中华人民共和国江门海关，2006年升格为海关总署正厅局级直属海关。江门海关负责指定口岸及相关区域范围内海关工作运行管理、监督监控，关区范围为广东省江门市、阳江市。

江门海关下设隶属海关单位9个，分别为外海海关、高沙海关、新会海关、鹤山海关、开平海关、台山海关、恩平海关、阳江海关和江门海关风险防控分局；下属事业单位3个，分别为后勤管理中心、江门海关技术中心、江门国际旅行卫生保健中心（江门海关口岸门诊部）；另有总署委托管理的事业单位1个，为中国电子口岸数据中心江门分中心。关区设有海关监管作业场所（场地）22个。

2018年3月17日，第十三届全国人民代表大会第一次会议通过《关于国务院机构改革方案的决定》，明确将出入境检验检疫管理职责和队伍划入海关。江门海关贯彻落实中共中央对海关机构改革的决策部署，全力以赴推进机构改革。2018年4月20日，江门关区原出入境检验检疫机构（原江门出入境检验检疫局、原新会出入境检验检疫局、原开平出入境检验检疫局、原阳江出入境检验检疫局）统一以海关名义对外开展工作；6月1日，全面取消通关单；8月1日，报关报检实现一张“大表”申报，大幅压缩申报项目，原本229个申报项目整合为105个，原报关报检申报系统整合为一个申报系统，实现一次申报、一单通关。2019年实现统一申报单证、统一作业系统、统一风险研判、统一指令下达、统一现场执法“五统一”，推进口岸监管“查检合一”、后续监管“多查合一”、企业监管体系“无缝对接”。

2021年，江门海关坚持以习近平新时代中国特色社会主义思想为指导，深入学习贯彻党的十九大和十九届历次全会精神，坚决落实习近平总书记重要指示批示精神和党中央决策部署，深刻领悟“两个确立”的决定性意义，增强“四个意识”、坚定“四个自信”、做到“两个维护”，按照总署党委工作要求，深入推进政治建关、改革强关、依法把关、科技兴关、从严治关，实现“十四五”良好开局，高质量发展迈出坚实步伐。坚持政治建关引领发展，贯彻落实习近平总书记重要指示批示精神和党中央决策部署行动迅速、措施有力，党史学习教育、口岸疫情防控、促外贸稳增长、打击走私、精神文明建设等工作成效明显。坚持改革强关促进发展，探索推进7个重点领域和重点业务环节一体化改革成效初显。坚持依法把关规范发展，严密筑牢口岸疫情防线，查获濒危物种及其制品、毒品、违禁品多批，检出不合格进出口食品、商品、危险品大幅增长。坚持科技兴关加快发展，智慧物流监管平台、移动聚合酶链式反应（PCR）实验室等先进监管、实验设施顺利建成，科技应用效能明显提升，检验检测能力有效增强。坚持从严治关保障发展，党风廉政建设和反腐败斗争持续保持高压态势，精神文明建设不断深化，新增“全国优秀党务工作者”“全国文明家庭”等地市级以上荣誉33项，政治生态风清气正，干部队伍心齐劲足。

海关专题图片

领导活动

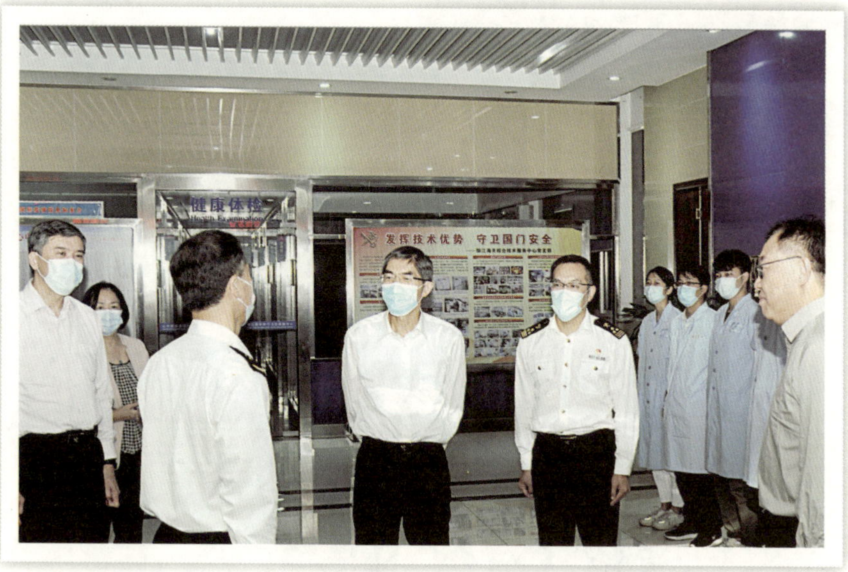

◀ 2021年11月17日，总署党委委员、副署长王令浚（中）在阳江海关综合技术服务中心调研

2021年9月15日，总署党委委员、驻署纪检监察组组长陶治国（中）在江门海关关史展馆调研 ▶

◀ 2021年2月1日，江门海关召开2021年关区工作会议

2021年4月30日，江门海关党委委员（左起詹少彤、盛刚、李明、陈志华、李辉、钟就华、胡冬梅）参加队列训练 ▶

◀ 2021年3月31日，江门海关党委书记、关长詹少彤（中）在高沙海关开展党史学习教育、“现场监管与外勤执法权力寻租”专项整治工作督导调研

◀ 2021年11月11日，江门海关党委书记、关长詹少彤（左一）在知美屋食品有限公司调研

2021年12月13日，江门海关党委书记、关长詹少彤（左三）在开平华艺卫浴有限公司调研 ▶

◀ 2021年2月4日，江门海关党委委员、副关长郭忠鹏（中）督导动植处领导班子开展巡察整改专题民主生活会

2021年6月28日，江门海关党委委员、政治部主任李辉（中）在开平海关参加基层联系党支部主题党日活动 ▶

◀ 2021年5月28日，江门海关党委委员、副关长盛刚（中）在外海海关调研

2021年5月25日，江门海关党委委员、副关长胡冬梅（中）在江门海关网络信息中心开展安全检查 ▶

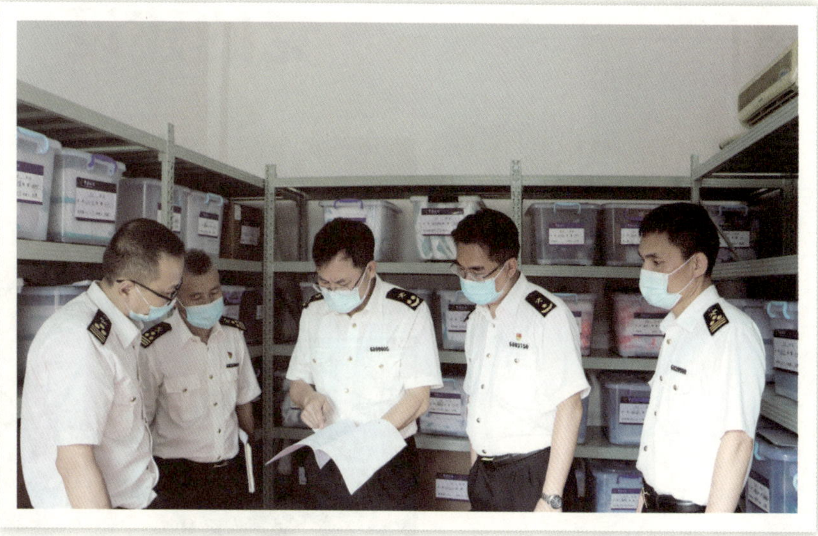

2021年5月7日，江门海关党委委员、副关长钟就华（中）在高沙海关检查疫情防控工作 ▶

◀ 2021年11月19日，江门海关党委委员、缉私局局长李明（右一）慰问缉私一线警员

2021年1月7日，江门海关党委委员、纪检组组长陈志华（中）在鹤山海关跨境电子商务清关中心开展调研 ▶

党的建设

2021年2月1日，江门海关召开2021年关区全面从严治党工作会议 ▶

◀ 2021年7月1日，江门海关组织观看庆祝中国共产党成立100周年大会

2021年6月25日，江门海关获得“光荣在党50年”纪念章的党员重温入党誓词 ▶

2021年12月10日，江门海关召开党员代表会议选举出席江门市第十四次党代会代表 ▶

◀ 2021年3月27日，江门海关举办处级领导干部学习贯彻党的十九届五中全会精神暨党史学习教育专题培训班

2021年3月8日，江门海关举办“百年风华——党史里的巾帼身影”纪念“三八”国际妇女节111周年图片展 ▶

◀ 2021年7月30日，江门海关办公室党支部召开党史学习教育专题组织生活会

2021年1月7日，江门海关进出口食品安全和商品检验处党支部召开支部党员大会 ▶

◀ 2021年5月21日，江门海关人事处党支部在江门市党员教育基地——周郡纪念码头公园开展主题党日活动

2021 年 11 月 ▶ 6 日，江门海关科技处党支部开展“我为群众办实事”科技便民主题党日活动

◀ 2021 年 4 月 2 日，外海海关邮递物品监管科党支部开展“学党史 看关史 做忠诚国门卫士”主题党日活动

2021 年 3 月 26 ▶ 日，鹤山海关党总支到台山市广海镇城北村振华小学开展“弘扬革命精神 传承红色基因”主题党日活动

疫情防控

◀ 2021年1月26日，江门海关移动PCR实验室正式启用

2021年2月17日，新会海关关员对进境船舶实施登临检疫 ▶

◀ 2021年8月16日，高沙海关关员开展进口冷链食品新冠病毒检测采样应急演练

2021年6月28日，新会海关关员开展口岸疫情联合处置突发事件演练 ▶

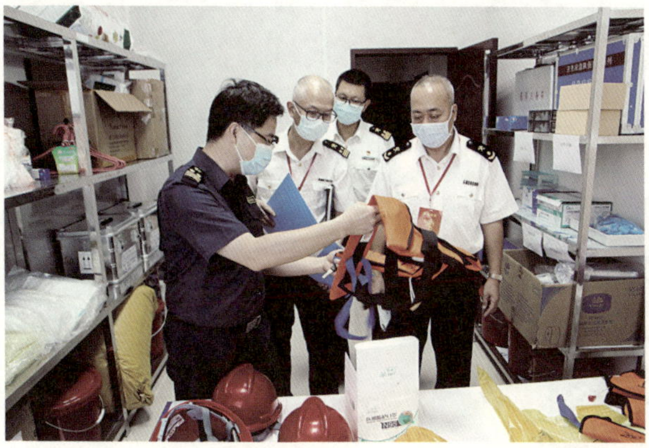

◀ 2021年6月17日，鹤山海关检查疫情防控和安全防护物资储备情况

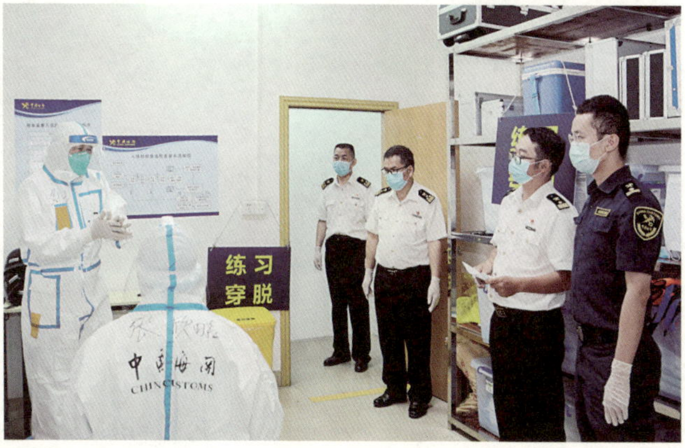

2021年8月30日，开平海关开展安全防护职业暴露及高温中暑应急处置培训 ▶

◀ 2021年12月17日，阳江海关关员对进境船舶实施登临检疫

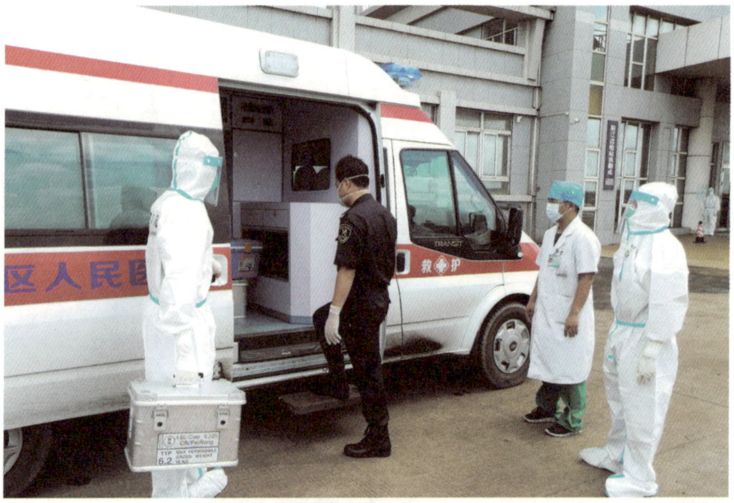

2021年6月16日，阳江海关联合阳江市人民医院开展安全防护职业暴露应急处置演练 ▶

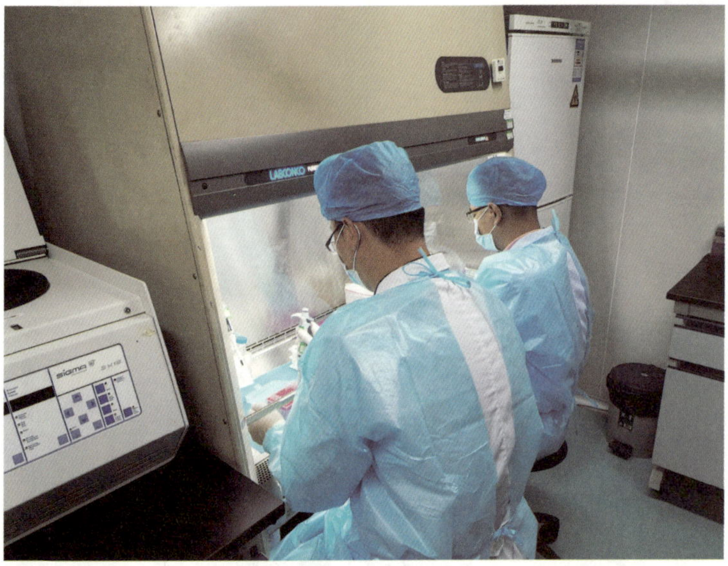

◀ 2021年10月28日，江门海关技术中心动植检实验室技术人员开展总署立项科研项目研究

2021年7月27日，江门海关举办进口商品及包装新冠病毒检测采样培训班 ▶

业务建设

◀ 2021年7月27日，外海海关关员验放关区首票跨境电商B2B出口货物

2021年12月1日，鹤山海关对珠西物流中心“江门北站铁路类监管作业场所”开展验收 ▶

◀ 2021年7月30日，外海海关关员对邮寄进境的“积木熊”进行查验

2021 年 3 月 12 日，高沙海关 ▶
查获一起涉嫌侵权摩托车案

◀ 2021 年 5 月 27 日，新会海关
关员监管出口新造集装箱

2021 年 5 月 ▶
20 日，新会海关
关员对进口原木
实施检疫

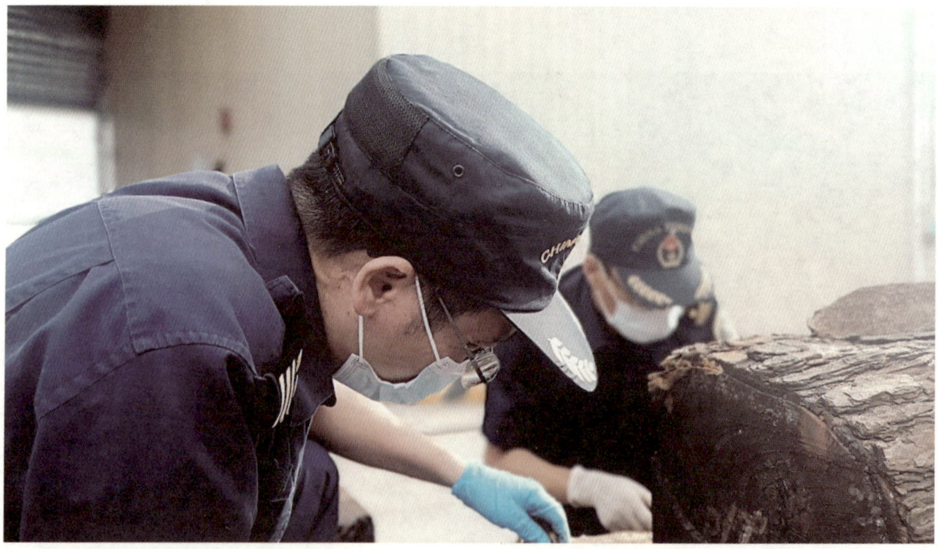

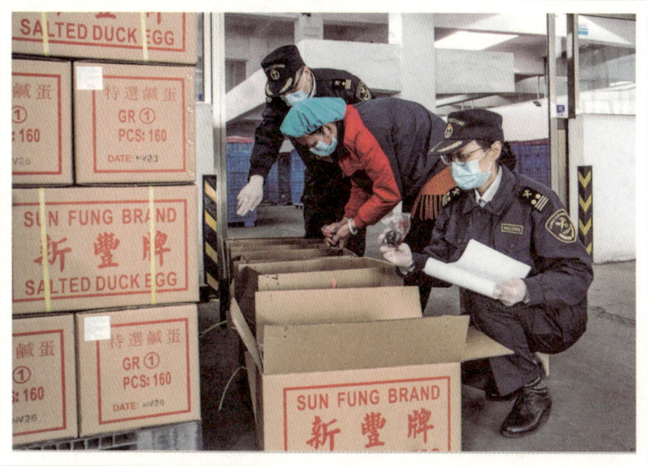

◀ 2021年1月5日，开平海关关员对出口蛋制品进行查验

2021年8月28日，台山海关关员在富贵竹种植基地开展外来有害生物监测 ▶

◀ 2021年7月18日，恩平海关关员对供港活猪实施检疫监装

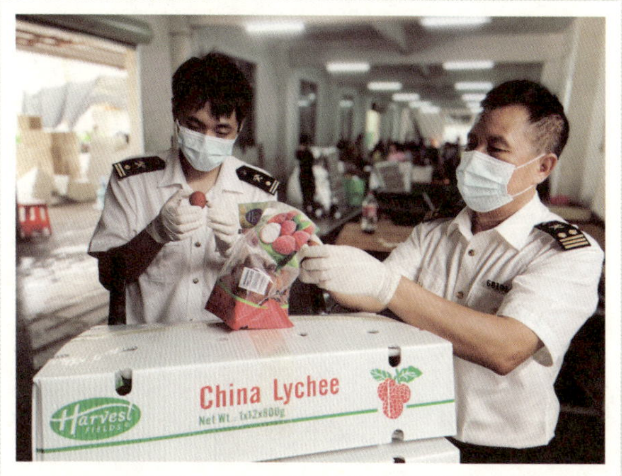

2021年6月25日，阳江海关关员对出口荔枝进行监管 ▶

◀ 2021年4月15日，江门海关技术中心工作人员在制作进口截获的外来有害生物“长戟犀金龟”标本

2021年1月15日，江门海关查获一宗涉嫌走私香烟案 ▶

◀ 2021年10月13日，高沙海关关员在监管作业场所巡查

2021年9月13日，高沙海关关员到企业开展核查 ▶

◀ 2021年11月3日，高沙海关关员到企业检疫监管

2021年10月20日，▶ 新会海关关员到企业开展核查

◀ 2021年10月20日，新会海关关员在保税物流中心（B型）开展监管作业

队伍风采

◀ 2021年1月4日，江门海关举行升国旗仪式

▲ 2021年7月5日，江门海关合唱团获江门市庆祝建党100周年合唱比赛暨第十四届“百歌颂中华”歌咏活动总决赛金奖第一名、“最佳演绎奖”

◀ 2021年9月10日，江门海关举行新关员入关宣誓仪式

2021年7月13日，▶ 江门海关开展"党史海关青年说"微演说活动

◀ 2021年4月8日，江门海关缉私局举行2021年队列会操

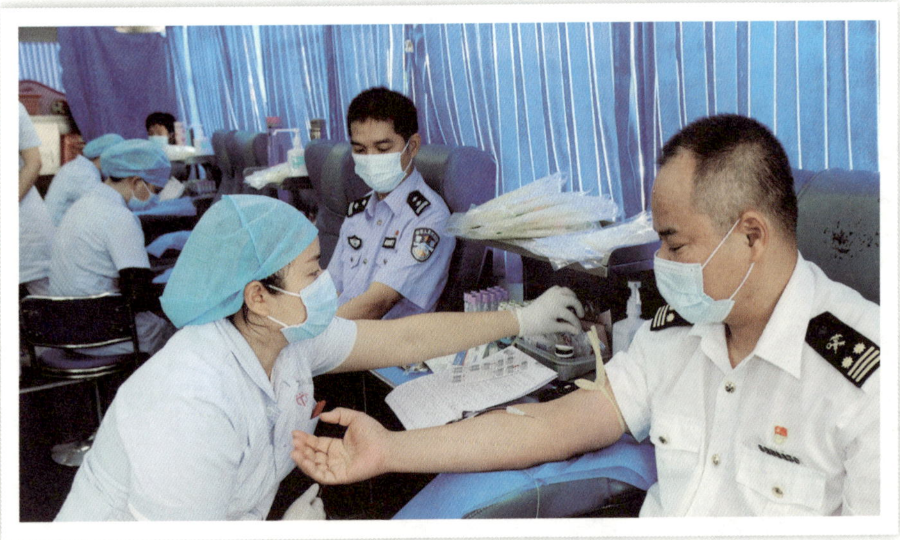

◀ 2021年7月9日，江门海关关警员踊跃参与献爱心无偿献血活动

2021年9月11日，▶ 江门海关团员青年在台山市广海镇鲲鹏村开展“乡村振兴 海关力量”志愿服务活动

◀ 2021年4月14日，江门海关举办国门生物安全知识科普讲座

2021年1月17日，江门海关关员参加《文明在哪里》歌曲传唱活动 ▶

◀ 2021年2月2日，江门海关工会开展送春联贺新春活动

2021年9月29日，江门海关开展内务督察 ▶

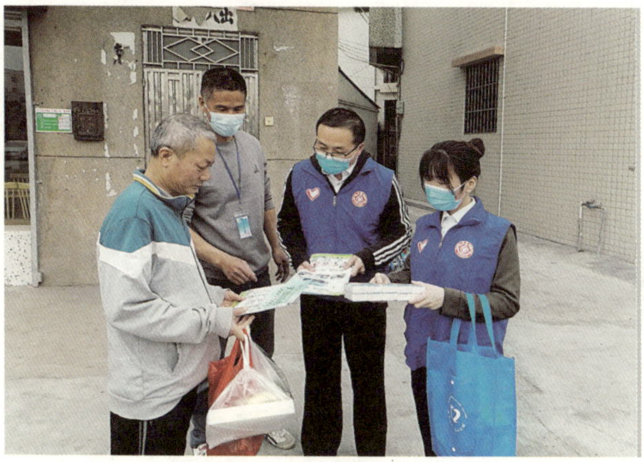

◀ 2021年3月3日，外海海关“通关攻坚小组青年文明号”开展“弘扬雷锋精神　传承志愿大爱”志愿活动

第一篇

特载

在2021年关区工作会议上的讲话

江门海关关长、党委书记　詹少彤

（2021年2月1日）

2021年关区工作会议的主要任务是：以习近平新时代中国特色社会主义思想为指导，深入贯彻党的十九大和十九届二中、三中、四中、五中全会精神以及中央经济工作会议精神，落实2021年全国海关工作会议、全国海关全面从严治党工作会议的部署，总结2020年工作，分析形势，明确要求，安排2021年工作。

一、2020年主要工作回顾

2020年，我关坚持以习近平新时代中国特色社会主义思想为指导，按照总署党委的要求，扎实推进政治建关、改革强关、依法把关、科技兴关、从严治关，推动江门海关高质量发展取得积极成效。

（一）深入学习贯彻习近平总书记重要指示批示精神，践行“两个维护”更加有力。

“第一议题”制度作用充分发挥。坚持落实“第一议题”制度，研究落实“第一议题”细化任务，均按进度完成。扎实开展增强政治机关意识教育，政治机关意识明显增强。

统筹推进口岸疫情防控和促进外贸稳增长工作成效良好。严格执行“三查三排一转运”，检疫入境人员7.2万人次。服务全国海关和广东省疫情防控大局，搭建疫情防控数据模型被总署采用推广，提出5条建议推动形成来往港澳小型船舶船员进境的闭环管理。会同地方红十字会等建立捐赠、受赠、审批、通关、物流“五合一”捐赠物资进境协同机制，保障1,484万件防疫物资快速通关。织密织牢内部防控网，实施“网格化”管理，干部职工及家属保持“零感染”。落实稳外贸稳外资92项措施，巩固压缩整体通关时间成效。依托关地企“直通车”“手拉手”机制解决企业诉求295个。落实减税降费，协助地方免除口岸查验配套服务费，为企业进口设备减免税款、享受原产地证优惠、免收担保逾14亿元。

严禁“洋垃圾”进境，打击象牙等濒危物种及其制品走私取得重要战果。开展专项行动，破获走私废塑料大案，查证走私废塑料1.3万吨。加强一线监管，退运环保生态指标不合格进口货物540.5吨。查获走私象牙等濒危动物制品488.5千克；破获石首鱼鱼肚走私案案值2亿元。

制度创新和治理能力建设扎实推进。成立业务职能优化调整、制度文件清理、事业单位发展3个专班。优化调整部门职责，精简科级机构23个，厘清16个职责边界问题；强化制度规范管理，清理制度文件一批，制定强化法治意识23条措施；制定推进事业单位改革发展措施。

脱贫攻坚任务高质量完成。支持驻村第一书记开展工作，支持乡村小学改善办学条件，成功推动驻村产品开展电商销售。落实产业扶贫，支持乡村振兴，推动新会陈皮、台山富贵竹等特色农产品出口。

过“紧日子”要求落地见效。制定落实过“紧日子”措施，有效压减差旅、培训、会议等支出。坚持厉行节约，坚决制止餐饮浪费。

（二）强化实际监管，国门安全防线进一步筑牢。

一线正面监管巩固加强。监管进境个人物品类476.3万票，查获寄递渠道毒品走私案件22起。落实安全生产专项整治三年行动，开展排查整治73次。深入开展知识产权海关保护专项行动，查扣涉嫌侵权货物33批次。

检验检疫工作深入推进。检疫监管进出境动植物及产品3万批，截获进境检疫性有害生物33种、169次。检验监管进出口食品化妆品、商品等4.54万批，检出不合格批次同比增长10%。

综合治税量质并举。扎实推进综合治税，税收入库保持正增长。深化税收征管改革，企业电子支付率、自报自缴率、汇总征税率分别达97.6%、86.6%、25.3%。

打私能力建设成效显著。深入开展打私专项行动，刑事立案64起，案值15.8亿元，同比增长27.6%；行政立案269起，案值1.9亿元，同比增长21.2%。13起案件列为挂牌督办案件，创历史新高，两起案件入选2020年度全国海关打击走私典型案例。

稽查、企管、风险管理工作扎实开展。深化“多查合一”改革，实现核查领域全覆盖。推进“经认证的经营者”（AEO）认证。健全精准布控体系，查获安全准入情事同比增长41%。开展大数据画像建模250个。

业务数据管理和统计研究工作得到加强。开展业务数据安全专项行动，推进数据安全管理制度建设。全力推进研究工作，编报分析专报181篇。

实验室建设取得新进展。改造建成2个新冠病毒核酸检测实验室，启用移动PCR实验室，检测能力有效提升。动物检疫实验室获“非洲猪瘟检测初筛实验室”

资格认定，实现关区动物疫病检测全覆盖，检测项目大幅增加，自检率提升至92%。

（三）主动作为优化服务，积极有效推动更高水平对外开放。

助力地方打造对外开放新平台。协助地方申建综保区，推动中国（江门）跨境电商综合试验区成功获批，关区首个保税物流中心（B型）封关运作，江门高新港顺利启用，支持阳江港获批扩大开放范围。中欧班列、跨境电商B2B出口业务实现零的突破。

突出特色支持粤港澳大湾区建设。启动粤港澳大湾区起运港退税业务。支持大湾区“菜篮子”生产基地和优质农产品供应基地建设，监管内地供港澳活猪占比25.8%、供港活鸡苗占比80%，监管出口活日本鳗鱼全国占比80%、出口富贵竹全国占比50%，保持“零疫情”“零事故”“零障碍”。

深化改革稳步推进。推进“五项创新”改革在关区落地实施。落实C类快件纳入货物一体化通关改革、进出境邮递物品监管改革，推动大宗商品检验改革。

（四）强化党建引领，推动全面从严治党向纵深发展。

领导班子建设进一步加强。修订党委工作规则、党委全面从严治党主体责任清单、党委纪检组监督责任清单。隶属海关党委、机关各部门和事业单位领导班子修订全面从严治党主体责任清单和监督责任清单；制定落实全面从严治党主体责任监督指引；加强班子能力建设，举办隶属海关党委班子履职能力培训班。

巡视整改、巡察监督进一步推进。健全常态化巡视整改机制，开展2轮巡视整改“回头看”，全面评估问效。制发巡察工作制度指引，组建关区巡察干部队伍库，规范巡察意见反馈，强化整改落实监督，提升巡察质量。

基层党组织建设进一步夯实。制定落实巩固深化“不忘初心、牢记使命”主题教育成果措施52项。深化“强基提质工程”，推进基层党支部标准化规范化建设，推动争创“四强”党支部，新增全国海关基层党建示范品牌1个、培育品牌单位2个，培树关区“四强”党支部7个。

干部队伍建设进一步强化。抓实干部监督工作，开展因私出国（境）、“裸官”等专项治理，精准施策推动领导个人有关事项如实报告。高质量完成关区培训计划，举办关级培训班115期。突出政治标准，开展处科级领导选拔，配齐配强执法一线科长。加强专业人才队伍建设，新增专业资质人员76人次。落实激励关爱疫情防控一线担当作为、考察识别干部47条细化措施。

纪律作风整治进一步严格。严格落实中央八项规定及其实施细则精神，全方位推进形式主义、官僚主义问题自查整改。认真开展内务规范强化月、警示教育月活动。深化清廉海关建设，擦亮“清廉江关”品牌。加强“反围猎”综合治理，贯通运用“四种形态”。

精神文明创建进一步深化。举全关之力开展精神文明创建，以直属海关整建制荣获“全国文明单位”称号，实现跨越式发展。新增全国文明家庭等新增地市级以上荣誉33项。

同时，综合服务保障水平稳步提升。讲好江关故事，中央电视台《新闻联播》“学习强国”等媒体报道江门海关工作689篇次，同比增长52%。总署采编综合信息同比增长60%。机要保密、档案、政务公开、门户网站建设稳步推进。创新督察审计工作模式，执法领域实现远程联网核查，督审效能明显提升。完成医疗室改造工程，推出多项疫情期间民生服务措施。完成工青妇委换届选举，增强群团组织作用。完成离退休人员活动中心维修改造，改善离退休人员活动环境。

上述成绩的取得，是习近平新时代中国特色社会主义思想指引的成果，是总署党委正确领导、地方党委政府大力支持、全关同志及员工家属共同努力的成果。在此，我谨代表江门海关党委，向奋斗在各条战线上的干部职工，以及离退休的老同志们，表示衷心的感谢并致以崇高的敬意！

二、提高政治站位，准确把握形势，明确工作要求

2021年是“十四五”开局之年，也是中国共产党成立100周年。站在“两个一百年”奋斗目标的历史交汇点上，我们要充满信心，增强责任，坚持系统观念，统筹发展和安全，深刻认识把握新发展阶段、贯彻新发展理念、构建新发展格局对推进江门海关高质量发展提出的更高要求，找准改革发展的着力点，在“十四五”时期开好局起好步。

（一）深刻认识贯彻习近平总书记重要指示批示精神、走好“两个维护”第一方阵的更高要求。

要增强政治判断力，善于从政治上分析形势、认识问题、推动工作，始终在思想上政治上行动上同以习近平同志为核心的党中央保持高度一致；要增强政治领悟力，自觉讲政治，真正做到对“国之大者”心中有数，时刻关注党中央在关心什么、强调什么，自觉地把江门海关工作放在全国和海关系统工作大局中去考虑；要增强政治执行力，牢记政治性是第一属性，没有脱离政治的业务，也没有脱离业务的政治，坚持用党中央精神推动工作实践。

（二）深刻认识始终把强化监管放在首要位置、严密筑牢国门安全防线的更高要求。

牢记监管是最基本、最重要的职责，监管本身就是为党和国家、为人民服务。强化监管要聚焦锻造一流的开放监管能力、提升依法监管能力，全面准确及时落实总署关于监管的各项政策规定和工作要求。要贯彻统筹发展和安全，落实打造最具竞争力的监管机制的要求，毫不放松抓

好口岸疫情防控，进一步聚焦关区的政治安全、生态安全、生物安全等方面，强化底线思维，以大概率思维应对小概率事件，突破传统理念思维，创新优化制度机制，筑牢国门安全防线。

（三）深刻认识主动作为优化服务、助力国内国际双循环相互促进的更高要求。

要凝聚力量加强业务建设，做大做优做特业务，推动业务发展上台阶。要全面加强关区业务发展研究和整体设计，在支持快进快出、优进优出、拓展口岸功能、支持特色业务和新业态发展、推进对外开放新平台建设、巩固压缩整体通关时间成果等方面持续发力，助力国内国际双循环相互促进，进一步发挥海关职能作用，体现海关作为，使江门海关工作更加契合区域经济发展的需求，更加适应构建新发展格局的要求，更加贴合“人民海关为人民”的理念。

（四）深刻认识坚定不移全面从严治党、把“严”的主基调长期坚持下去的更高要求。

近年来，我们深入持续开展“两学一做”学习教育，“不忘初心、牢记使命”主题教育，深入推进“强基提质工程”，推动全面从严治党向基层延伸、向纵深发展，取得积极成效。但在坚持“严”的主基调，增强从严管理的全面性和正向激励的有效性，推进“三不腐”贯通联动一体落实，构建完善容错纠错机制等方面还有很多工作要做。要牢牢把握新时代党的建设总要求，加强党的全面领导，以党建高质量发展为主线，深化全面从严治党，全面提升准军事化纪律部队建设和模范机关建设成效，为江门海关改革发展事业提供坚强政治保证。

面对新形势新任务新要求，关党委研究决定，2021 年江门海关工作的总体要求是：坚持以习近平新时代中国特色社会主义思想为指导，深入贯彻落实党的十九大和十九届二中、三中、四中、五中全会精神以及中央经济工作会议精神，全面加强党的领导，增强“四个意识”、坚定“四个自信”、做到“两个维护”，坚持稳中求进工作总基调，立足新发展阶段，贯彻新发展理念，构建新发展格局，坚持系统观念，加强关区工作的前瞻性思考、全局性谋划、战略性布局、整体性推进，按照全国海关工作会议、全面从严治党工作会议的部署，统筹安全与发展，强化监管优化服务，巩固拓展口岸疫情防控和促进外贸稳增长成效，深化“五关”建设，提升效能助力“双循环”，积极融入“双区”建设，推动业务发展上台阶，推进江门海关高质量发展，为建设社会主义现代化新海关作出积极贡献，以优异成绩庆祝中国共产党成立 100 周年。

三、全力以赴做好 2021 年关区工作

（一）旗帜鲜明讲政治，坚决做到“两个维护”。

坚定践行“两个维护”。坚持把学习

贯彻习近平总书记重要指示批示精神作为党委会、形势分析及工作督查例会的“第一议题”，形成学习传达督促落实闭环链条，确保坚决、迅速、有效果。制定进一步加强政治建设推进政治建关工作措施，对各单位部门学习贯彻习近平总书记重要指示批示精神的重大政治责任落实情况进行强有力监督。

切实强化理论武装。巩固深化“不忘初心、牢记使命”主题教育成果。持续深入学习宣传贯彻党的十九届五中全会精神，增强学习的全面性、系统性，确保全覆盖、高质量。扎实推进青年理论学习提升工程。加强调查研究，及时把学习创新理论的成效转化为关区改革发展的有力举措，增强学习实效。

严守政治规矩提升政治能力。持续强化政治机关意识教育，深化“灯下黑”问题整治，组织开展“党旗在基层一线高高飘扬”“我为群众办实事”实践活动等。严格重大问题请示报告制度，加强执行政治纪律规矩情况监督。贯彻落实“四个融入”要求，持续推进巡视巡察整改，提高巡察监督质量。加强政治能力建设，重点增强科学把握形势变化、精准识别现象本质、清醒明辨行为是非、有效抵御风险挑战的能力。

（二）持续推进深化改革，健全关区制度体系。

建立规划对接和细化落实机制。制定对接落实《“十四五”海关发展规划》的实施意见，做好滚动实施、跟踪督办、监测评估等工作，确保对接落实有序有效。制定关区业务改革发展计划，明确特色业务高质量发展的方向、近中远期目标和实施步骤。

高质量落实各项改革任务。拓展“五项创新”在关区的应用，推进属地查检业务改革、企业集团加工贸易监管改革、核查领域“三互”改革、“双随机、一公开”监管等重点工作。深化“放管服”改革，加大行政审批一个平台网上办理的推广应用。落实精简行政许可事项部署，及时评估提升施行效果。

健全特色管理制度体系。深入学习宣传贯彻习近平法治思想，规范法治思维培训。健全关区制度体系和管理机制。对接海关法律法规和制度标准体系建设，做好制度的立改废释。加强行政复议应诉工作，提升化解矛盾和防范风险能力。严格落实“谁执法谁普法”普法责任制。完善公职律师激励和使用机制。

（三）夯实基础强化监管，严密筑牢国门安全防线。

从严从细落实常态化疫情防控。落实常态化疫情防控工作的各项要求，动态调整“一口岸一方案”等工作预案。严格落实进口冷链食品和高风险非冷链集装箱货物检测和预防性消毒监督工作。细化“网格化”内部防控措施，严格做好安全防护。落实“多病共防”，防范埃博拉、拉沙热、鼠疫等重大传染病疫情叠加。持续巩固提高口岸公共卫生核心能力，巩固完善与属地联防联控相关部门建立的合作机制。强化应急体系建设，提升口岸公共卫生突发事件处置能力。

精准做好风险防控。完善风险规则指令管理体系，积极探索开展以供应链为单元的风险防控。加强宏观风险态势分析监控，提高风险防控智能化水平。强化风险防控区域协作，密切粤港澳大湾区海关合作，深化口岸安全风险联合研判和协同处置，提升整体风险防控效能。

强化口岸一线监管。落实优化表单化查验指令和现场作业方式的部署，进一步提高查验作业的规范性、有效性。应用集中审像、先期机检、智能审图等监管模式，强化口岸安全准入风险的防范。加强口岸环节反恐维稳，形成反恐合力。优化一线监管人力资源配置，加强监管能力建设。

提升检疫工作水平。强化境外风险信息收集分析和预警，持续严防疫情疫病传入传出和外来物种入侵。加强口岸非洲猪瘟、高致病性禽流感等重大动物疫情防控工作，保障活猪、鸡苗、鲜活水海产品和冰鲜禽等产品的供港澳及出口安全。落实国门生物安全监测、进出境食用农产品和饲料安全风险监控，保障进出境动植物及产品检疫安全。

严把进出口检验关。推进进口食品“国门守护”行动，严防食品安全输入风险。推进进出口商品质量安全风险预警和快速反应监管体系建设，分类实施与风险预警等级相适应的快速反应措施。落实商品检验模式改革，规范执行法检与送检要求，推进第三方采信。

深化综合治税。坚持依法征管，加强税收风险防控。完善税收征管作业制度，进一步推广关税保证保险、汇总征税等纳税便利化措施，推进属地纳税人管理工作。落实国家税收政策，积极开展税政调研，帮助企业享受政策红利。以科技手段助力税收分析，提升税收征管效能。

加强稽查企管工作。加强后续监管，推广“互联网 + 稽核查”监管、开展涉税、涉检等重点领域专项稽核查。加大力度宣传主动披露政策，扩大主动披露适用范围到检验检疫领域。贯彻落实“多证合一”改革。落实以企业信用为基础的差别化管理措施，推进 AEO 认证培育工作。

保持打击走私高压态势。推进全员打私，优化合成作战工作模式，构建防控、监管、打击一体化的关区打私体系。深入开展专项行动，严厉打击象牙等濒危动植物及其制品、“洋垃圾”、重点涉税商品、农产品、冻品等走私，开展好打击治理“水客”专项行动，着力提升执法质量和办案效率。深化反走私源头治理、综合治理，加强多警种联合作战体系建设。

（四）提升优化服务水平，助力国内国际双循环相互促进。

积极融入“一带一路”“双区”建设。支持地方与“一带一路”沿线国家和地区开展经贸合作的重大项目。服务大湾区“菜篮子”“米袋子”“果盘子”工程建设，支持建设大湾区（江门）高质量农业合作发展平台。支持珠江西岸先进装备制造业发展，密切跟进服务科学研究、教育、重大技术装备等设备进口，用好用足鼓励项目、减免税等优惠政策。

进一步优化口岸营商环境。持续巩固压缩整体通关时间成果，继续保持领先水平。巩固关地企“直通车”“手拉手”工作机制成效。推动阳江港扩大开放后的口岸建设工作，做好江门高新港投入使用后的海关监管服务。支持地方开展进境粮食、原木、冻品、水果等大宗商品指定监管场地建设。探索推进以大湾区一类港口为枢纽港、江门关区有关港口为支线港的“组合港”模式。

支持对外开放新平台建设和新业态发展。继续推动江门综保区的申报工作。推动中欧班列业务发展，支持珠西物流中心建设。支持中国（江门）跨境电商综合试验区建设，扩大做优跨境电商业务，促进健康稳定发展。引导地方统筹保税物流中心（B型）规划布局，推动开展跨境电商网购保税进口、出口海外仓业务。探索打造空运离港中心，依托现有清关中心拓展陆空联运通关模式。

做优做强统计研究服务。结合大湾区产业特点和关区产业链实际，组织开展重点商品专项调研，从小切口入手解决大问题，从微观商品延伸到企业、行业、产业链供应链分析，为国家税收和产业政策制定提供高质量建议。严格数据管理，改进统计服务，围绕区域经济、重点产业发展做好统计监测预警。

（五）强化科技支撑引领，推进业务和科技一体化。

强化科技创新和科技应用。建立健全关区科技管理运行体系，完善规范科技项目建设、项目管理机制。加快信息系统整合优化。建立关区数据安全防护体系，防范和化解数据安全风险。加快推进“三智”工作，开展仿真教育科研与应用。

提升监管智能化水平。深化实施监管设备联网。规范监管作业场所（场地）、隔离场运行管理，完善口岸监管业务运行监控指挥体系建设。加强口岸监管装备科技化配置和规范化管理。

推进实验室建设。优化关区实验室布局，加强实验室能力建设。集中资源提升检测鉴定能力，强化陈皮检测实验室等特色技术机构建设，探索推动省内海关实验室构建“技术联盟”。推动地方配套建设重点服务本地进出口企业的海关实验室，为产业发展创新提供技术支撑。

（六）深化全面从严治党，打造高素质专业化队伍。

加强领导班子建设。健全全面从严治党制度机制，推进“四责协同”，健全完善各级党委落实全面从严治党检查考核机制，强化压力传导。落实领导班子建设规划，坚持用政治建设统领领导班子建设，以正确用人导向引领干事创业导向。优化干部考核考察制度机制，发挥好考核指挥棒、风向标、助推器作用。大力培养选拔优秀年轻干部，加强执法一线科长队伍建设。

巩固深化“强基提质工程”。加强基层组织建设，实施“头雁工程”，开展“党建面对面”行动。推动党建与业务深度融合、同步提升，着力破解“两张皮”问题。依托“智慧党建”系统，以关区党建标准化建设为抓手，以创建特色鲜明的党建品牌为突破口，建立合格支部、“四强”党支部动态管理机制，发挥示范品牌支部的示范引领作用。

深入推进干部队伍建设。落实总署人才发展、教育培训规划，推进干部工作“五大体系”建设。分级分类精准开展政治训练、业务训练和执法训练，持续提升干部队伍素质能力。深入推进专业技术类公务员分类管理和职务与职级并行，建立和完善职级晋升的长效机制。加强人才队伍建设，培养一批高素质高水平专家型领军人才。做好机构改革“回头看”，厘清部门职责边界，提升管理效能。全力锻造准军事化纪律部队，认真组织内务规范强化月，持续深化内涵学军。严格加强干部日常监督管理。

深化清廉海关建设。突出政治监督、做实日常监督。加大监督执纪力度，协调贯通政治巡察、政工、人事、纪检监察、督审等监督力量，增强监督治理效能。严格落实中央八项规定及其实施细则精神，大力推进“好差评”系统运用。发挥“制度+科技”作用，充分运用新海廉系统平台功能，强化风险防控。创新开展廉政警示教育，擦亮“清廉江关”品牌，营造融入日常的廉政文化建设氛围。深化“一案双查”“一事双析”，保持反腐高压态势。持续整治群众身边腐败和吃拿卡要等作风问题，严防基层权力“末梢腐败”。深化以案促改、以案促治，一体推进“三不”。

持续推进精神文明创建。擦亮“全国文明单位”荣誉称号，健全文明创建工作机制，举全关之力锻造“文明江关”品牌。大力践行社会主义核心价值观，打造新时代文明实践中心。加强突出江门海关特色的文化建设，讲好江关故事，唱响主旋律，弘扬正能量。健全完善关史陈列馆建设，发挥爱国主义教育及海关史研究的作用。

同时，要进一步提升综合保障水平。全面强化政务运行保障，提高机关运行效率，加强机要档案和保密管理。统筹督查检查考核，精简办文办会办事，深化拓展基层减负赋能工作。深入开展安全生产专项整治三年行动，建立健全关区安全隐患排查和防控机制。统筹开展疫情防控和促进外贸稳增长等督察监督，持续推动重大政策措施落地见效。以狠抓整改推动关区完善制度、加强管理、规范执法，提高督审工作成果应用成效。严格落实厉行节约、过“紧日子”要求，强化预算执行和绩效管理，建立健全财务领域相关管理制度。推动事业单位改革发展，整合优化事业单位业务。继续做好离退休干部服务保障工作。支持工青妇组织、学会开展工作。

同志们，征途漫漫，唯有奋斗。让我们更加紧密地团结在以习近平同志为核心的党中央周围，以习近平新时代中国特色社会主义思想为指引，不忘初心、牢记使命，接续奋斗，以一往无前的奋斗姿态，风雨无阻的精神状态，投身于社会主义现代化新海关建设新征程，全力开创江门海关高质量发展新局面，以优异成绩庆祝中国共产党成立100周年。

在2021年全面从严治党工作会议上的讲话

江门海关党委书记、关长 詹少彤

（2021年2月1日）

这次会议的主要任务是：深入学习贯彻习近平总书记重要讲话精神，贯彻十九届中央纪委五次全会精神，落实全国海关全面从严治党工作会议部署，总结2020年江门海关全面从严治党、党风廉政建设和反腐败工作，安排2021年工作。

一、2020年工作回顾

2020年，面对严峻复杂的国内、国际形势，特别是突如其来的新冠肺炎疫情，关党委带领各级党组织深入学习贯彻习近平新时代中国特色社会主义思想，锲而不舍、一以贯之推进全面从严治党、从严治关，党风廉政建设和反腐败工作取得新成效，为圆满完成各项工作任务提供了坚强保证。

（一）政治机关作用充分发挥。

将学习贯彻落实习近平总书记重要讲话和重要指示批示精神作为党委会、形势分析及工作督查例会的“第一议题”，落细落实党中央重大决策部署。坚决筑牢口岸疫情防线，高标准持续抓好常态化疫情防控工作。全力促进外贸稳增长，口岸营商环境持续优化。坚决落实总体国家安全观，打击“洋垃圾”和象牙等濒危物种及其制品走私取得新成果。脱贫攻坚任务高质量完成。巩固深化“不忘初心、牢记使命”主题教育成果，深入推进强化政治机关意识教育，严格意识形态工作责任制，不断夯实政治生态根基。强化政治监督，强力推进巡视整改，贯彻直属海关开展巡察工作的指导意见，探索建立“1＋N”等4项机制，对11个党组织开展巡察。

（二）基层组织建设不断夯实。

持续深化“强基提质工程”，规范事业单位、派驻纪检组党支部设立工作，实现机关事业单位党组织全覆盖。选优配强基层党组织领导班子，开展“党建面对面”培训，严肃党内政治生活，提升支部组织力。成立43支党员突击队参与疫情防控工作，带动34人提交入党申请书，1人被批准“火线入党”，党旗在防控疫情一线高高飘扬。突出战斗堡垒和先锋模范作用，评选16个“党员先锋岗”，评树21个先进基层党组织、59名优秀共产党员、24名优秀党务工作者。培树首批7个“四强”党支部，32个党支部形成基层党建特色做法。

（三）纪律作风建设扎实深入。

打造“清廉江关”品牌，组织创作“清风清心”短视频，推出“纪检委员讲廉政故事”微党课，推进家风建设，有4个干部家庭分别获国家和省级荣誉。细化疫情期间基层减负7条措施，开展机关部门“灯下黑”问题专项整治，关级文件、会议数量均实现“只减不增”的目标。坚持常态化队列训练、内务督察，开展动植检、食品安全监管条线岗位练兵、技能比武，持续推进内涵学军。深化政风行风建设，连续两年获得江门市绩效考核优秀等次。深化精神文明创建，全关整建制荣获“全国文明单位”，实现跨越式发展。配合总署开展选人用人离任检查，严格规范做好领导干部个人有关事项申报。用好监督执纪“四种形态”，实现抓早抓小、防微杜渐。

（四）规范制约权力运行持续加强。

明确隶属海关党委和事业单位的干部管理权限。明确5个职责边界和11个业务分工问题，清理334个制度文件，推进业务执行岗位的科学化、标准化配置。构建防范化解重大风险制度体系，强化口岸监管、稽查等业务领域廉政风险防控。健全政府采购、涉案财物管理、事业单位对外投资等财务制度体系，运用海关“智慧财务”核算系统规范财务管理。加强派驻纪检组日常监督。落实“一案双查”工作机制，深化以案促改，实现查处一案、教育一片、规范一方。

（五）“四责协同”有效推进。

修订完善责任清单，明确关党委及班子成员57项具体责任、党委纪检组22项监督责任，推动各单位部门、派驻纪检组建立责任清单39份，拧紧责任链条。对8个隶属海关党委41名党委委员进行履职能力专题培训，严格党建工作述职评议考核，8名基层党组织书记现场述职接受点评，推动主体责任落实。依规依纪严肃问责1个党组织、5名党员领导干部。

二、2021年主要任务

2021年是实施“十四五”规划、开启全面建设社会主义现代化国家新征程的第一年，也是中国共产党成立100周年，江门海关全面从严治党工作要围绕开好局、起好步来展开。重点做好以下7个方面工作。

（一）全面加强政治机关建设，全力保障“十四五”规划开好局、起好步。

海关是政治机关，必须立足“两个

大局”，心怀“国之大者”，自觉把“两个维护”作为思想认识上的政治态度、政治信条，作为一切实践活动的政治原则、政治保障，坚定政治方向，保持政治定力。要坚持学懂弄通做实党的创新理论。以庆祝中国共产党成立100周年为契机，把学习习近平新时代中国特色社会主义思想与学习党史、新中国史、改革开放史、社会主义发展史贯通起来，引导党员干部加强党性锻炼、党性修养，坚定理想信念，百折不挠把自己的事办好。组织学习贯彻党的十九届五中全会精神轮训，开展“党旗在基层一线高高飘扬”活动，引导党员干部守初心、担使命。严格落实“第一议题”制度，抓好常态化疫情防控、打击“洋垃圾”、象牙等濒危物种及其制品走私、打击治理“水客”走私、推动外贸高质量发展、巩固拓展脱贫攻坚成果促进乡村振兴等重点工作。准确把握新发展阶段，深入贯彻新发展理念，加快构建新发展格局，凝心聚力谋划关区“十四五”工作，在推动江门海关高质量发展上开好局、起好步并不断出新出彩。要构建上下贯通、执行有力的组织体系。坚持党的全面领导，加强两级党委建设，强化各级领导干部政治锻炼，高质量推进党支部标准化规范化，深入推进模范机关创建，严明政治纪律规矩，严格落实意识形态工作责任制，为促进国内国际双循环、筑牢国家安全屏障等各项工作提供政治保证。

（二）贯彻系统施治、标本兼治理念，一体推进不敢腐、不能腐、不想腐。

要提升惩治腐败整体效能。坚持无禁区、全覆盖、零容忍，着力减存量、遏增量，既要严查受贿索贿、以权谋私、放纵走私等不收敛不收手、顶风违纪违法问题，也要聚焦“小微权力”，惩治“贴着海关发财”、吃拿卡要、推诿扯皮等群众身边腐败和作风问题。深化反围猎综合治理，拓展打私反腐“一案双查”“一事双析”，加强与地方纪委监委、公安政法部门的协作，增强反腐合力。要完善反腐败治理机制。深入推进以案促改，将严惩腐败和严密制度、严格要求、严肃教育相结合，做到查处一案、警示一片、治理一域。坚持惩前毖后、治病救人，加强受处分人员跟踪回访。坚持纠治诬告陷害问题，对失实检举控告澄清正名。要发挥廉政教育基础性作用。深化廉洁教育和廉政文化建设，创新方式方法，加大思想道德和党纪国法教育，持续擦亮“清廉江关”品牌，坚持开展警示教育月活动，引导党员干部做政治信念坚定、遵规守纪的明白人。

（三）持之以恒贯彻中央八项规定精神，一以贯之转作风扬新风。

要以钉钉子精神严格贯彻落实中央八项规定精神。对发现的“四风”问题线索专项处置，对违规违纪问题快查严处、点名道姓通报曝光，防反弹回潮、防隐形变异、防疲劳厌战。树牢过“紧日子”思想，强化节约型机关创建。完善作风建设长效制度机制，综合治理反复出现、普遍发生的问题。各级领导干部要自觉反对特权思想、特权现象，严格家教家风，管好家属子女和身边工作人员。要全面检视、靶向纠治形式主义官僚主义。深化拓展基层减负赋能工作，减少基层报文报表，规范统筹各类督查检查考核，持续纠治不用心不务实、拖沓推诿、不担当慢作为等问题。要开展“指尖上的形式主义”专项排查，合理优化学习培训，把干部从无谓事务中解脱出来。推动拓展“三个专班”工作成果，打通“中梗阻”，进一步优化职能、厘清职责、划清边界，提升工作效能。深化“放管服”改革，推进“单一窗口”建设和跨境贸易便利化专项行动，规范涉企收费行为，不断优化口岸营商环境。开展“我为群众办实事”实践活动，用好12360热线和海关政务服务“好差评”系统，发挥特约监督员作用，增强服务对象和企业群众的满意度认可度。

（四）深化准军事化纪律部队建设，打造高素质专业化干部队伍。

要锻造过硬干部队伍。巩固大学习大培训成果，大力开展岗位练兵、技能比武，稳妥有序实施海关专业技术类公务员分类管理改革，统筹推进职务与职级并行工作。要严明纪律作风。巩固深化“强基提质工程”，积极创建党建品牌和“四强”党支部，增强党组织政治功能和组织力。组织内务规范强化月，创新内务督察，坚持仪式教育，狠抓日常养成。严格日常监督管理，规范运用监督执纪“四种形态”特别是第一种形态，强化选人用人监督，加强领导干部个人有关事项报告制度落实，规范领导干部配偶、子女及其配偶从业，深化“裸官”、企业社团兼职专项治理，持续纠治酒驾醉驾问题。要激励干部担当作为。以整建制荣获“全国文明单位”为新起点，推进新时代文明实践中心建设，加强关区文化建设，教育引导干部职工全方位践行社会主义核心价值观。深入开展党的优良传统和作风教育，加强新时代新海关职业精神教育。坚持好干部标准，深化干部工作“五大体系”建设，加大力度、多措并举培养选拔使用优秀年轻干部，以正确用人导向引领干事创业导向。坚持严管厚爱相结合，深入细致做好思想政治工作，抓实抓细队伍人文关怀，关心干部职工身心健康，积极培树、广泛宣传先进典型。

（五）充分发挥巡视巡察利剑作用，高质量推进政治监督。

要坚守政治巡察定位。把“两个维护”作为最高政治原则和根本政治任务，按照“四个落实”要求（落实党的路线方针政策和中央重大决策部署情况，落实全面从严治党战略部署情况，落实新时代党的组织路线情况，落实巡视、审计、主题教育发现问题的整改情况），围绕习近平总书记重要指示批示精神和中央决策部署开展巡察监督。积极创新巡察方式方法，高质量推进巡察全覆盖。要推动巡视巡察上下联动。完善巡察工作组织领导机制，加强指导督导，提升巡察规范化水平。强化巡察干部队伍建设，提升发现问题能力。推进巡察与纪检监察、组织人事、督察审计等各类监督贯通融合，形成常态长效监督合力。要坚决做好巡视巡察“后半篇文章”。按照“四个融入”要求（融入日常工作、融入深化改革、融入全面从严治党、融入班子队伍建设），加强重点整改事项监督检查，持续深化巡视巡察整改落实，督促落地见效。完善巡察整改成效评估机制，深化成果运用，推动提升关区工作质量。

（六）强化风险意识和底线思维，提升权力运行监督制约水平。

要扎紧制度笼子。持续深入学习贯彻习近平法治思想，完善权力运行和监督制约机制，加强制度文件“废改立释”，强化党员干部法治思维和制度执行力。要强化科技防腐。进一步发挥“制度 + 科技”作用，落实“双随机、一公开”，促进执法行为标准化、进系统、留痕迹、可追溯，用好邮递、旅检、智能审图等信息化系统，加大跨境电商风险信息化防控力度，充分运用新海廉系统平台，深化内控机制建设，健全执法评估制度措施，推进“大数据智慧风控”，加快“智慧监督”平台建设。加强海关业务数据安全管理，扎实推进关区网络安全和业务数据安全建设。要加强重点领域风险管控。深入分析职权变化、深化改革的伴生风险，将防腐措施与改革举措同谋划、同部署、同落实。高度关注非执法领域风险，从严规范财务管理、招标采购、信息化建设、基建工程等环节，严格执行涉案财物管理制度，加强对闲置资产管理、实验室建设、防疫物资购置的监督，严格企事业单位管理。

（七）压紧压实“两个责任”，不断增强管党治党实效。

要强化责任担当。强化调查研究、分析研判和跟踪问效，切实加强对全面从严治党各项工作的领导和管理监督，坚持与业务工作同谋划、同部署、同推进、同考核。各级党组织书记作为第一责任人，要在严格管好自己的同时，敢抓真管善治、带头履职尽责；班子成员要认真履行“一岗双责”，抓好分管部门、分管领域全面从严治党工作。纪检监察机构要履行好专责监督责任，选优配强纪检监察干部队伍，建设纪检监察铁军，紧紧围绕“两个维护”强化政治监督。职能部门要坚持抓业务与防风险同步推进，抓好职责范围内和所管辖业务领域的全面从严治党相关工作。要强化压力传导。加强对“一把手”和领导班子监督，用好约谈提醒、述责述廉、民主生活会监督等方式，层层传导压力。加强全面从严治党主体责任检查考核，完善党建考核指标体系，抓实党建工作述职评议考核，切实发挥“指挥棒”作用。要精准问责追责。对责任落实不到位、管理宽松软、问题多发的单位严肃问责。严格贯彻党员权利保障条例，坚持“三个区分开来”，落实容错纠错机制要求，推动干部敢负责、善担当。

同志们，征途漫漫，惟有奋斗。让我们在总署党委的坚强领导下，深入学习贯彻习近平新时代中国特色社会主义思想，永葆初心、牢记使命，接续奋斗，努力开创全面从严治党、党风廉政建设和反腐败斗争新局面，为“十四五”时期推动江门海关高质量发展开好局、起好步提供坚强保证，以优异成绩庆祝中国共产党成立100周年！

江门海关对接落实《“十四五”海关发展规划》实施方案概要

一、基本框架

《江门海关对接落实〈“十四五”海关发展规划〉实施方案》（以下简称《对接方案》）的总体考虑是根据总署的要求，立足江门海关的业务改革、队伍管理实际和区域经济发展情况，找准江门海关改革发展的着力点，对《“十四五”海关发展规划》确定的主要指标、重点任务举措进行细化落实，推动江门海关高质量发展。

《对接方案》由3大板块10个部分构成。第一板块主要阐述“十三五”江门海关发展取得重大成就。第二板块主要阐述“十四五”江门海关发展的主要目标，包含持续深化“五关”建设（政治建关、改革强关、依法把关、科技兴关、从严治关）的目标和发展主要指标。第三板块按照江门海关的工作职能职责，从坚决维护国家安全、服务国内国际双循环相互促进、持续深化江门海关制度创新和治理能力建设、推进法治建设、提升科技创新应用、积极融入海关大外事工作格局、推进准军事化海关纪律部队建设、加强组织保障8个领域阐述“十四五”时期江门海关的重点任务，对筑牢口岸监管安全屏障、统筹税收安全和纳税便利、构建完善口岸公共卫生体系等37个重点领域的重点工作作出布置。

二、主要内容

（一）党的领导。

党的领导是“十四五”时期中国高质量发展的根本保障和根本优势，江门海关将坚持以习近平新时代中国特色社会主义思想为指导，深入贯彻党的十九大和十九届历次全会精神，深刻领悟“两个确立”的决定性意义，增强“四个意识”、坚定“四个自信”、做到“两个维护”。深入贯彻习近平总书记对海关工作的重要指示批示精神，进一步强化政治意识，强化政治机关建设，发挥自身职能优势，促进内需和外需、进口和出口协调发展，以社会主义现代化海关建设为战略牵引，强化监管优化服务，全面提升海关制度创新和治理能力建设水平，推动形成我国参与国际经济合作和竞争新优势，展现海关新的使命担当。

坚持稳中求进工作总基调，立足新发展阶段，贯彻新发展理念，主动服务构建新发展格局，认真落实全国海关工作会议、全国海关全面从严治党工作会议部署，在新发展阶段的大背景下谋划未来发展，完整准确全面贯彻创新、协调、绿色、开放、共享的新发展理念；紧抓推进粤港澳大湾区、深圳中国特色社会主义先行示范区和横琴、前海两个合作区建设重大机遇，主动服务构建以国内大循环为主体、国内国际双循环相互促进的新发展格局；锚定2035年海关发展远景目标，按照《“十四五”海关发展规划》确定的指导思想和遵循原则，在“专、精、特、新”方向上，找准江门海关改革发展的着力点，坚持系统理念，统筹发展与安全；持续深化“五关”建设，全面发挥海关在安全、贸易、税收等方面的职能作用，积极探索新时代海关改革与发展之路，全面推进社会主义现代化海关建设。

（二）指标说明。

《对接方案》包括10类40项，落实《“十四五”海关发展规划》涉及直属海关的任务，主要指标13个，分别是：海关税收预算目标完成率；海关规章立法后评估比例；货物人工分析查获率；进口食品监督抽检合格率；国际卫生港口岸创建数量；海关缉私部门移诉案件起诉率；进出口货物口岸放行时间；AEO互认国家（地区）数量；口岸海关动植物检疫标准化建设覆盖率；实验室法检项目自检率；海关业务信息化应用覆盖率；党建示范品牌数量；海关评定的专家型人才规模。

（三）江关特色。

1. 参与内地海关与港澳地区交流合作。全面落实相关管理制度，参与信息交流与共享、监管执法合作、探访与联合监测、技术交流与支持等工作。推进关区供港澳活猪、活禽、水生动物注册种养殖场源头监管互联互通，完善食品安全信息通报、产品追溯和应急联动处置。协助地方打造粤港澳大湾区优质农产品基地，设立绿色快速通关通道，保障港澳市场生猪、鸡苗、水生动物稳定供应，促进本地特色产品发展。

2. 探索推动新业务领域一体化改革。运用云擎大数据领域一体化风险防控，在关区范围内组建专业团队，推进大数据全面深入应用试点，为海关业务风险管理和深入开展相关产业政策研究提供支持；依托云擎中的邮件、快件和跨境电商等寄递业务大数据池，建立大数据监控模型，加快应用大数据开展寄递业务一体化风险防控。

3. 营造良好法治环境。把法治建设纳入整体工作统筹谋划，江门海关各层级领导班子每年开展两次以上集中学法。全面落实“谁执法谁普法”普法责任制，制定关区“八五”普法工作安排，将普法工作与业务工作同部署、同检查、同落实。建设关区法治文化品牌，深入开展“服务大局普法行”“100个电话”精准普法及普法快线工作，提高社会影响力。主动纠正违法或不当执法行为，编发法律风险提示，防范化解行政争议；结合执法现状开展要点式解读，引导规范执法，防范执法风险；完善关区普法资源库，组织“90秒就懂”普法快拍。推广运用海关行政执法案例库，提升执法人员融会贯通法律和准确运用制度能力。

4. 完善实验室整体规划和建设。聚焦国门生物安全执法把关技术保障需要，完善生物安全实验室规划建设。调整规划布局，建设高水平特色专业实验室，按照区域中心实验室要求加强水产品、农产品、动物检疫、植物检疫等专业实验室建设，提升口岸疫情疫病监测、国门生物安全、食品安全、消费品安全等检测鉴定能力，为口岸生物安全把关提供技术支撑。与省内海关实验室技术联盟协同创新、资源共享。

（四）融合地方。

1. 支持地方政府加快建设制造强市。服务江门市打造“5＋N”先进制造业集群体系（“5”是指加快培育壮大高端装备制造、新一代信息技术、大健康、新能源汽车及零部件、新材料五大新兴产业；“N”是指做优做强金属制品、造纸和印刷、纺织服装、家电、摩托车及零部件等传统特色产业），加快发展战略性产业集群，推动形成新的经济增长点；服务阳江市打造两大千亿产业集群，围绕合金材料以及海上风电产业，以沿海临港产业为重点构建阳江特色现代产业体系。支持打造对外开放新平台，复制推广自贸试验区制度创新经验，打造广东自贸试验区配套产业基地，配合地方大力发展保税物流、保税电商等外贸新业态新模式，高标准、高质量推动中国（江门）跨境电子商务综合试验区、江门大广海湾保税物流中心（B型）建设，支持地方申报建设江门综合保税区、阳江保税物流中心（B型）。

2. 融入服务“双区”建设。围绕广东省委赋予江门的“两个定位”和对阳江市经济社会发展新期待，发挥海关职能，对接、参与前海深港现代服务业合作区、横琴粤澳深度合作区建设；履行江门海关作为对外开放和营商环境、特色合作平台建设等专项小组成员职责，持续深化与地方政府在服务粤港澳大湾区建设方面协同配合；服务推动江门华侨华人文化交流合作重要平台建设，研究推进开发大湾区游艇自由行、推动设立综合保税区等重点工作；推动粤港澳跨境要素便捷流动，助推江门市参与大湾区世界级港口群建设，打造粤港澳大湾区重要节点城市；服务“菜篮子”建设，协助地方政府推进粤港澳大湾区（江门）高质量农业合作发展平台建设，培育粤港澳优质农产品供应基地，助力地方外向型特色农业产业升级和农产品扩大出口；助推阳江市参与“双区”产业分工协作，与珠三角沿海地区“串珠成链”推动沿海经济带建设。

3. 推进口岸发展规划落实。协助地方政府建设陆海统筹、区域互通、江海一体、多式联运的集配集散枢纽，支持地方政府统筹开展平安、效能、智慧、法治、绿色“五型”口岸建设；协助深化国际贸易“单一窗口”功能推广应用，促进口岸监管信息资源互联互通互享；以江门高新港开通运营为契机，研究推动设立大宗商品海关监管场所；配合地方政府开展广海湾港区及开放口岸建设、国华台电专用码头升级为公用货运码头、新会天马港区三期建设、开平三埠港口岸搬迁；协助阳江市落实构建铁路和水路为主要运输方式的大中型货运枢纽和物流园区、2025 年阳江港吞吐量完成 6, 500 万吨基础设施扩容等重点工作。

第二篇

专记

江门海关开展庆祝中国共产党成立100周年系列活动和党史学习教育

2021年是中国共产党成立100周年。党中央决定在全党集中开展党史学习教育。江门海关党委坚决贯彻习近平总书记重要讲话精神和党中央决策部署，全面落实总署党委工作要求，在总署第五巡回指导组的精心指导下，制订党史学习教育实施方案，坚持高站位谋划、高标准开展、高质量落实、高要求推进，扎实做好规定动作、突出特色开展自选动作，“学党史、悟思想、办实事、开新局”的氛围浓厚、成效明显。全关党员干部受到全面深刻的政治教育、思想淬炼、精神洗礼，江门海关方冬宏同志被评为“全国优秀党务工作者”获党中央表彰，新会海关综合业务一科党支部被评为“广东省先进基层党组织”获广东省委表彰，2个基层党组织和6名党员获江门市委“两优一先”表彰。挖掘红色江关档案故事4篇，获总署编发《追寻红色记忆传承红色基因——海关档案故事100篇》采用，深入开展“我为群众办实事”实践活动，1个项目入选全国海关“我为群众办实事”百佳项目，两级党委抓好“68+241”项重点实事项目落地落实，带动各基层党组织办实事515件，收到企业锦旗28个和感谢信38封，“学习强国”学习平台、《中国国门时报》等宣传江门海关特色做法173篇次。

一、党史学习教育主要做法

（一）党委坚持以上率下，加强组织推动。

江门海关党委及时深入学习习近平总书记在党史学习教育动员大会、在庆祝中国共产党成立100周年大会和在党的十九届六中全会的重要讲话精神，按照总署党委书记、署长倪岳峰的动员讲话精神和总署工作方案，成立领导小组和工作机构，制订实施方案，细化39项措施，组建3个巡回指导组，扎实推进党史学习教育。研究制订“学党史、颂党恩、庆华诞”“十个一百”系列活动方案（即：“百个党史故事”宣讲，“百篇学习文章”征集，“百首颂党歌曲”传唱，“百名优秀党员”先进事迹宣传，“百件实事及时办”行动，

“百幅党建作品”展览，“百名支部书记”轮训，“百名党员干部”关怀帮扶，“百名书记讲党课”，“百个先进典型”培树），将学党史与庆祝中国共产党成立100周年紧密结合，营造“学、悟、讲、做、比”的良好氛围。每月召开推进会，听取汇报、督促检查，部署阶段性重点任务。党委委员将督促指导开展党史学习教育作为党委委员下基层的第一任务，带头检查督促，巡回指导组坚持定期督导和不定期检查相结合，推动各单位部门领导班子压紧压实责任。

发挥党委理论学习中心组的示范引领作用，细化年度计划、月度安排，把学习党史作为两级党委中心组学习的重要内容。制订贯穿全年的读书班学习计划，党委带头深读细研指定书目，围绕“四个历史时期”开展研讨11次，围绕党的百年历史举办中心组（扩大）学习6次，举办为期8天的党的十九届六中全会精神专题学习班，保持学习热度。党委委员集体瞻仰台山林基路烈士纪念碑，实地参观事迹展览。研究制定习近平总书记“七一”重要讲话精神宣讲工作措施，党委书记带头面向全关讲党课，党委委员深入所在支部、分管部门、联系基层单位讲专题党课，结合参加所在支部学习、专题组织生活会，开展专题宣讲辅导63场次。依托总署党校、地方党校等平台，举办党史学习教育专题轮训班2期，邀请专家开展党史专题授课24场，全关87名处级领导干部参训。

关党委书记带头走进基层单位、企业车间、对口帮扶村开展调研14次，召集江门、阳江市22家具有代表性的企业开展座谈，面对面了解需求，现场解决问题23个；主持召开企业和关员座谈会4次，收集意见188条，推动解决问题150项。关党委召开专题会议，制定江门海关“我为群众办实事”实践活动5方面23项工作措施，细化关党委重点实事项目清单涵盖68项具体任务，统筹推进国门安全工程、便民利企工程、暖心聚力工程。党委委员走进地方政府、走进服务对象、走进基层一线开展调查研究88次，解决问题50个。推动8个隶属海关党委抓好241项重点实事项目落地见效，带动各基层党组织办实事515件。

（二）创新方式方法，掀起学习热潮。

建立并固化个人自学、集体研学、实地教学、理论讲学“四学”日常学习研讨机制。在“江关主页”设立党史学习教育专栏，开辟“党史天天学”专栏，及时更新维护党史学习教育最新学习资料，展示各单位部门开展学习研讨、主题党日、理论研究等情况，推动互学互鉴，共同提高。打造“早诵十五分”“晨读一刻”“丹心讲堂”等支部学习品牌推动常态化学习，各基层党组织以“三会一课”等开展研讨1,718次。建立“每日一答”“每周PK赛”等考学机制，近36万人次参与；全员参加总署党史学习教育网上专题班。

组织开展庆祝中国共产党成立100周年"学党史、颂党恩、庆华诞'十个一百'"系列活动，为28名"光荣在党50年"的退休党员颁发纪念章。举办"百年风华"党史系列图片展、党史情景剧展演活动。组队参加"百年征程盛世歌——江门市庆祝中国共产党成立100周年合唱比赛"获评总决赛金奖第一名和最佳演绎奖。参加江门市"党史学霸"PK赛荣获突出贡献单位奖；参加江门市"党史青（少）年说"微演说决赛获三等奖。用好江门关区22个党史教育基地"红色侨资源"，各基层党组织开展"体验式"实地学习250次。

推进"学史·铸魂"红色讲坛活动。创立"榜样开讲啦"党课品牌，组织"全国优秀党务工作者"方冬宏同志等先进典型深入基层单位开展党史党课专题宣讲30余场次；组建"巾帼宣讲队"，依托党建教育中心（江门市理论宣讲点）、关史展馆（江门市爱国主义教育基地）开展宣讲23场次，讲好红色江关故事；以周文雍、陈铁军"刑场上的婚礼"等本地红色资源为素材，推出"党史故事大家讲"微信稿46期；开展"党史青年说"138场，"青马工程"4期，推动青年干部上讲台。举办"学党史 悟初心 永远跟党走"读书分享会以及"忆初心 强信念"访谈交流会，邀请退休老党员为青年关员讲奋斗史，激励青年干部岗位建功。

（三）围绕"三项工程"，扎实推进"我为群众办实事"实践活动。

推进"国门安全工程"，前置拦截作业区、优化检疫处理区，提高口岸疫情拦截处置能力。服务广东省疫情防控大局，提出5条建议推动实行来往港澳小型船舶进境船员的闭环管理。坚守"国门安全"防线，精准检出的进境船员阳性全部确诊；查发走私进境咖啡因片剂30.6万粒；查获全国海关2019年以来货值最大的涉嫌侵犯专利权货物；布控查获B类快件安全准入、象牙等濒危物种及其制品情事排名全国海关前列；破获案值4,000万元"水客"走私案。扎实推进"国门绿盾2021"专项行动，有力打击非法引进外来物种和种子苗木，非贸渠道外来物种截获批次同比增长118%。

推进"便民利企工程"，出台77项具体措施支持"双区"建设，先行先试开展关区全业务领域一体化7项改革，开展"船边直提""抵港直装"试点工作，较传统模式提速93%。托稳粤港澳大湾区"菜篮子"，推荐认定广东省农产品出口示范基地、粤港澳大湾区"菜篮子"生产基地73家。建立出口"绿色通道"，落实"稳产保供"等各项措施，保障内地供港澳10%的活猪、80%的活鸡苗等重点农产品通关"零障碍"，实现供港鹧鸪产品"零"的突破。擦亮"新会柑果""台山鳗鱼"作为"国家地理标志保护产品"的"金字招牌”，推动“新会柑”标准化种植面积超过1,700亩，保障占全国80%的活日本鳗鱼出口稳定增长。助力富贵竹“以质取胜”，出口量占全国50%，帮助阳江荔枝时隔10年恢复出口，竹木草藤制品出口26.4亿元。助力江门市进出口值创新高，阳江外贸2021年增速全省第一。

推进“暖心聚力工程”，开展科技人员基层跟班作业活动，及时解决基层一线科技应用难点、堵点问题。总结推广“党员突击队”“党员先锋岗”经验做法，制定在疫情防控、安全生产、防汛救灾等重点工作中充分发挥基层党组织战斗堡垒作用和党员先锋模范作用“十项措施”。成立145人的义工服务队关心关爱一线集中封闭管理人员，上线“智慧订餐”系统，设置充电桩、快递柜，为离退休干部“送医送学送服务上门”入选总署第四批办实事“百佳项目”，多举措为干部职工办实事解难题。

（四）聚焦重点，强化精准指导和组织推动。

江门海关党委委员深入联系点、分管部门、各基层党组织督导检查63次，层层传导压力、压紧压实责任。领导小组办公室建立“工作任务联系单”载体，明确党史学习教育工作任务的落实要求，各单位部门按要求反馈落实情况，形成跟踪工作落实、掌握学习教育情况、开展督导检查，完善各项工作任务落实的闭环管理机制。紧盯关键节点、关键任务，重点围绕学习贯彻落实习近平总书记重要指示批示精神和党中央决策部署，制发工作任务单，细化工作要求，推动高标准高质量完成党史学习教育各项任务。

编制党史学习教育指导组工作手册，组建3个巡回指导组开展5轮实地指导全覆盖31个单位部门，区分机关部门、隶属海关、事业单位的不同情况，加强分类指导、精准指导，针对领导干部和普通党员的不同特点，推动因地因时学、分层分类学，突出发挥领导干部领学督学的作用。加强对专题组织生活会的督导工作，选取不同条线、不同类型的17个支部组织生活会列席指导，现场提出点评意见50多条，“点对点”通报问题210个，提出整改意见498条，制发工作通报5期，及时督促“回炉”“补课”，督促抓好整改落实。

通过“江关新语”微信公众号举办2批次关区办实事“十佳项目”评选活动，开展4批次“民生微实事”，树典型、创先进，带动各单位部门积极开展“我为群众办实事”实践活动。围绕提升各单位部门开展党史学习教育能力水平和工作成效，举办党务工作人员（党史学习教育业务专题）培训班，指导各单位部门打造特色亮点、查找差距不足、提出改进建议。依托政治工作简报、党史学习教育专项教育动态模块，搭建交流平台，营造浓厚氛围。注重宣传各基层党组织在“集中研讨”“学习教育”“我为群众办实事”实践活动特色亮点和经验做法，编发党史学习教育简报56期，信息简报被总署、广东分署采用88篇，媒体宣传报道85篇次，充分展示了该关党史学习教育工作成效。

二、党史学习教育工作成效

（一）通过党史学习教育，广大党员干部走好“两个维护”第一方阵的信念进一步坚定。

党史学习教育期间，广大党员干部深入学习习近平总书记在党史学习教育动员大会上的重要讲话、在庆祝中国共产党成立100周年大会上的重要讲话精神和党的十九届六中全会精神，积极参与庆祝中国共产党成立100周年系列活动，深刻领悟“两个确立”的决定性意义，充分认识到海关作为政治机关，必须进一步增强对习近平新时代中国特色社会主义思想的政治认同、思想认同、理论认同、情感认同。党史学习教育期间，各单位部门坚持“第一议题”制度，贯彻落实习近平总书记关于口岸疫情防控、打击象牙等濒危物种及其制品走私、打击“洋垃圾”走私等重要指示批示精神，始终在政治立场、政治原则、政治方向、政治道路上同以习近平同志为核心的党中央保持高度一致，将提高政治判断力、政治领悟力、政治执行力，体现到贯彻落实党的路线方针政策的实际行动上，体现到推动江门海关高质量发展的实际行动上。

（二）通过党史学习教育，广大党员干部砥砺奋进的精气神进一步提升。

各基层党组织利用周恩来总理视察新会图片展览馆、周文雍陈铁军烈士陵园等红色资源，组织开展“党史故事大家讲”系列活动，深入挖掘、精心保护、充分利用海关红色资源，设立“学史·铸魂”红色讲坛，举办“党史青（少）年说”微演说、“奋斗百年路、启航新征程”情景剧展演，讲好党的故事、海关故事，广大党员干部深化了对伟大建党精神丰富内涵和时代意义的理解把握，焕发出建设社会主义现代化海关的强烈进取精神。深化业务改革取得新成果，优化口岸营商环境取得新成效，服务“双区”和两个合作区建设取得新进展，支持对外开放新平台建设取得新突破。完成RCEP实施准备工作，推动与中东欧国家的贸易安全和通关便利化进程，支持企业通过中欧班列出口同比增长60%，企业对“一带一路”沿线国家和地区贸易量同比增长31%。

（三）通过党史学习教育，广大党员干部为民服务、担当作为的责任感进一步增强。

广大党员干部深入学习领会习近平总书记“江山就是人民，人民就是江山”的重大论断，自觉践行“人民海关为人民”理念。坚持把察实情访民意作为“我为群众办实事”的第一步，坚持“三个走进”听取意见，通过实地走访、座谈访谈、关长接待日、海关开放日、网络意见箱、关地企“直通车”、“100个电话”精准调研、“12360热线+现场”沟通机制等方式，健全领导干部基层联系点、机关联系基层、支部联系企业等制度，建立多渠道问题收集反馈机制，确保直接听到基层企业群众的声音，全面掌握真实的情况。坚持“三个找准”（即：找准海关在落实新发展理念、构建新发展格局中需要改进提升的问题，找准企业群众最急最忧最盼的问题，找准基层干部职工关心关注的问题），确立“群众需要什么、我们就为群众做什么”导向，扎实推进“三项工程”，解决了一批群众关切、企业关注的热点难点问题。同时，总结推广“党员突击队”“党员先锋岗”经验做法，充分发挥基层党组织战斗堡垒和党员先锋模范作用，用心用情用力为企业办实事解难题、为基层减负担送温暖，持续提升人民群众获得感、幸福感、安全感。

（撰稿人：罗丽榈）

江门海关学习宣传贯彻党的十九届六中全会精神

2021年11月8—11日，中国共产党第十九届中央委员会第六次全体会议在北京召开。江门海关党委把学习宣传贯彻党的十九届六中全会精神作为重大政治任务，坚持全员覆盖、形式多样、统筹推进，立足实际，突出特色、掀起热潮，组织学习研讨和专题宣讲，以全会精神统一思想、统一意志、统一行动。准确把握党的十九届六中全会对海关工作提出的新要求，深刻领会总署党委提出的新部署，科学谋划、主动作为，自觉肩负起新时代海关使命担当，全面推进“五关”建设，全力以赴推动各项工作高质量发展。坚持高站位推进政治建关，将“两个维护”作为政治建设的根本问题和首要任务，全面加强党的领导、持续深化政治建关，落实“第一议题”制度，扎实开展对党忠诚教育，深入推进党史学习教育，持续推进“我为群众办实事”实践活动，做到维护意识更牢、维护能力更强、维护效果更实。坚持高质量深化改革强关，准确把握海关改革方向，全方位落实总署“十四五”海关发展规划，坚持改革创新不动摇、不停顿，千方百计促进外贸量稳质升，履行好党和人民赋予的职责使命。坚持高水平强化依法把关，全面落实总体国家安全观，统筹发展和安全，把安全发展贯穿关区工作的各环节全过程，坚决筑牢国门检疫防线，提升整体风险防控效能，保持打击走私高压态势，将危害社会安全稳定的各种有害因素拒于国门之外。坚持高标准实施科技兴关，建立健全关区科技管理运行体系，优化关区实验室建设布局，探索推动省内海关实验室构建“技术联盟”，加强科技应用，依托科技创提升管理质量、助力改革发展。坚持高要求落实从严治关，深入贯彻全面从严治党战略方针，坚定不移推进从严治关，充分发挥全面从严治党引领保障作用，落实全面从严治党主体责任、监督责任，持续深化“强基提质工程”，一体推进不敢腐、不能腐、不想腐，推动全面从严治党向纵深发展，擦亮和守护“全国文明单位”的荣誉称号。

一、学习宣传贯彻的主要做法

（一）关党委带头领学。

通过党委（扩大）会、中心组学习会、专题读书班等方式开展集中学习研讨6次。关党委委员收看2021年11月11日晚中央电视台《新闻联播》，党委书记组织集中收看11月12日全会新闻发布会。党委召开专题学习会，党委书记领学党的十九届六中全会公报，党委委员交流学习心得，研究学习宣传贯彻工作措施，明确关党委委员深入基层单位联系点、执法一线科室党支部开展全会精神宣讲、参加专题学习研讨、督导各单位部门扎实深入学习等措施。11月25日至12月2日，举办为期8天的党委理论学习中心组（扩大）学习暨全会精神专题学习班，集中学习分组研讨和交流发言，5位党委委员编入分组研讨带头学、带头讲，原原本本学习习近平总书记就《中共中央关于党的百年奋斗重

▲2021年12月15日，江门海关党委书记、关长詹少彤向全关党员干部宣讲党的十九届六中全会精神

大成就和历史经验的决议》所作的说明、《中共中央关于党的百年奋斗重大成就和历史经验的决议》以及《中国共产党第十九届中央委员会第六次全体会议公报》等重要文件。在专题学习班开班动员会上，党委书记、关长詹少彤部署安排学习宣传贯彻工作并提出要求。

（二）各基层党组织跟进深学。

坚持运用“早诵十五分”“丹心讲堂”“青年讲堂”“悦读荟”“班车课堂”等支部学习品牌，健全支部书记带头学、党员干部集中学、青年干部交流学的“三学”机制，组织党员干部开展集中研讨，引导党员干部紧密联系个人的成长经历、联系党和国家取得的历史性成就、发生的历史性变革、联系海关事业的发展壮大、联系我国在国际政治经济活动中的地位和作用的变迁，认真回顾中国共产党百年奋斗的光辉历程，进一步加深对党的性质、奋斗目标、远大理想、行动指南等方面的认识和理解，深刻领悟在党的百年华诞总结党的百年奋斗重大成就和历史经验的重大意义，深刻领悟党在百年奋斗历程中团结带领中国人民创造的伟大成就，特别是党的十八大以来党和国家取得的历史性成就、发生的历史性变革，深刻领悟“两个确立”的决定性意义，深刻领悟党的百年奋斗的历史意义、“十个坚持”的宝贵历史经验、走好新的赶考之路的新要求。依托“每日一答”学习微平台、“每周党史PK赛”等载体，及时更新学习题库，组织

4.6万人次参加考试，上线党史学习教育网上专题班模拟测试，划分“强化练习”“正式考试”“查漏补缺”三个阶段，以练促考、以考促学，党员干部100%参加海关系统党史学习教育网上专题班，平均分99.29分。开展全覆盖实地督导，采取“应知应会知识问答”方式检验学习效果。

（三）领导干部深入基层开展宣讲阐释。

12月13日江门海关党委书记、关长詹少彤到开平海关开展专题宣讲辅导，12月15日面向全关党员干部开展专题宣讲辅导，党委委员深入基层联系点开展全会精神宣讲辅导。各单位部门处级领导干部到科室、基层党支部参加“三会一课”、集中学习，为党员干部讲党课，帮助党员干部和群众深化对全会精神的理解把握，推动全员学习思考，同步督导各基层党组织学习宣传贯彻全会精神。

（四）多种方式营造浓厚氛围。

在“江关主页”开辟线上“学习园地”，梳理归纳党的十九届六中全会知识要点和理论解读文章，在大院公共区域布置党的十九届六中全会精神宣传板报标语19期；加大新媒体传播力度，依托“江关新语”微信公众号推送微信稿10篇，编发党员干部学习全会“微心得”181篇，刊发学习贯彻党的十九届六中全会精神工作动态31篇次。组织身边先进典型开展专题宣讲系列活动，组建以“全国优秀党务工作者”、省市级“两优一先”等先进典型为代表的宣讲团，到各基层党组织宣讲党的十九届六中全会精神，组建“巾帼宣讲团”，依托党建教育中心、关史展馆开展专题宣讲；开展“青年大学习”，举办3期“青马工程”，推动青年干部“人人上讲台”，围绕全会精神分享学习心得；组织全国党建示范品牌支部、江门海关“四强”党支部拍摄微党课，介绍支部学习贯彻党的十九届六中全会精神的特色做法，推动互学互鉴、交流提升。

（五）加强调查研究解决实际问题。

把学习宣传贯彻党的十九届六中全会精神与“我为群众办实事”实践活动、与对接落实“十四五”海关发展规划和谋划2022年工作结合起来，党委委员走进地方政府、走进进出口企业、走进业务现场，采取“蹲点”“跟班”方式，结合指导联系党支部争创“四强”党支部和党建品牌、督导常态化推进巡视整改等工作，帮助企业和基层一线解决实际困难。召开系列座谈会，收集各部门主要负责同志、年轻干部、执法一线科长代表关于推动“十四五”时期江门海关高质量发展的意见建议188条。

（六）开展巡回指导推动贯彻落实。

结合党史学习教育督导工作，实地督导各单位部门学习宣传贯彻党的十九届六中全会精神的情况，督促各单位部门领导班子认真落实主体责任、党组织书记履行“第一责任人”职责，班子成员履行“一岗双责”，抓好分管领域学习宣传贯彻工作。成立3个巡回指导组，结合关党委委员到基层调研宣讲，同步对各单位部门开展全覆盖实地检查指导，采取听取情况汇报、个别谈话、应知应会知识问答、闭卷测试等方式，开展谈话51人次，随机闭卷测试34人次，随机问答42人次，全方位检查，推动学习宣传贯彻走深走实。

二、学习宣传贯彻的主要成效

（一）统一思想、提高认识。

通过学习，党员干部对总结党的百年奋斗重大成就和历史经验的重大意义、“两个确立”对新时代党和国家事业发展的决定性意义、党百年奋斗的初心使命和实现中华民族伟大复兴这一主题、中国特色社会主义进入新时代取得的历史性成就、发生的历史性变革、党百年奋斗的宝贵历史经验“十个坚持”、以史为鉴、开创未来的重要要求，有了更加深刻的认识、理解和感悟，更加坚定了以党的十九届六中全会精神为指导谋划推动江门海关各项工作的政治自觉、思想自觉和行动自觉。

（二）鼓舞精神、坚定自信。

在学习研讨中，党员干部一致认为，党确立习近平同志党中央的核心、全党的核心地位，确立习近平新时代中国特色社会主义思想的指导地位，反映了全党全军全国各族人民共同心愿，对新时代党和国家事业发展、对推进中华民族伟大复兴历史进程具有决定性意义。必须深入把握“两个确立”这一关乎党和国家前途命运、党和人民事业成败的根本性问题，不断增强“四个意识”、坚定“四个自信”、做到“两个维护”。

（三）强化责任、激发担当。

党员干部深刻感到，站在“两个一百年”奋斗目标历史交汇的重要节点，必须准确把握新时代党的历史使命，坚决响应党中央号召，始终牢记“中国共产党是什么、要干什么”这个根本问题，全面贯彻习近平新时代中国特色社会主义思想，弘扬伟大建党精神，以史为鉴、开创未来，埋头苦干、勇毅前行，全面加强关区党的建设，继承和弘扬党的优良传统，立足新发展阶段、贯彻新发展理念，助力构建新发展格局、推动高质量发展，在新时代新征程中作出江门海关人应有的贡献。

（四）成果转化、见行见效。

把学习贯彻党的十九届六中全会精神与深化拓展党史学习教育结合起来，细化党史学习教育“第三阶段”重点任务，纳入学习贯彻党的十九届六中全会精神实施方案，一体推进落实，深入推进“学史·铸魂”红色讲坛活动，组织专题宣讲30余场次，依托“江关新语”微信公众号推出“党史故事大家讲”46期，讲好党的百年光辉历程、讲好党领导下的人民海关的奋斗历程，使党员干部受到一次全面深刻的政治锤炼、思想教育和精神洗礼。

▲2021 年 12 月 29 日，江门海关离退休干部党委组织离退休老干部学习党的十九届六中全会精神

把学习贯彻党的十九届六中全会精神与推进“我为群众办实事”实践活动结合起来，关党委坚持“三个走进”、聚焦“三个找准”、实施“三项工程”，党委书记主持召开企业和关员座谈会现场解决问题23 个，党委委员深入基层调查研究解决实际问题50 余个，党委重点实事项目清单涵盖 68 项具体任务全部完成，形成“加工料件集团调拨”等提效增质机制 19 项，解决企业群众问题 515 个，8 个隶属海关党委完成实事项目清单 241 项，解决企业群众问题256 个，收到企业锦旗牌匾 28 个和感谢信38 封。统筹口岸疫情防控和促进外贸稳增长工作，精准检出进境船员新冠病毒阳性全部确诊；严厉打击“洋垃圾”、濒危物种及其制品、“水客”等走私，破获案值4,000 万元“水客”走私案件，石首鱼鱼肚走私案扩案至3.2 亿元。

把学习贯彻党的十九届六中全会精神与推动江门海关高质量发展结合起来，聚焦支持地方高质量发展和高水平对外开放，出台 77 项具体措施支持“双区”建设，全力服务粤港澳大湾区“菜篮子”生产基地和优质农产品供应基地建设，保障内地供港澳 10% 活猪、80% 活鸡苗等农产品通关“零障碍”，擦亮“新会柑果”“台山鳗鱼”等关区“国家地理标志保护产品”金字招牌，助力特色农产品企业扩大出口，支持阳江荔枝时隔 10 年恢复出口，持续优化口岸营商环境，监管进出口货值创历史新高，推动与中东欧国家的贸易安全和通关便利化进程，支持企业通过中欧班列出口同比增长 60%，企业对“一带一路”沿线国家和地区贸易量同比增长 31%。

（撰稿人：冯健斌）

江门海关统筹口岸疫情防控和促进外贸稳增长工作

2021年，江门海关坚决贯彻落实习近平总书记关于统筹疫情防控和经济社会发展的重要指示批示精神，坚持“外防输入、内防反弹”总策略，认真落实党中央、国务院决策部署，按照总署党委部署要求和属地新冠肺炎疫情防控指挥部安排，严格履行国境卫生检疫职责，科学精准、严格规范实施口岸卫生检疫，筑牢国门检疫防线，坚决守牢外防输入关口；落实党中央“六稳”“六保”工作部署，深化业务改革，持续优化口岸营商环境，助力对外开放平台建设，推动江门市、阳江市高水平开放和外贸高质量发展。年内，江门海关检疫出入境人员4.99万人次，检出新冠病毒核酸阳性并移交地方确诊；持续巩固压缩整体通关时间成效，关区进口整体通关时间4.98小时，出口整体通关时间0.76小时，2021年江门市外贸进出口值1,789.48亿元，同比增长25.23%，阳江市外贸进出口值268.93亿元，同比增长40.15%。

一、筑牢国门检疫防线

（一）口岸疫情防控。

严格执行总署“三查三排一转运”“7个100%”等检疫措施，全年检疫出入境人员4.99万人次，检出新冠肺炎病毒核酸阳性并移交地方确诊。坚持“人、物、环境同防”，严格开展进口冷链食品目的地事中、进口高风险非冷链集装箱货物检测和预防性消毒监督，严格按照口岸环节新冠病毒检测和预防性消毒方案和工作指引，对2批次进口高风险非冷链集装箱货物开展卫生检疫，核酸检测结果均为阴性。强化联防联控，参加属地政府联防联控工作会议121次，协调处置江门、阳江口岸船员紧急救助事件8起，协调地方联防联控机制完善走私涉案嫌疑人移交工作机制。研究提出加强“外贸转内贸”船员管理等疫情防控工作建议6条。明确旅检现场入境卫生检疫场地改造要求，推动属地政府加强场地设施改造工作。

加强疫情风险研判，每日开展境外国

家或地区疫情防控措施和输入风险研判工作，开展新冠肺炎、鼠疫、黄热病、中东呼吸综合征等疫情防控综合研判47次。坚持“多病共防”，严防埃博拉、拉沙热等传染病疫情叠加，在出入境船员中检出慢性病毒性肝炎3例。全年检疫出入境船舶5,805艘次，发现传染病病例、食品饮用水卫生、船舶卫生等卫生学问题13次，检疫出入境集装箱42.75万标箱、出入境货物2.12万批次，发现医学媒介生物等卫生问题58标箱，截获输入性蝇类、蜚蠊等病媒生物4.24万只。

（二）集中封闭管理。

严格落实总署统筹口岸疫情防控和促进外贸稳增长指挥部的工作部署，加强海关工作人员内部防控，对入境人员卫生检疫岗位工作人员及进口冷链食品安全监管工作人员实行封闭管理。成立工作专班，制订入境人员卫生检疫岗位工作人员及进口冷链食品安全监管工作人员封闭管理工作方案和“两点一线”、车辆消毒等指引，明确责任分工、落实具体措施，确保封闭管理各项措施落地实施。建立“划片集中管理”工作模式，对各隶属海关入境卫生检疫人员实行划片集中管理、按需调配，划为3个片区，集中封闭管理地点分别设在新会海关、台山海关、阳江海关，组建12个班次、70人的入境卫生检疫人员队伍，严格按照“四必须”“五件套”要求，实施封闭管理。制定落实激励关爱疫情防控一线人员37条措施，对疫情防控表现突出人员优先选拔晋升、评优评先。制定落实保护关心爱护疫情防控一线人员的长效机制措施，加强对封闭管理人员的关心关爱，配足配齐保障物资，关心解决实际困难，强化心理援助措施，协调解决困难53个，慰问153人次。

（三）安全防护。

严格按照疫情防控安全防护标准规范、操作指南、作业指引和相关文件要求，制定个人防护用品穿脱、登轮作业物品的穿脱、消毒作业等7个指引，从严、顶格做好口岸疫情防控个人安全防护。成立安全防护领导小组和“挑毛病”专班，以不发通知、不打招呼、不听汇报、不用陪同和接待、直奔基层、直插现场的“四不两直”形式，开展常态化监督检查，全面排查安全防护风险隐患，督促各隶属海关彻底整改，整改一项，销号一项。建立安全防护专家组和三级安全防护监督员队伍，开展“岗前检查、工作巡查、全程督查”安全防护监督。加强安全防护技能培训，持续提升一线人员安全防护意识、规范操作能力和熟练程度，举办8期次口岸疫情防控、个人安全防护等技能轮训，参加江门市卫生健康部门医学病媒生物防控、疟疾防治培训2期，参训人员近500人次。加强专项考核，细化设置关区卫生检疫绩效考核、安全防护专项考核等考核指标44项，定期通报，压紧压实责任。建立健全应急处置预案，加强应急处置演练，设置全流程处置、职业暴露等8个演练场景，开展29次突发事件处置演练，参加人员479人次。加强防疫物资储备和规范管理，购置防护物资18.6万件。

▲2021年6月4日，江门海关举办疫情防控专题培训班

（四）疫情内部防控。

严格落实网格化管理要求，坚持全员健康监测“日报告、零报告”，坚持每日“健康打卡、健康排查、出关区人员实时追踪、家属及共同居住人中高风险地区及重点国家旅居史情况排查”四项机制，建立健康台账制度，密切跟踪管理，保持干部职工及家属“零感染”。落实出差出行管理要求，坚持“非必要不出行”“非紧急不出差”，从严履行出差出行审批手续，落实出差出行人员出行前及返岗后核酸检测规定。严格会议、培训等公务活动管理，尽可能采取视频形式进行，落实各项防控措施要求。加强办公场所管理，严格来访人员管理，落实“一登记二绿码三测温”要求，对第三方服务外包、劳务派遣等人员做到疫情防控“同区域、同政策、同管理”。推进疫苗接种工作，按照“口岸一线优先、区分轻重缓急、推动稳妥有序”原则，运用“会议部署+现场宣讲+线上答疑”宣教方式，“开设专场”和“个人网约”相结合，精准科学分阶段分批次推进疫苗接种工作。

二、促进外贸稳增长

（一）优化口岸营商环境。

贯彻落实党中央、国务院决策部署，按照总署工作要求，结合关区实际，细化落实稳外贸稳外资措施77项。持续压缩整体通关时间，落实减税降费工作，全年关区进口整体通关时间4.98小时，出口整体通关时间0.76小时。成立支持珠西物流中心建设、探索与周边口岸组建“组合港”、加快跨境电商综合试验区建设、建设大宗商品监管中心等4个工作专班小组，从政策规定、监管模式等方面进行专项研究，积极创造落地实施条件，支持江门市外贸高质量发展。针对关区重点行业、企业开展调研，及时向地方商务部门提出工作建议5条，提出针对性帮扶措施8项。发挥政策宣讲口径管理机制作用，依托“江门海关12360”公众号“我为群众办实事”政策宣讲专栏，制作并发布专题宣讲稿件7期。发挥关地企“直通车”“手拉手”工作机制作用，及时收集并解决企业问题96个。2021年，江门市外贸进出口值1,789.48亿元，同比增长25.23%；其中出口1,465.65亿元，同比增长30.21%；

进口 323.83 亿元，同比增长 6.74%。阳江市外贸进出口值268.93 亿元，同比增长40.15%；其中出口 186.84 亿元，同比增长 31.03%；进口 82.09 亿元，同比增长66.54%。

（二）深化业务改革。

对接落实“十四五”海关发展规划，加强关区中远期业务改革发展规划，研究制订业务改革发展工作计划。落实进口铁矿依申请实施检验、“先放后检”等改革措施，大力推进“提前申报”“两步申报”等通关模式，推广税费电子支付、企业自报自缴、原产地证书自助打印等便利模式。推进“五项创新”、海关全业务领域一体化改革，“船边直提”和“抵港直装”改革有效实施，货物从到港到直提（装）整体时间提速93%。探索推进 7 个重点领域和重点业务环节一体化改革，搭建并优化关区快件、加工贸易、检验检疫证书和出口原产地证书的集约化审核模式，加工贸易手册审核时间较改革前大幅缩短。针对企业集团统一采购、生产加工、销售等一体化的经营模式下需要更好发挥企业集团化运作优势的问题，探索跨关区建立“以企业集团为监管单元的一体化保税监管”模式，促进保税料件在集团企业间的自由流通，最大限度为企业带来便利。建立完善关区复制推广自由贸易试验区创新制度相关工作机制，实行台账管理，定期开展评估总结，截至2021 年 12 月复制推广自由贸易试验区创新制度复制推广项目22 项。

（三）服务对外开放平台建设。

支持保税物流中心（B 型）高质量发展，对造纸、食品行业进出口企业开展精准指导，实施“分批送货、集中报关”“先出区、后报关”等监管模式。支持配合地方开展综保区申建研究工作。在助推江门市获批跨境电子商务综合试验区的基础上，持续推动拓展新业务，打通跨境电商海陆出口通道、跨境电商 B2B 出口通道，实现跨境电商出口海外仓、企业对企业直接出口等业务“零”的突破。以支持江门高新港和江门市首家铁路类监管作业场所建设为重点，支持粤港澳大湾区“江海门户”建设，江门市高新港于2021 年 4 月 13 日正式对外开放，是华南最大内河智慧港口，成为大湾区国际化物流运输网络的重要支点；江门北站海关监管作业场所于 2021 年 12 月 6 日正式设立，使江门北站具备开通中欧班列，打通珠西物流中心直接连接国际物流通道的条件。加强推动地方口岸扩大开放，支持阳江港口岸扩大

▲2021 年 3 月 8 日，新会海关关员监管进口木薯干

开放验收，以及阳西电厂配套码头、阳江港源强码头临时开放。支持大宗商品监管中心建设，指导江门高新港、新会港、台山公益港3个码头开展B类原木指定监管场地验收，监管进口原木、木薯干4万吨。

（四）支持特色产业发展。

以支持粤港澳大湾区“菜篮子”民生工程建设为重点，推荐认定“粤港澳大湾区‘菜篮子’生产基地”企业49家、“广东省农产品出口示范基地”企业24家。帮扶特色产业、种业发展，支持共建广东省鳗鱼现代农业产业园，全年关区出口活日本鳗鱼占全国80%，酱油占全国44%，供港活鸡苗占内地80%、活猪占内地10%，供港海捕水产品占香港市场超80%。服务江门打造“新会柑”出口标准化种植基地，实现“种植升级”到“果品升级”再到“果皮升级”，提升“新会陈皮”品质“含金量”。推动江门恩平11家麦克风生产企业的40个商标在总署“知识产权海关保护系统”备案，指导企业用好用足税收优惠措施，2021年恩平麦克风产品出口量、值双增长。针对出口集装箱“一箱难求”情况，推广新造集装箱“配货出口”，降低企业运营成本，2021年监管出口新造集装箱数量同比增长1.4倍，货值同比增长3.46倍，“配货出口”新造集装箱数量同比增长1.5倍。推动建立检疫处理场所，支持阳江竹木草制品出口。加强与地方进出口商会和外商投资企业协会联系，开展重点企业线上问卷调研、船舶与海工装备产业链培育发展调研，及时掌握企业外贸进出口情况并解决问题诉求。

（五）知识产权海关保护。

落实总署“龙腾行动2021”工作部署，完善高风险重点商品数据库和风险研判快速反应模式，保持打击侵权高压态势，2021年扣留涉嫌侵权货物（物品）数量、价值同比分别增长25.56%、674.34%，其中依权利人申请截获涉嫌侵犯专利权的1条饼干生产线，货值569.59万元。推动19家重点培塑企业进入地方知识产权海外护航援助服务范围，推动重点外贸企业以及拥有自主知识产权外贸企业申请海关备案，2021年新增备案用户同比增长53.76%，新增知名品牌进出口企业用户同比增长184.21%。立足江门市“中国摩托车出口基地”，对拥有自主知识产权摩托车企业加强业务指导，为进出口企业保驾护航。组织开展“4.26”知识产权宣传周等宣讲活动11次，宣传企业超400家，为32家企业解决实际困难35个。

（六）技术性贸易措施。

建立关区“关企交涉应对企业数据库”，首批入库企业27家，推荐21家企业进入总署企业库，开展针对性帮扶。组织报送世界贸易组织（WTO）/技术性贸易壁垒（TBT）例会特别贸易关注议题4项，其中1项卫生与植物卫生措施（SPS）领域贸易关注议题入选第80次WTO/SPS例会大会议题，并获欧盟正式回应。做好国外技贸措施信息收集、评估、预警和应对。加强阳江五金刀剪产品技术性贸易措施评议基地建设，提升服务质量。筛选出228家企业定向发放技贸措施宣传培训资料，召开专题宣讲会2场次，进一步普及中小企业技术性贸易措施相关知识。

（撰稿人：何恭浩　林筱珊）

江门海关优化口岸营商环境促进跨境贸易便利化

2021 年，江门海关坚持以习近平新时代中国特色社会主义思想为指导，坚决贯彻落实习近平总书记重要讲话和重要指示批示精神，践行新发展理念，坚持系统观念，深化海关改革创新，积极发挥海关国内国际双循环“交汇枢纽”作用，支持地方打造国际化、法治化、便利化营商环境，促进贸易自由化便利化，支持地方高水平对外开放、外贸高质量发展。

江门、阳江两市外贸发展势头稳健，但在新冠肺炎疫情持续蔓延、全球海运运费攀升、原材料价格上涨等多因素叠加影响下，仍面临诸多风险挑战。江门海关统筹贸易安全与便利，持续深化业务改革，积极创新海关监管制度，着力提高通关效率、降低通关成本，聚焦地方外向型经济发展目标同向发力，支持地方打造粤港澳大湾区一流口岸营商环境，支持江门、阳江两市外贸高质量发展。全年，江门市进出口值 1,789.48 亿元，同比增长 25.23%，其中出口同比增长 30.21%，增速广东省第二；阳江市进出口值 268.93 亿元，同比增长 40.15%，其中出口 186.84 亿元，同比增长 31.03%，进出口、出口增速均为广东省第一。

一、深化业务改革，提升通关效能，促进贸易便利化水平成效明显

（一）巩固压缩进出口整体通关时间。

制定压缩整体通关时间工作机制，建立关区“压缩整体通关时间问题工具库”，分类指导精准提升通关效率，强化“日监控、周核查、月通报、季评估”，12 月，关区进口整体通关时间 3.16 小时，出口整体通关时间 0.31 小时。全年关区进口整体通关时间 4.98 小时，出口整体通关时间 0.76 小时。

（二）贸易便利化水平提升。

依托国际贸易“单一窗口”和“互联网＋海关”一体化网上办事平台，持续推广税费电子支付、企业自报自缴、无纸化办理海关注册登记、原产地证书自助打印等便利模式。2021 年，关区企业电子支付率 93%，自报自缴率 85%；1,088 家企业

通过无纸化办理注册登记；企业自助打印出口原产地证书3.59万份，自助打印率68%，同比提升21个百分点，实现“足不出户”签领证书。推进“五项创新”、海关全业务领域一体化改革，12月，“提前申报”进、出口应用率85.29%、88.73%，同比提高29.94%、26.48%，“两步申报”报关单比例37.50%，同比提高74.09%。巩固拓展外海口岸、高沙口岸探索开展“船边直提”和“抵港直装”的试点经验，在确保口岸监管力度不减、通关秩序不乱的前提下，稳步推进关区“船边直提”和“抵港直装”试点工作。2021年，试点企业货物从到港到直提（装）整体时间较传统模式提速93%。组织开展促进跨境贸易便利化专题署级课题研究，牵头撰写的《我国跨境贸易便利化现状及对策研究》获《海关政研》“完整、准确、全面贯彻新发展理念”专刊第一期刊发。

（三）税收征管改革。

落实总署关于开展以关税保证保险单作为税款类担保的关税保证保险改革试点工作部署，持续推广关税保证保险，进一步降低企业通关成本。2021年，关区关税保证保险担保税款5.82亿元，同比增长38%。推动关区出口原产地证书审核集约化管理改革，落实企业备案“两证合一”（外贸易经营者备案和原产地企业备案）、证书智能审核等一系列改革，全面优化出口原产地监管服务模式，帮助企业抢抓市场机遇。2021年，签发优惠贸易协定出口原产地证书4.22万份，帮助企业获进口方关税减让约9.80亿元。积极宣传并落实“十四五”期间税收优惠政策，助力企业减负增效。2021年，江门海关审批减免税款642.71万元；主动开展个性化服务，办理近年辖区投资额最大的内资鼓励类项目（投资总额2个亿）确认手续，支持促进地方经济发展；引导企业用足用好对美加征关税市场化采购排除政策，2021年，关区企业共享受对美加征关税市场化排除4.16亿元，同比增长70%。

（四）企业集团加工贸易监管模式全面推广。

以企业需求为导向，巩固企业集团加工贸易监管模式试点改革经验做法，积极扩大关区试点范围，促进保税料件在试点集团企业间自由流通，为试点企业带来便利，减少贸易成本。2021年在江门关区试点企业集团开展货物保税料件流转试点业务，累计为企业减负800多万元。

二、大力支持“双区”建设，对外开放水平不断取得新进展

（一）对外开放新平台建设。

支持保税物流中心（B型）业务发展。对造纸、食品行业进出口企业开展精准指导，实施“分批送货、集中报关”“先出区、后报关”等监管模式，2021年保税物流中心（B型）实际进出境货值10.20亿元。夯实监管基础，支持大宗商

品监管中心建设，年内累计监管进口安哥拉紫檀 221 吨，原木 10,221 吨、木薯干 46,576 吨。主动宣传综合保税区在支持产业转型升级，带动区域经济发展，扩大对外开放的积极作用，推动江门市将综合保税区申建纳入江门市推进贸易高质量发展工作方案。

▲2021 年 6 月 11 日，新会海关关员验放江门大广海湾保税物流中心（B 型）首票“分送集报”货物

（二）外贸新业态培育。

在成功助推江门市获批跨境电子商务综合试验区的基础上，持续推动新业务拓展，打通跨境电商海陆出口通道、跨境电商 B2B 出口通道，实现跨境电商出口海外仓、企业对企业直接出口等业务“零”的突破。

（三）国际物流通道拓展。

立足属地区位优势，以支持江门高新港和江门市首家铁路类监管作业场所建设为重点，全力支持大湾区“江海门户”建设。2021 年 4 月 13 日，江门市高新港正式对外开放，是华南最大内河智慧港口，成为大湾区国际化物流运输网络的重要支点，5 月关区“智慧物流监管平台”在高新港码头试运行，12 月关区“智慧物流监管平台”顺利通过验收，有效支持江门市推动智慧口岸建设。2021 年 12 月 6 日，江门北站海关监管作业场所正式设立，使江门北站具备开通中欧班列，打通珠西物流中心直接连接国际物流通道的条件，有力推进珠西物流中心构建大交通、大商贸、大物流服务体系。

三、坚持需求导向、精准施策，有效支持地方特色产业快速发展

（一）支持新造集装箱扩大出口。

分析出口集装箱“一箱难求”原因，精准掌握企业生产计划和库存情况，实现从生产到起运的全过程通道式管理，推广新造集装箱“配货出口”，为企业降低运营成本。2021 年监管出口新造集装箱数量同比增长 1.4 倍，货值同比增长 3.46 倍，新造集装箱“配货出口”数量同比增长 1.5 倍。

（二）托稳粤港澳大湾区“菜篮子”。

以支持粤港澳大湾区“菜篮子”民生工程建设为重点，支持大湾区“菜篮子”生产基地和优质农产品供应基地建设，培育发展“菜篮子”优质经营主体，累计推动 73 家企业被认定为“广东省农产品出口示范基地”企业、“粤港澳大湾区‘菜篮子’生产基地”企业；全链条一体化推进重大动物疫病防控，供港澳活猪在春

节、国庆等重大节假日期间，短期调度供应量内地占比达 60%～100%，被澳门市政署誉为“保障澳门市场生猪稳定供应的蓄水池”；支持全国最大的供港活种鸡苗孵化基地开展种用资源保良育优技术攻关，从源头上确保鲜活农产品质量安全，供港澳活鸡苗同比增长 7.20%，所选育的种鸡品系在广东省内供港澳冰鲜鸡肉制品的市场占比 60% 以上；为企业提供全天候预约服务，优先办理通关手续，确保当天报关、当天查验、当天出证，帮扶海捕水产品抢“鲜”出口，2021 年，关区供港海捕水产品 8.18 亿元，占全国该类供港产品总量八成以上。

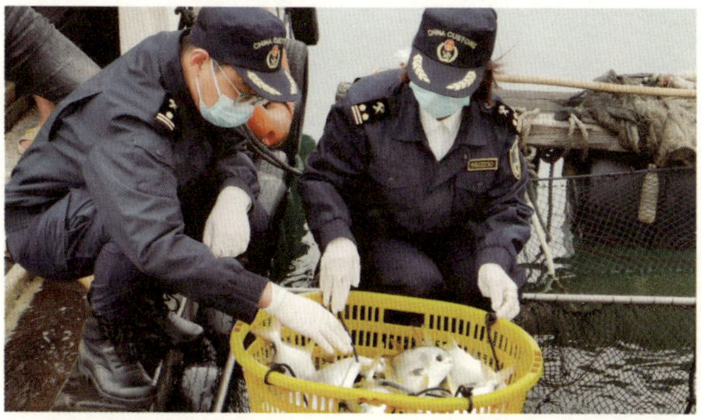

▲2021 年 2 月 9 日，阳江海关关员深入海上网箱养殖基地对供港活鱼进行现场监管

（三）支持特色农产品出口助力乡村振兴。

紧贴“台山鳗鱼”特色产业需求，帮扶企业成功应对国外技术性贸易措施，2021 年“台山鳗鱼”出口量占全国活日本鳗鱼出口总量的 80%；服务地方打造“新会柑”出口标准化种植基地，实现“种植升级”到“果品升级”再到“果皮升级”，提升“新会陈皮”品质“含金量”，2021 年出口值约 1,400 万元；强化台山富贵竹“以质取胜”，连续 16 年无检疫问题反馈，实现绿色生态惠农发展，2021 年出口同比增长 14.52%；精准指导阳江荔枝种植果园、包装厂获得出境注册登记资格，帮助企业建立完善质量管理体系，助力阳江荔枝再次走出国门，2021 年监管 1,935 吨阳江荔枝出口新加坡、马来西亚等“一带一路”沿线国家和地区。

四、深化“放管服”改革，培育激发市场主体活力，引导企业守法自律、诚信经营

（一）推进企业信用管理制度改革。

培育企业提高信用等级享受通关便利，2021 年关区新增高级认证企业同比增加 150%，为高级认证企业提供协调员服务，落实 5 类 22 条便利措施。

（二）落实“证照分离”改革。

取消“报关企业注册登记”备案管理、“进出口商品检验鉴定业务的检验许可”事项审批，实行“告知承诺制”，推进注销便利化；推广行政审批一网集成办理，行政审批网上办理率 100%。

（三）开展快件集中审单改革。

探索实施“风险集中审单”模式优化，2021 年关区 B 类进口快件整体通关时间 6.02 小时，人工审单比例下调至 14%。

（四）加强知识产权海关保护。

在提升通关效率的同时保持打击侵权

高压态势，2021 年查获涉嫌侵权货物 2.40 万件、案值 802 万元，其中查获价值超 570 万元涉嫌侵犯专利权的生产设备；推动 19 家重点培塑企业进入地方知识产权海外护航援助服务范围、194 家重点外贸企业申请海关备案；立足江门市“中国摩托车出口基地”，对拥有自主知识产权摩托车企业加强业务指导，为进出口企业保驾护航。

（五）落实差别化信用管理措施。

对不同资信等级企业实施差别化风险防控，及时优化布控策略，在风险可控情况下，降低高级认证企业查验率，2021 年，高级认证企业进出口货物平均查验率保持在合理区间。

（六）创新疫情防控常态化政策宣讲。

常态化、多渠道收集企业群众需求，聚焦《区域全面经济伙伴关系协定》（RCEP）、国际公路运输公约（TIR）、海关税款担保改革等社会关注度高、与企业利益密切相关的专题编发 31 项政策宣讲口径，充实宣讲素材，依托“江门海关 12360”公众号平台，发布“我为群众办实事”宣讲稿件 7 期，经地方商务局转发行业协会和企业，扩大宣讲覆盖面，提高企业宣讲获得感。

（撰稿人：曾墨环）

江门海关打击走私重点专项工作

一、打击治理粤港澳海上跨境走私

根据总署、公安部、中国海警局及广东省人民政府统一部署，江门海关深入参与推进打击治理粤港澳海上跨境走私专项行动。成立打击治理珠江口水域走私行动领导小组，组建行动小组，制订联合行动方案，明确具体目标及任务要求。2021年，江门海关海上缉私部门出动缉私艇442艘次，巡航1,270小时，航程22,500海里，与拱北、广州海关缉私部门和地方打私部门开展水上联合执法行动165次，查获走私“大飞”49艘。

▲2021年11月8日，江门海关缉私局打击治理珠江口水域走私行动小组出航执勤

二、“蓝天2021”专项行动

制订打击走私废物“蓝天2021”专项行动方案，组建成立专项行动领导小组，出台进一步加强口岸监管持续深入打击“洋垃圾”走私相关举措，明确4方面19项具体任务，持续巩固禁止“洋垃圾”入境工作成果。2021年，江门海关缉私局行政立案办理12宗，其中11宗为邮递渠道走私固体废物案。联合海警、边防等相关部门加大海上和沿边非设关地走私打击力度，封堵偷运“洋垃圾”走私入境通道。加强与交通运输、工商、食品药品监管的联动配合，形成打击合力。开展境外信息搜集研判，编发打击“洋垃圾”、野生动物及其产品走私专报5期。

三、“护卫2021”专项行动

制订专项行动方案，成立领导小组，组建工作专班。立案侦办傅某某涉嫌走私石首鱼鱼胶案，逮捕犯罪嫌疑人1名，现场查获走私石首鱼干胶8只，案值500多万元，查证犯罪嫌疑人走私石首鱼鱼胶3批次98只（29只亲体，69只幼体），价值914.4万元。立案调查邮递渠道走私象牙案2宗，查获走私象牙制品84.94克。配合总署缉私局举办亚太地区重点海关打击濒危野生动植物及其制品走私线上交流活动，宣传推广江门海关打私经验。

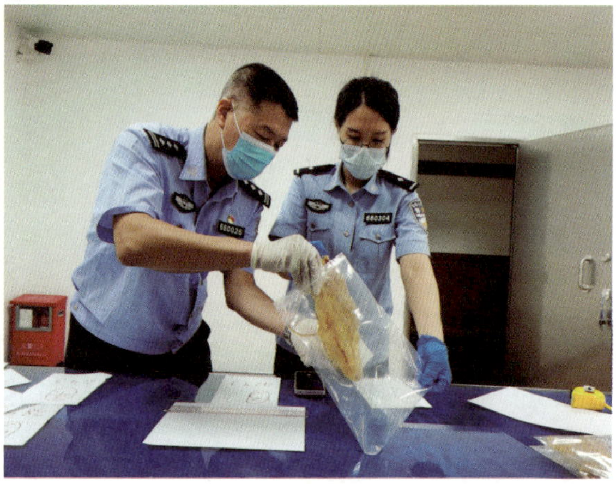

▲2021年9月3日，江门海关缉私局查获石首鱼鱼胶走私案

四、打击治理“水客”走私专项行动

根据总署统一部署，组织开展打击治理“水客”走私专项行动。制订专项行动方案，明确任务目标、工作措施，成立专项行动领导小组，统筹推动开展专项行动。江门海关缉私局抽调民警成立打击“水客”走私工作专班，开展专业打击。持续巩固打击治理“水客”走私成效，制定下发打击治理“水客”走私长效机制工作方案，建立常治长效机制。2021年，江门海关缉私局立案侦办“水客”走私犯罪案件3起，案值6,792.97万元，打掉团伙2个，抓获犯罪嫌疑人15人；立案查办“水客”走私行为案件2起，案值12.55万元。查获进境船员走私药品案件1起。其中2021年1月13日，江门海关缉私局查获一起“水客”团伙走私普通货物案，抓获犯罪嫌疑人10名，现场查扣涉嫌走私旧衣服1.01吨、少量化妆品等货物，以及书证、电子证据一批。该案案值5,368.97万元，被总署缉私局列为二级挂牌督办案件。

五、打击治理海南离岛免税“套代购”走私专项行动

根据总署统一行动部署，制订打击海南离岛免税“套代购”走私专项行动方案，成立领导小组、组建工作专班，明确任务目标、工作措施，强化监管力度，保持高压态势，统筹推进各项工作。江门海关缉私局与风控分局加强联系配合，加强“套代购”风险特征总结提炼；与湛江、海口等海关缉私部门开展信息共享和经验交流；加强同旅游主管部门沟通联系，规范对旅行社、赴岛旅游团队、导游的监督管理，推动实施承诺书制度和旅行社担责制度。

（撰稿人：袁　平）

江门海关开展国门生物安全行动

2021 年，江门海关深入贯彻习近平生态文明思想，坚决贯彻习近平总书记“筑牢口岸检疫防线”、加强国家生物安全风险防控和治理体系建设的重要指示精神，践行总体国家安全观，统筹发展和安全，扎实开展国门生物安全与食品安全行动。严防外来物种入侵，检出动物疫病阳性 4 次，暂停 3 家活猪注册场供港澳，在入境口岸监测到外来有害生物和外来物种 18 种 25 次，在监测点监测检疫性实蝇 9 种 17.29 万头，在重点区域监测外来有害杂草 109 种（属）、林木害虫 190 种 1,113 头；在“国门绿盾 2021”行动中，江门口岸首次查获 3 头活体昆虫长戟犀金龟（*Dynastes hercules*）。加强防控输入性病媒生物监测、出入境特殊物品监管，截获输入性病媒生物 4.24 万只，开展非法疫苗进出境风险研判 3 次。加强进境冷链食品新冠肺炎疫情防控，严格做好进口冷链食品口岸环节新冠病毒核酸监测检测和口岸环节预防性消毒监督等工作，督促整改安全防护薄弱环节，提升疫情防控监督效能，确保规定动作 100% 执行到位。

一、进出境动植物检疫监管

（一）疫情监测预警与防范。

结合关区业务实际，制订 2021 年度国门生物安全监测实施方案（动物检疫部分）、外来有害生物监测计划实施方案、进出口食用农产品和饲料安全风险监控计划实施方案，落实进境粮食、进出境饲料、进出境陆生（水生）动物疫病监测和安全风险项目监控，组织开展入境口岸监测调查、检疫性实蝇、外来有害杂草、林木害虫、红火蚁监测，检出动物疫病阳性 4 次，暂停 3 家活猪注册场供港澳，在入境口岸监测到外来有害生物和外来物种 18 种 25 次，在隶属海关监测点监测检疫性实蝇 9 种 17.29 万头，在重点区域监测外来有害杂草 109 种（属）、林木害虫 190 种 1,113 头。健全动植物疫情信息收集分析应用机制，加强疫情信息综研能力建设，成立动植检疫情预警信息工作小组，建立直属海关、隶属海关两级信息收集网络，持续开展境外动植物疫情信息监测、搜集及评估工作，参与总署“全球动植物疫情和境外外来入侵物种信息监测与预警体系”构建，收集世界动物卫生组织（OIE）、WTO等国际组织的官方网站、各国（地区）政府网站关于人畜共患病及境外非洲猪瘟、高致病性禽流感、草地贪夜蛾、沙漠蝗等重大动植物疫情流行动态信息，分析研判并提出口岸防控针对性建议，获总署采纳发布的动植物疫情信息105条。

（二）风险防控管理与应急处置。

成立江门海关外来入侵物种口岸防控工作领导小组，建立关区动植物检疫风险排查机制，准确把握、统筹防范和及时处置一般贸易、非贸两个渠道外来物种检疫安全风险，在邮件、快件、跨境电商等非贸渠道组织开展查验监管作业交流和交叉互查，建立问题隐患清单，逐项整改。健全关区疫情和风险信息联合分析研判机制，加强红火蚁等外来入侵物种布控，启动应急处置机制，解决现场海关磷化氢、溴甲烷等熏蒸气体残留浓度超标情事。实施检疫除害处理单位监督管理，依企业申请注销近年来未有实际开展检疫处理业务的5家检疫处理单位。完善进出境重大动、植物疫情突发事件应急处置预案，以“现场推演+视频直播”形式组织供港澳活猪疫病阳性应急处置桌面推演。

（三）口岸现场检疫监管。

举办关区国门生物安全监测及安全风险监控培训班，组织开展2021年动植物检

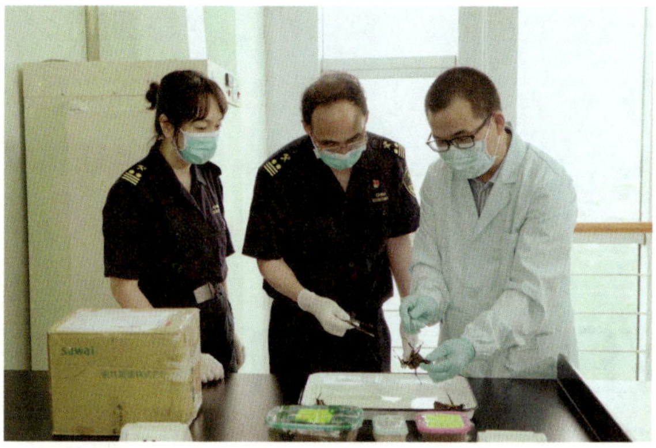

▲2021年5月17日，外海海关对关区首次截获的长戟犀金龟送检鉴定

疫岗位技能拓展深化专题培训和岗位资质培训，邀请动植物检疫领域专家“博士团”，加强进境粮食检疫安全工作业务指导和交流。建立工作机制，针对短板加强风险防控，组织开展交流互查，深入研究分析，制定具体措施，落实业务督导，拓宽检疫对象渠道，扩大检测项目覆盖面。2021年，截获植物疫情142种、696种次，其中检疫性有害生物24种、174种次。在“国门绿盾2021”行动中，在邮递渠道从日本进境的餐盒中查获3只活体昆虫长戟犀金龟（*Dynastes hercules*），为江门口岸首次查获。

（四）联防联控协同共治。

持续关注关区进境散装粮食、检疫处理领域安全风险，规范跨关区调运监管，落实抓好流向和监管有效衔接，确保进境粮食安全，促成江门市在2020年度广东省粮食安全责任考核中获第一名。推动宣传教育平台和机制联合共建，4月9日，走进江门海关扶贫点—台山市广海镇山背村振华小学，开展“国门生物安全进校园”

宣讲活动，通过现场互问互答和标本展示等环节，科普动植物疫情疫病和外来入侵物种传入的危害；4 月 14 日，与江门市农业农村局合作，首次以新媒体直播形式，举办“4·15 全民国家安全教育日暨《生物安全法》实施国门生物安全知识科普讲座”活动，1,800 人次观看直播；结合新冠肺炎疫情防控行业关注点、动植物检疫职能和业务特点，举办“外来有害生物入侵及保护国门生物安全”图片展，通过宣传展板、LED 显示屏等，面向外地游客及现场群众，宣传国门生物安全知识；4 月 15 日，联合地方政府举办关、地、企三方国门生物安全宣传及生物安全法普法活动。

二、出入境卫生检疫监管

（一）输入性病媒生物监测。

2021 年，江门海关截获输入性病媒生物 4.24 万只。其中，在江门国际货柜码头的 13 个入境装载盐湿牛皮的集装箱中截获蝇类约 2.29 万只；在江门中外运外海货柜码头的 41 个入境装载盐湿牛皮集装箱中截获蝇类 1.95 万只；在台山公益港码头装载苏里南产原木中截获澳洲大蠊 2 只、德国小蠊 4 只；在新会港码头的 1 个入境空载集装箱中截获蝇类 2 只、日本大蠊 1 只。

（二）出入境特殊物品监管。

推进特殊物品管理智能化和信息化工作，聚焦重点企业、高风险国家（地区）、航线、货品风险等维度开展风险分析，联合排查、处置涉夹藏、伪瞒报等风险隐患。开展非法疫苗进出境风险研判 3 次。江门关区 2021 年度无特殊物品出入境。

（三）生物安全宣传。

利用“4·15 全民国家安全教育日”开展《中华人民共和国生物安全法》（以下简称《生物安全法》）、《传染病防治法》等法制宣传及口岸传染病防治相关知识宣传 56 场次，滚动播放宣传片段累积 42 小时，发放宣传手册 2,500 册；利用“4·26 全国疟疾日”，面向出入境人员、口岸工作人员，开展消除疟疾防治知识宣传 9 场次，发放宣传手册 1,800 册；利用“12·1 艾滋病宣传日”，向出入境人员开展艾滋病防治知识宣传 9 场次，参与地方艾滋病宣传走进校园活动 1 场次，发放宣传手册 1,200 册。

三、防控新冠肺炎疫情通过进口冷链食品输入风险

（一）完善工作预案。

制订应急预案、工作指引和各类方案 10 余份，完善采样、消毒、防护、处置等各环节操作规范，严格各个步骤实施流程。落实紧急预防性措施，在审单环节加强单证关键信息审核，确保申报信息与货物真实情况一致，确保被采取紧急预防性措施的企业在暂停期间不能有产品申报进口。

（二）疫情防控监督。

聚焦聚力查问题、找风险、堵漏洞，

多次开展视频监督，督促整改安全防护薄弱环节，提升疫情防控监督效能；严格执行进口冷链食品目的地监督抽检指令，经地方部门预防性消毒后对进口冷链食品实施抽样作业。

（三）落实联防联控机制。

全面梳理辖区企业从外地口岸进口冷链食品的情况，加强与地方市场监管部门信息共享，形成监管合力。加强与市农贸市场专班沟通，理顺工作机制，协调解决保税仓仓储进口冷链食品预防性消毒工作遇到的问题，推动地方落实疫情防控主体责任，确保疫情防控无漏洞无死角，保障企业生产经营正常开展。

（四）强化学习培训。

举办进口商品及包装新冠病毒检测采样培训班，解读作业指导书，现场开展实操演练，推动规范执法、规范采样。说明采样安全防护要求及注意事项，组织各隶属海关模拟对进口高风险货物的外包装表面进行采样实操演练，检验培训效果。

（撰稿人：邓皓中　汪海琳　魏　伟）

江门海关定点帮扶及推动乡村振兴工作

2021年，江门海关坚决贯彻落实习近平总书记关于巩固拓展脱贫攻坚成果同乡村振兴有效衔接的重要指示批示精神，按照总署工作部署，立足海关职能优势支持乡村振兴，着力巩固拓展台山市广海镇驻村帮扶成果，继续选派优秀青年干部担任广海镇鲲鹏村驻村第一书记，推进落实各项帮扶举措，助力乡村振兴工作取得新进展。年内，支持江门关区特色农产品出口创汇，推动实现冷冻鹧鸪供应香港市场"零"的突破，帮助阳江荔枝时隔10年恢复出口，监管活日本鳗鱼出口占全国80%，监管供港活鸡苗占内地80%，江门海关帮扶阳春竹藤草制品出口等工作得到中央电视台《新闻30分》《朝闻天下》以及广东广播电视台《广东新闻联播》等媒体专题报道。

一、在支持乡村振兴中夯实党组织建设

（一）党委统筹指导。

将学习贯彻习近平总书记关于乡村振兴系列重要指示批示精神列入"第一议题"，把巩固脱贫攻坚成果同乡村振兴有效衔接工作纳入年度重点工作，加强整体部署，健全帮扶工作机制，协调解决工作困难，定期检查落实情况。关党委委员先后3次到台山市广海镇鲲鹏村、川岛镇家槟村、联南村开展实地调研，与地方党政、村委村民、学校师生等交流座谈，了解民生民情，慰问困难党员群众，指导驻村工作，帮助解决难题。该关7个单位部门党组织到结对村开展党建共建和慰问帮扶。

▲2021年11月20日，江门海关驻村第一书记（左二）入户走访群众

（二）组织选派驻村干部。

按照江门市推动乡村振兴战略工作安

排，组织驻村第一书记张晶新做好驻村收队工作，同时确定新会海关查检一科副科长张春晓同志作为江门海关新一轮驻村第一书记人选。5 月 25 日，根据江门市委组织部关于继续选派驻村第一书记的通知，张春晓同志担任台山市广海镇鲲鹏村驻村第一书记，驻村时间为期 2 年。江门海关建立完善关心关爱驻村干部机制措施，关党委书记与新派驻村书记开展谈心谈话，做好思想动员；指定政工办牵头跟进乡村振兴工作，加强与驻村干部日常沟通联系，帮助及时适应新环境，有序开展驻村各项工作。

（三）提升党建质量。

组织“四强”党支部通过“结对子”的方式，与广海镇鲲鹏村、振华学校党支部等乡村党组织开展党建共建。驻村第一书记张晶新着力夯实台山市广海镇城北村党建基础，优化党组织设置，稳步推进“两委”换届选举。驻村第一书记张春晓结合广海镇鲲鹏村党员长期外出打渔无法集中的特点，创新党建工作方式，打造“海上流动课堂”“书记渔船课堂”和“榜样渔船课堂”等特色课堂，通过带、送、互、讲等“四学模式”推动党员教育“提档升级”，同时通过运用微信、“学习强国”等，打造线上线下全覆盖学习平台。台山市广海镇鲲鹏村以党建引领推动三产融合实践案例获评江门市 2021 年度基层党建创新优秀案例。

二、推动巩固拓展脱贫攻坚成果同乡村振兴相衔接

（一）巩固驻点镇村脱贫攻坚成果。

2021 年 4 月 20 日，由江门海关选派的驻村第一书记张晶新结束为期两年的驻台山市广海镇城北村工作。2021 年 1—4 月是张晶新驻村工作的最后 4 个月，他坚守岗位、认真履职、发挥作用，做好巩固脱贫攻坚成果同乡村振兴各项工作。完善阵地建设，为 4 个党支部阵地添置桌椅等办公设备；推动完成东山村党建公园一期工程，添置体育运动器械、石桌石椅等基础设施；推进城北村党建公园建设，清除公园规划区域内部杂草树木，完成外部路面铺设工作。推进贫困户危旧房改造工作，完成广海镇 4 户贫困户危房改造、16 户贫困户旧房修缮，进一步解决房屋漏水问题，改善住房环境。扎实开展返贫监测，对广海镇纳入返贫监测及重点监测对象的 13 户贫困户建立档案，每户针对性制定防返贫措施；建立回访工作机制，由各村（居）委会每月了解脱贫户家庭情况，关怀帮助脱贫户。

（二）落实“四个不摘”机制。

2021 年 5 月，驻村第一书记张春晓担任广海镇乡村振兴驻镇帮扶工作队队长后，先后组织制定广海镇驻镇帮镇扶村五年规划、广海镇防止返贫动态监测和帮扶机制、台山市广海镇乡村振兴驻镇帮镇扶村工作、广海镇推进巩固拓展脱贫攻坚成果同乡村振兴有效衔接等制度和方案。组

织开展防止返贫动态监测和帮扶，确定8户易返贫监测户，开展常态化监测预警，以现有社会保障体系为依托，分层分类及时落实帮扶政策。多渠道促进群众增产增收，推进“粤菜师傅”“广东技工”“南粤家政”和“农村电商”“乡村工匠”“高素质农民”培育等工程，完善城乡产业互动的利益联结机制，坚持和完善帮扶单位对口支援、社会力量参与帮扶等机制，依靠产业振兴带动村民增收致富。推动台山大米和广海咸鱼等本地特色产品进入扶贫网站销售、参加展销会增加收益。

（三）支持帮扶驻点镇村产业发展。

重点支持台山市广海镇鲲鹏村咸鱼产业发展，推动咸鱼等干货海产品成功入驻“本来生活”“五邑红”等网上商城，线上累计销售23万元，线下展销会累计销售超20万元。同时通过检测技术支持、资质认定专业化指导、销售渠道牵线搭桥等方式助力广海芥兰申报地理标志产品，助推广海丝苗米、台山生蚝扩大销路。支持台山供港活种鸡苗孵化基地开展种用资源保良育优技术攻关，指导企业坚持种蛋繁殖、自繁自养。推广“一镇一业”“一村一品”，发展城北那章红茶、优质有机稻、广海咸鱼、南美对虾、生蚝养殖等优势特色产业集群，支持打造城北村集祥红茶加工厂和家庭农场，逐步丰富农副产品品种，进一步扩大农业产业规模。2021年，广海镇团村（优质稻）入选广东省第二批省级“一村一品、一镇一业”专业村名单。

（四）支持驻点镇村提升公共服务能力。

支持完善教育基础设施建设，组织投入资金帮助更新广海镇渔民子弟学校教学设施设备，为学校更换课桌椅400套、教室讲台12套、增加图书472册、教学用具298件、直饮水机3台、教师办公电脑10台及其他体育器材等设施设备，改善学校教学环境。借助“广东兜底民生服务社会工作双百工程”，推动广海镇社工临时照料、上门服务等综合功能的农村区域性服务中心建设，加强关爱服务，妥善解决乡村妇女、老人、儿童“三留守”问题。

三、支持保障地方特色农产品出口

（一）支持粤港澳大湾区“菜篮子”生产基地建设。

发挥政策、技术、专业上的优势，与江门市农业、商务部门以及澳门市政署等部门联合举办粤港澳大湾区“菜篮子”工作推进会暨农产品出口企业培训班，为江门市近200家出口涉农企业培训解读出口活鱼（活鳗）、水果、花卉（富贵竹）生产加工企业注册登记等规定要求。推动台山市发挥产业集聚效应，建设广东省农产品加工示范区；提前介入鳗鱼深加工、禽畜屠宰加工等企业项目建设，推动5家进出口食品、农产品企业入驻园区；指导24家企业获认定为“广东省农产品出口示范基地”、49家企业获认定为“粤港澳大湾区‘菜篮子’生产基地”。提供“一基地一辅导计划”个性化服务，推动“养殖场+加工企业+出口企业”全过程监管，为“菜篮子”冰鲜农产品量身定制“优先查验、优先检测、优先出证”快速通关模式。

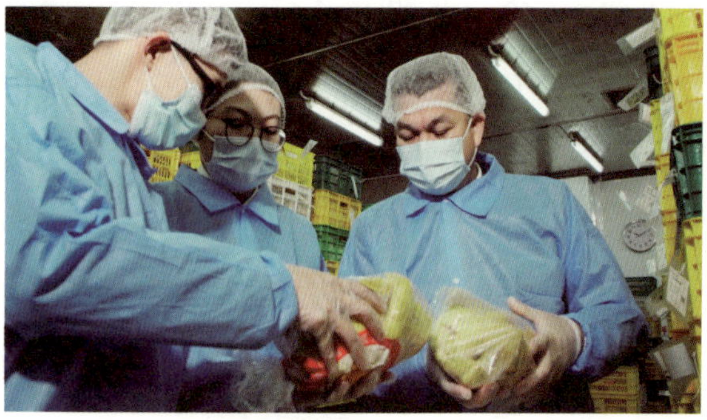

▲2021年12月24日，台山海关关员在监管供港澳冰鲜禽制品

（二）支持特色农产品“走出去”。

引导鳗鱼制品企业创建“合作+共享+产出”研发模式，助力企业检测实验室拓展国外新增残留项目检测方法9项，出口活鳗货值6.35亿元。指导台山富贵竹、阳春竹木草藤制品企业建立自检自控体系，加强疫病疫情防控体系建设，促进生产质量、工艺升级。实施质量源头控制、通关放行“即查即放”和“快速核放”绿色通道措施，监管富贵竹793.4万株，富贵竹出口量稳居全国前列。推动出口标准化种植，重点培育荔枝、新会柑等特色水果出口基地建设，新会柑注册登记果园5家，出境水果包装企业5家，帮扶7家荔枝果园获得出境水果果园注册登记资格；助力阳江特色荔枝果品重新恢复出口，远销新加坡、马来西亚、日本、韩国、泰国等“一带一路”沿线国家和地区。推动实现江门关区冷冻鹧鸪供应香港市场，供港澳冰鲜禽货值6.98亿元，同比增长14.4%；监管供港海捕水产品货值8.18亿元，占全国该类供港产品总量八成以上，促进捕鱼、加工、运输等就业。

（三）提供决策参考和技术支撑。

立足辖区产业特点，与广东分署联合开展阳春竹藤草产业发展调查研究，编制形成《关于利用地方特色资源发展乡土工业推动乡村振兴的调研报告——以阳春竹藤草产业发展为例》。江门海关技术中心主持撰写的《大湾区（江门）农产品质量安全科技创新综合服务平台建设与应用》获批为2021年广东省乡村振兴战略专项资金项目。

四、拓展支持乡村振兴工作平台

（一）组织开展爱心捐款。

在2021年“广东扶贫济困日”前后，组织开展“携手助力 乡村振兴”爱心捐款活动，全关1,616名干部职工参与。全部善款分别汇入“江门市慈善会”“江门市红十字会”“台山市慈善会”指定账户，助力乡村振兴。其中，支持完成“鲲鹏村综合环境整治提升工程”，修复硬化破损路面30米、墙身400平方米、修理排水沟110米，安装路灯及摄像头12个，切实保障群众出行安全。推动落实消费帮扶，探索“集体+个人”方式带动消费力量，发动工会会员采购特色助农产品。

（二）开展扶弱济困行动。

建立“结对子”常态化助学机制。连续15年参与江门市“爱心父母”活动，干部职工145人次参与，帮扶困难儿童154名，帮扶人数、帮扶金额均创新高。面向乡村学校开展“江门海关青少年法学院”主题宣教，通过授课、标本演示、显微镜体验等形式讲授防范外来生物入侵的相关知识，提升国门安全意识。设置“江门海关法治扶贫驻村点”，提供“点菜式”普法，为村民提供工伤、宅基地、土地承包经营权等问题法律援助咨询。

（撰稿人：刘映兴）

第三篇

党的建设

党建工作

概况

2021年，江门海关坚持以习近平新时代中国特色社会主义思想为指导，深入学习贯彻党的十九大和十九届历次全会精神，坚决贯彻落实习近平总书记重要指示批示精神和党中央决策部署，深刻领悟“两个确立”的决定性意义，增强“四个意识”、坚定“四个自信”、做到“两个维护”，把握新时代党的建设总要求，认真贯彻全面从严治党战略方针，按照总署党委要求，深入推进政治建关、改革强关、依法把关、科技兴关、从严治关，以党建高质量发展为主线，践行“两个维护”坚定有力，管党治党主体责任压紧压实，不敢腐、不能腐、不想腐一体推进扎实有效，准军事化纪律部队建设持续加强，精神文明建设不断深化，1名同志获评“全国优秀党务工作者”，5个单位部门获评江门市、阳江市模范机关标兵单位和先进单位，全年新增地市级以上荣誉33项，为推动“十四五”时期江门海关高质量发展开好局、起好步提供坚强保证。

宣传思想文化

【落实“第一议题”制度】2021年，江门海关党委坚持把学习贯彻习近平总书记重要指示批示精神作为党委会、形势分析及工作督查例会“第一议题”，围绕82项重点任务，召开49次党委会、12次例会研究措施、督促落实。研究制定推进政治建关28项工作措施，教育引导干部职工提高政治判断力、政治领悟力、政治执行力。筑牢口岸检疫防线，精准检出进境船员新冠阳性并全部确诊；布控查获B类快件安全准入、象牙等濒危物种及其制品走私情事排名全国海关前列；破获“水客”走私案件。制定落实稳外贸稳外资措施77项，支持江门市、阳江市外贸稳步增长，2021年江门市进出口值创新高，阳江市进出口增速位列广东省第一。推动特色产业发展促进乡村振兴，帮助阳江荔枝时隔10年恢复出口，监管活日本鳗鱼出口占全国80%，监管供港活鸡苗占内地80%。

【落实意识形态工作责任制】2021年，江门海关党委严格落实意识形态工作责任清单，制定年度落实意识形态工作要点，健全意识形态工作专题会议制度，专题研究意识形态工作2次。各基层党组织每季度开展1次队伍思想动态分析，全面规范各类党建阵地、宣传板报特别是对外展示的标语、宣传栏以及电子屏幕等宣传阵地。

【强化科学理论武装】2021年，江门海关党委理论学习中心组开展学习55次。完成处级以上领导干部政治轮训，参训率和测试达标率均为100%。全员参加学习贯彻党的十九届五中全会精神、学习贯彻习近平法治思想网上专题班并通过测试。各基层党组织打造“早诵十五分”“丹心讲堂”“班车学堂”等学习品牌58个。

【党史学习教育】2021年，江门海关采取“全面通学”“集中研讨”“实地教学”“理论研究”“专题读书班”等方式，贯通学习党史、新中国史、改革开放史、社会主义发展史。关党委委员到基层宣讲督导63场次，帮助基层单位和企业群众解决实际问题50余项。开展庆祝中国共产党成立100周年“十个一百”系列活动，举办“百年风华”系列党史图片展、颂党歌曲传唱、党史情景剧创作展演，4.6万人次参与党史知识测试。全员参加海关系统党史学习教育网上专题班。依托江门市22个党史教育基地“红色侨资源”，各基层党组织开展“体验式”实地学习250余次，总署采用江门海关挖掘的红色档案故事4篇。开展“我为群众办实事”实践活动，推动“国门安全”“便民利企”“暖心聚力”三项工程，江门海关党委及所属隶属海关党委完成“68+241”项重点民生项目，1个项目入选全国海关“‘我为群众办实事’百佳项目”，各基层解决具体问题515件，形成“加工料件集团调拨”等提质增效机制19项，达到学党史、悟思想、办实事、开新局的目的。“学习强国”学习平台、《中国国门时报》等宣传江门海关特色做法173篇次。

【学习宣传贯彻党的十九届六中全会精神】2021年，江门海关党委书记面向全关开展专题宣讲辅导，关党委委员到基层支部开展面对面宣讲。举办为期8天的党委理论学习中心组（扩大）学习暨党的十九届六中全会精神专题学习班，带动各基层党组织通过支部书记带头学、党员干部集中学、青年干部交流学的“三学”机制，开展集中研讨237次。举办3期“青马工程”，推动青年干部“人人上讲台”。关妇委会组织召开“巾帼建功显担当”党的十九届六中全会精神学习交流会。

基层组织建设

【深化“强基提质工程”】2021年，江门海关制定深化“强基提质工程”25项措施，建立合格支部、“四强”党支部动态管理机制，开展合格支部建设“回头看”。用好《江门海关党支部工作指引》，落实“三会一课”和主题党日、组织生活会、民主评议党员、谈心谈话等组织生活制度，年内各基层党组织开展各类组织生活7,164次。加强“智慧党建”系统应用，每季度通报应用情况。开展“党员先锋岗”评选（复核），复核第一批“党员先锋岗”16个，评选第二批“党员先锋岗”10个。做好党员发展工作，2021年发展预备党员42名，预备党员转正16名。制定完善《党建品牌创建指导手册》，健全完善党建品牌工作室，指导22个品牌支部与其他基层支部结对，互帮共建。截至2021年年底，江门海关有全国海关基层党建示范品牌2个、培育品牌2个，关区示范品牌6个、培育品牌12个。

【实施“头雁工程”项目】2021年，江门海关组建以各层级优秀党务工作者为主的师资队伍，灵活开展科级党支部书记全覆盖集中轮训，对基层支部书记13批104人进行“面对面”“小课堂”轮训，

▲2021年6月2日，江门海关采取“小班制”对部分执法一线科室党支部书记开展“基层党建面对面”培训

以抓党建能力提升促进党建工作提质。以“线上+线下”的方式，开展“四强”党支部巡礼、现场跟班学习，组织现场交流8场次，推动品牌建设互促互鉴、比学赶超。该项目入选总署“书记项目”试点，获评江门市2021年度基层党建创新优秀案例。

【“两优一先”推荐评选】2021年，江门海关深入挖掘、培树宣传先进典型。政工办副主任方冬宏同志在建党百年前夕获评“全国优秀党务工作者”，新会海关综合业务一科党支部获评“广东省先进基层党组织”。3名党员获评“江门市优秀共产党员”，3名同志获评“江门市优秀党务工作者”，2个党支部获评“江门市先进基层党组织”。在建党百年前夕，江门海关党委评选表彰“两优一先”，30名党员获评“江门海关优秀共产党员”，10名党员获评“江门海关优秀党务工作者”，10个党支部获评“江门海关先进基层党组织”。组织开展第二批“四强”党支部评选，评选“四强”党支部20个。

【健全党组织机构设置】2021年，江门海关完成离退休干部党委设立及选举工作，健全新会海关、阳江海关的机关党委和机关纪委设置。调整缉私部门党组织隶属关系，将江门海关缉私局党组织关系整建制转入江门市直机关工委。截至12月31日，江门海关共设有基层党组织137个，党员1,213名，

【选举江门市第十四次党代会代表】2021年12月10日，江门海关召开党员代表会议。大会按照《中国共产党基层组织

选举工作条例》，经充分酝酿讨论，以无记名投票方式，差额选举产生詹少彤、苏彩华2名同志为江门海关出席中国共产党江门市第十四次代表大会代表。

党风廉政建设

【落实全面从严治党主体责任】2021年2月1日，江门海关召开全面从严治党工作会议，提出2021年关区全面从严治党总体要求，部署全面从严治党、党风廉政建设和反腐败工作，细化全面从严治党工作任务措施67项。完善“四责协同”机制，建立健全党委工作规则等18件制度，全面从严治党责任工作体系进一步完善。组织全部隶属海关党委书记、派驻纪检组长开展“基层书记组长谈责任”访谈活动15次。提升纪检监察监督效能，通过监督发现并整改防范疫情防控、安全生产等风险57个。推进“智慧监督”，完善干部电子廉政档案，在职干部和离退休干部实现“一人一档”。推动建立纪检监察、巡察、督察“三察联动”机制。坚持“四个融入”推动巡视整改，组织13次专项检查，统筹落实中央巡视、总署党委巡视同步整改措施109项。制定17项巡视巡察上下联动措施，巡察12个单位部门党组织，对隶属海关单位、事业单位巡察覆盖率达100%，发现并督促整改问题325个。

【加强对“一把手”和领导班子监督】2021年，江门海关紧盯“关键少数”，细化68项工作任务措施，多措并举督促各单位部门领导班子及其成员围绕责任清单履职尽责。对8个隶属海关、4个事业单位开展选人用人专项检查，对2个隶属海关、1个事业单位开展经济责任审计。组织基层党组织书记述责述廉述党建，在全体基层党组织书记书面述职的基础上，选取8个处级单位党组织书记现场述职、接受评议。

【党风政风行风建设】2021年，江门海关严格落实中央八项规定及其实施细则精神，持续精文简会，关级发文、会议数量大幅压减；清理制度47个，为基层减负赋能。召开企业和关员座谈会，收集意见建议188条，推动解决问题150项。推动“党员先锋岗”常态化为群众办实事活动，提升窗口服务质量。加大海关政务服务“好差评”系统运用，实现12360热线与地方12345政务服务热线的三方话务转接。

【一体推进不敢腐、不能腐、不想腐】2021年3—9月，江门海关组织开展“现场监管与外勤执法权力寻租”专项整治，用好“组地关”协作配合机制，起底2012年以来执法领域问题线索。坚持抓早抓小，运用第一种形态加强批评教育提醒帮助。深化以案促改，回访受处分人员，规范纪律处分执行监督。强化权力运行制约监督，推进全业务领域一体化7项改革，健全完善制度机制28项。推动“强化法治意识23条措施”有效落实，修订完善业务制度管理办法，开发应用智慧制度平台，录入制度文件650个，形成层次分明、脉络清晰的关区制度体系。强化内控管理，对204个岗位、1,114个内控节点实行“清单式”管理。2021年8—9月，集中开展警示教育月活动，通报党的十八大以来江门海关查处的典型案例21起，汇编违纪人员“反思集”15例。深化廉政文化建设，集中展播“纪检委员讲故事”“清风清心”原创廉政短视频42部，创作“清风润国门、廉韵映初心”廉政主题作品97件，发出《弘扬文明家风　厚植家国情怀——江门海关家庭家风建设倡议书》。“清廉江关”品牌效应不断增强，干部队伍对政治生态认可度持续提升。

准军事化纪律部队建设工作

【内务规范强化月】2021年4月，江门海关以“严纪律、树形象，以优良作风庆祝中国共产党成立100周年”为主题，集中开展内务规范强化月活动，关党委带头落实队列训练要求，促进准军事化纪律部队建设。制订内务规范强化月活动方案，明确4方面11项重点任务措施。编制推送《海关内务规范图鉴指南》，展播内务规范及队列训练专题视频，营造学习氛围；利用“每日一答”学习微平台，组织海关内务规范知识测试，对照内务规范开展自查自纠，提升内务规范管理水平。

【内务督察】2021年，江门海关修订完善内务督察实施办法，健全内务规范制度机制。每月由内务督察组以“实地＋视频”模式开展督察，落实考勤纪律、着装仪容、举止规范、办公环境、窗口大厅“五必查”。全年开展内务督察36次，编制2018—2020年督察问题清单，推动整改问题25个。

【队列训练】2021年4月，江门海关举办队列指挥员培训班，51名学员参训；缉私局组织开展队列会操比武，展示匕首操、警体拳，展现队伍风采。各单位部门灵活利用时间开展“班前列队讲评”“每周一小时”队列训练，展示交流训练成果。内务督察组采取视频连线方式抽核考评隶属海关科室队列训练情况。全年通过重要节日升国旗仪式展现准军事化纪律部队形象。

▲2021年4月8日，江门海关缉私局举行队列会操

【岗位练兵】2021年，江门海关组建进出口危险品及其包装检验监管岗位练兵和技能比武工作领导小组和工作专班，广泛动员组织522名干部参加。成立教师组，组织线下和线上辅导，制作培训课件；组

织编写学习竞赛试题题库，开展“每周PK”、模拟测试，建成实训中心并开展实操培训3期；充分发挥青年干部生力军作用，开展11场青年业务论坛，组织制作思维导图5套；最终有3名干部在全国海关进出口危险品及其包装检验监管岗位“万人争先”线上练兵中进入前100名，江门海关获评优秀组织奖。

【精神文明创建】2021年，江门海关坚持“党建引领、创建深化”的工作思路，制定2021年精神文明建设工作要点。江门海关合唱队参加江门市庆祝中国共产党成立100周年合唱比赛获得总决赛金奖第一名、“最佳演绎奖”。举办文明创建成果图片展，开展《文明在哪里》歌曲传唱活动，参与录制江门市原创红歌合唱MV《我的爱唱给你听》，广泛展示“全国文明单位”风采。推进文化建设，举办主题展览、“奋进百年路 颂歌献给党”歌咏活动、“书党章长卷庆百年华诞”等主题文化活动10场次；依托16个文体协会举办群众性文化活动20场次。深化新时代文明实践，全年开展志愿服务699次，参与8,726人次，服务时长3.57万小时；参与“爱心父母”活动145人次，帮扶困难儿童154名；开展“携手帮扶 振兴乡村”爱心捐款活动；组织120人次参与无偿献血，1名同志获全国无偿献血奖金奖。加强海关职业道德宣传教育，激励党员干部在疫情防控、促进外贸稳增长、乡村振兴等重点工作中守初心、担使命。全年新增“全国青年文明号”“全国巾帼建功标兵”“全国普法工作先进单位”等33项荣誉。

群团工作

【工会工作】2021年，江门海关工会严格执行议事规则，定期举办工会委员会议、工会会员代表大会，履行工会职责，接受内外监督，规范日常运作；依托“智慧工会”平台实现会员管理、信息查询等，举办工会经费管理培训班，管好用好工会经费。弘扬工匠精神持续推优争优，举办“劳模寄语”活动，推荐参选全国和广东省五一劳动奖状奖章、广东省“职工小家”、广东省“阅读成才职工”等，发挥江门海关劳模创新工作室、彭晓俊创新工作室的示范引领作用。

【共青团工作】2021年1月8日，共青团江门海关第十次代表大会选举产生共青团江门海关第十届委员会。全年完成12个团支部委员换届，完成江门海关缉私局团组织关系转移。制发团内评选表彰办法、团员青年工作鉴定制度等3项工作机制。打造“青马工程”“书记团课”等青年学习品牌，全年组织座谈会、学习研讨等专题学习活动31次，主题团日活动41次，线上学习60次，11场青年业务论坛，团员青年1,539人次参与。

【妇委会工作】2021年，江门海关妇委会积极发挥党委联系关区妇女干部职工的桥梁纽带作用，把加强理论学习与激发妇女干部职工干事创业积极性主动性创造性结合起来，形成“妇委会带动学、巾帼岗组率先学、妇女小组推进学”的学习机制，每季度开展政治理论专题学习，举办妇委会委员、优秀妇女讲党史、“巾帼故事”学习会、“凝聚奋进力量　巾帼建功显担当”学习会等，各妇女小组组织开展政治理论学习148次。加强15个巾帼文明岗建设和管理，举办巾帼文明岗培训班，2个集体开展广东省、江门市“巾帼文明岗”创建工作。推进家庭家教家风建设，举办家风家教主题亲子活动，发出《弘扬文明家风　厚植家国情怀——江门海关家庭家风建设倡议书》。

【群团荣誉创建】2021年，江门海关推动典型培树，李汉云获评“全国群众体育先进个人”、邹琇琼获评广东省“消费扶贫突出贡献个人”，陈士宏获评江门市第八届道德模范。江门海关团委获评“广东省五四红旗团委”，2个集体获评第20届全国青年文明号，1个集体和2名个人分别获评广东省优秀共青团员和江门市五四红旗团支部、优秀共青团干部称号，3个集体获评江门市青年文明号。1个集体获评2020年江门市“巾帼文明岗”。刘益麟家庭获评全国“五好家庭”，苏彩华获评“全国巾帼建功标兵”，张晶新家庭获评广东百户“最美家庭”、江门市“最美家庭”、江门市“文明家庭”。

【关心关爱干部职工】2021年，江门海关做好疫情防控一线集中封闭管理人员关心关爱工作，组建关爱义工服务队，开展节日慰问、送清凉、生日祝愿等活动，慰问267人次，设立2888心理咨询热线服务，每天向集中封闭管理人员推送“健康问候小贴士”。“心灵驿站”“爱心妈妈小屋”投入使用，“爱心妈妈小屋”被评为“广东省‘爱心妈妈小屋’示范点”。参加医疗互助保障计划2,300多人次。

（撰稿人：刘　洋　刘映兴　邹琇琼）

巡视巡察

概况

2021 年，江门海关党委认真贯彻习近平总书记关于巡视工作的重要论述和党中央关于巡视巡察工作新精神新要求，贯彻落实巡视工作方针，按照总署党委巡视巡察工作安排，坚守巡视巡察政治定位，扎实推进巡视巡察上下联动，按照“四个融入”巡视整改要求，建立健全工作机制，持续用力推进常态化巡视整改工作；围绕“三个聚焦”巡察监督重点，强化制度建设、队伍建设、能力建设，推进巡察监督全覆盖；切实用好巡视巡察监督成果，发挥巡视巡察政治监督导向作用，有力推进江门海关高质量发展。2021 年，江门海关常态化巡视整改扎实推进，对 12 个单位部门领导班子开展巡察监督，巡察利剑作用有效发挥。

常态化巡视整改工作

【落实常态化整改主体责任】2021 年，江门海关全面从严治党工作会议确定“推动巡视巡察上下联动”“坚决做好巡视巡察‘后半篇文章’”2 项常态化巡视整改重点任务，制定 5 项细化措施列为年度全面从严治党任务清单抓好落实。制定常态化推进巡视整改措施表，确定 109 项常态化整改任务狠抓落实。关党委每季度召开一次巡视整改推进会，听取整改情况汇报，研究持续推进措施。坚持巡视巡察上下联动，2 月 9 日，江门海关党委专题学习中央关于巡视巡察上下联动的意见，研究贯彻落实工作；5 月 10 日，专题学习总署党委推进巡视巡察上下联动的实施意见，研究确定 4 方面 17 项具体工作措施。3—4 月，组织关区巡视巡察干部专题学习，113 名巡视巡察干部参加。认真贯彻落实全国海关巡察工作推进会精神，修订完善巡察工作计划，深入查找巡察工作存在问题 3 项，制定落实整改措施 11 项。选派 6 名党员干部参加总署党委巡视工作，选派 2 名党员干部参加广东分署组织的“交叉巡察”试点工作。

【落实巡视整改工作】2021 年，江门海关建立“每月专项检查、每季评估通报情况”工作机制，针对总署党委巡视指出的6方面16个问题，确定15项重点专项检查项目，每月确定1～2个牵头部门组织开展专项检查并及时报告工作情况。对照“贯彻落实党的路线方针政策和党中央、国务院重大决策部署，总署党委工作要求”，组织开展学习贯彻落实习近平新时代中国特色社会主义思想和党的十九大精神、贯彻落实统筹推进疫情防控和经济社会发展决策部署、严打象牙等濒危物种走私、严禁“洋垃圾”进境和强化固体废物监管、安全生产、防控非洲猪瘟、干部队伍监督管理等7项专项检查；对照“贯彻落实全面从严治党战略部署”，组织开展整治形式主义官僚主义、执行中央八项规定精神、问责追责、执法领域风险防控、涉案财物管理风险防控等5项专项检查；对照“贯彻落实新时代党的组织路线”，组织开展准军事化海关纪律部队建设、基层党建工作2项专项检查；对照“落实巡视发现问题和主题教育整改”，组织开展巡视整改“回头看”1项。召开巡视整改推进会4次，开展巡视整改专项检查13次，相关部门制订常态化巡视巡察整改方案17项，57项整改措施落实销账。通过江门海关主页“巡视反馈问题整改网页专栏”，及时通报情况、发布信息；在形势分析及工作督查例会上通报常态化巡视整改情况4次；定期向总署、广东分署报告巡视整改情况。

【巡视整改监督】2021年，江门海关将“常态化推进巡视巡察整改情况监督”纳入全年政治监督重点清单，开展5次专项监督，对隶属海关进行全覆盖监督检查，制发监督建议书31份督促立行立改，提出意见建议12条。对8个隶属海关、4个事业单位开展选人用人检查；抓好领导干部个人有关事项报告，开展“裸官”和干部配偶、子女从业情况专项整治，加强超出偿还能力借贷、社团兼职等情况摸查起底，持续盯紧和防范干部廉洁从政风险隐患。将巡视整改列入年内两轮巡察监督重点，发现问题14个。落实监察、巡察、督察“三察联动”机制，推动各项监督贯通融合，充分发挥监督合力，对22个单位部门领导班子同步开展巡察、审计及履职用权监督，纪检监察、巡察、督察部门共享监督成果。

巡察工作

【落实巡察工作主体责任】2021年，江门海关党委坚持履行巡察工作主体责任，定期听取巡察工作综合情况报告，审议巡察工作计划和方案，专题研究巡察工作。党委书记认真履行“第一责任人”责任，听取每轮巡察情况汇报，做到“点人、点事、点问题”，提出明确意见。党委书记主持召开会议研究巡察工作11次，对巡察工作批示4次，听取12个单位部门的巡察情况汇报；党委委员对巡察工作批示15次。强化巡察制度体系建设，制定完善巡察制度7项。结合巡察工作实际需要，编制巡察制度汇编、巡察工作手册，针对巡察对象职能性质分门别类制定巡察监督要点。截至年底，江门海关建立起以五年工作规划、巡察工作实施细则、被巡察党组织配合巡察实施细则为主体，各项工作指引及配套措施为保障的“1+2+15”巡察制度体系，有效推动巡察工作的规范化标准化建设。推进巡察全覆盖，组织两轮巡察，对12个单位部门领导班子开展巡察监督，其中对6个单位开展常规巡察，对5个部门开展专项巡察，对1个隶属海关开展巡察“回头看”。巡察组开展个别谈话254人次，查阅资料3,000多份，发放收回调查问卷838份，巡察发现问题325个。截至2021年年底，江门海关巡察覆盖率为84%，其中对隶属海关单位、事业单位的巡察覆盖率达到100%。

▲2021年8月12日，江门海关举办2021年第二期巡察干部培训班

【巡察整改工作持续深化】2021年，江门海关认真落实“四个融入”巡视巡察整改要求，将中央巡视同步整改、总署党委巡视整改和关党委巡察整改一体推进，做好巡察“后半篇文章”。建立压力传导机制，压紧压实巡察整改政治责任。党委委员出席巡察反馈会、专题民主生活会23次。12个被巡察单位部门领导班子认真履行整改主体责任，推进整改工作，召开巡察整改专题民主生活会12次，制订巡察整改方案24个，整改措施745项，形成巡察整改报告24份，截至年底完成713项。建立质量评估机制，设置8方面19个具体评估指标，科学评估巡察整改成效。对12个单位部门领导班子巡察整改情况开展量化测评。强化巡察成果转化，推动标本兼治。

【巡察干部队伍建设】2021年，江门海关制定巡察干部管理考核办法，明确巡察干部的标准和条件、推荐选派程序、组建巡察组的具体要求、巡察干部的纪律规定、巡察干部考核评价的工作程序和要求。2次动态调整关区巡察干部队伍。截至年底，关区巡察干部队伍库涵盖各单位部门、各业务门类、各层级的干部128人。全年举办两期关区巡察干部培训班、三期巡视巡察业务研讨会，通过“以干代训”、集中培训、业务研讨等多种方式，提升巡察干部政治站位、业务能力和综合素质。开展巡察工作理论研究，报送文章4篇，其中《关于提升新时代海关巡察监督质量的思考》获总署巡视办征文二等奖；8篇次巡视巡察综合信息获总署政工办、巡视办、广东分署采用。

（撰稿人：郭军俭）

纪检监察

概况

2021年，江门海关纪检监察工作坚持以习近平新时代中国特色社会主义思想为指导，深入学习贯彻党的十九大和十九届历次全会精神，落实十九届中央纪委五次全会部署以及总署党委和驻署纪检监察组工作要求，坚持全面从严治党战略方针，坚定不移正风肃纪反腐，发挥监督保障执行、促进完善发展作用。聚焦“国之大者”开展政治监督，围绕统筹推进疫情防控和促进外贸稳增长，学习贯彻党的十九届五中、六中全会精神，党史学习教育，安全生产，巡视巡察整改7项重大决策部署开展专项监督；开展“现场监管与外勤执法权力寻租”专项整治，深入组织开展执法一线领域风险排查；印发加强对“一把手”和领导班子监督46条贯彻措施，开展对江门海关8个隶属海关“一把手”和领导班子专项监督；健全智慧监督平台，完善干部电子廉政档案1,179份，建立派驻纪检组片区交流协作机制。年内，江门海关监察室获评江门市“市直机关模范机关创建先进单位”。

监督检查

【政治监督】2021年，江门海关聚焦落实“第一议题”制度，制定政治监督项目清单，明确9项重点统筹推进，细化监督指引3个，围绕统筹推进疫情防控和促进外贸稳增长，学习贯彻党的十九届五中、六中全会精神及党史学习教育等开展专项监督7次。将疫情防控监督作为重中之重，聚焦登临检疫、集中封闭管理、实验室操作等重点环节常态化监督，组织开展防范疫情输入等专项监督，制发监督意见建议书27份；健全监督机制，坚持每周一次实地检查、每月联合开展不打招呼突击检查、每季度一次分析研判；构建各单位部门自查监督、职能部门条线监督、监督组常态监督、“挑毛病”专班特效监督、派驻纪检组抵近监督“同向、同点、同频、同时”发力的监督体系。紧盯党史学习教育加强监督检查，督促以实际行动强化政治机关建设。组织落实中央八项规定精神专项监督，发出监督意见书3份。

【“关键少数”监督】2021 年，江门海关纪检机构制定加强对“一把手”和领导班子监督贯彻措施，建立“三个面对面”机制压紧压实责任；紧盯权力运行，监督“三重一大”事项 324 项，提出否定意见 13 条；抓早抓小用好第一种形态，针对日常监督发现普遍性、苗头性问题进行约谈提醒；开展对隶属海关“一把手”和领导班子专项监督，发现并纠正 5 方面 25 个问题。加强干部选拔任用的监督，严把党风廉政意见回复关。

【“现场监管与外勤执法权力寻租”专项整治】2021 年 2—10 月，江门海关按照驻署纪检监察组的统一部署，组织开展“现场监管与外勤执法权力寻租”专项整治工作。向关区 2,992 家企业寄送信函收集意见，向 1,817 名工作对象发送短信，在 36 个现场设置举报箱、张贴举报渠道公示海报、派发告知书。通过逐一谈话、企业调研、个人申报等开展风险排查。召开警示教育大会，通报干部违纪案例，分两批组织 1,984 人次参与纪法答题。制定 13 项措施抓好实地检查反馈意见的整改，督促解决企业反映问题 25 个。

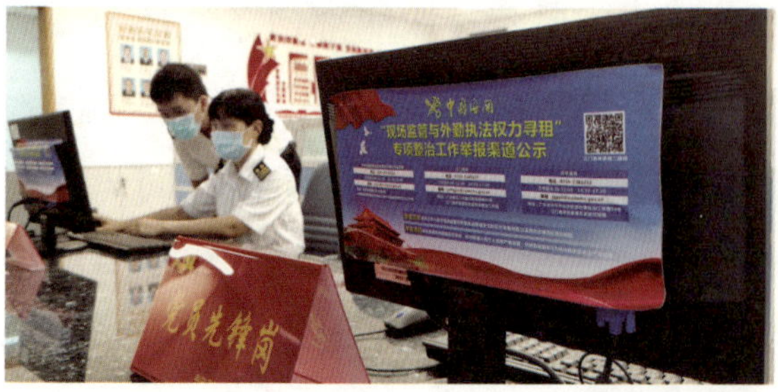

▲2021 年 4 月 12 日，开平海关开展“现场监管与外勤执法权力寻租”专项整治

【“三察联动”工作机制】2021 年，江门海关建立纪检监察、巡察、督察“三察联动”工作机制，明确联席会议、联合研判、联动监督等工作措施，对 22 个单位部门领导班子同步开展巡察、审计及履职用权监督，纪检监察、巡察、督察部门共享监督成果。

执纪问责

【执纪审查】2021 年，江门海关坚持严的主基调，严格落实“三为主一报告”，及时就线索处置、纪律审查等有关事项向驻署纪检监察组请示报告；加大案件查处力度，做到“问题线索零积存、违纪行为零容忍、执纪安全零事故”，立案 4 件，处分 4 人；拓宽问题线索来源渠道，深化一案双查、一事双析，加强监察与缉私、稽查等部门的联系配合和互动协作，召开“一案双查”工作会议 1 次，组织排查“两简”案件 373 起；深化“组地关”协作配合，江门海关各纪检机构走访江门市纪委监委、阳江市纪委监委等部门 12 次，就有关事项协作配合 11 次，建立问题线索“双起底、双移交”机制，选派 1 名纪检干部到阳江市纪委监委跟班学习；规范涉案款保管和收缴管理，妥善规范处置涉案款，完善监督执纪“走读式”谈话安全工作制度，完善设施设备，守住执纪安全底线。精准运用“四种形态”，纪检机构运用第一种形态批评教育帮助 22 人次，运用第二种形态处分处理 9 人次。

【警示教育】2021年8月26日，江门海关召开“以案明纪 打造清廉海关”警示教育大会，通报党的十八大以来江门海关查处的违纪违法案件情况，深入剖析根源，引导干部职工讲规矩、守纪律、明底线；用好身边事教育身边人，选取江门海关部分受处分人员反思材料编制“反思集”在廉政教育室展出，录制违纪违法案例解读视频；及时在江门海关“违反中央八项规定精神举报及曝光专栏”转发、通报典型案例78期，强化警示震慑；将警示教育知识纳入关区“每日一答”学习微平台，组织全体干部职工参加纪法教育专题测试，深化以考促学。

【以案促改】2021年，江门海关推进以案促改，提升警示震慑效果。通报查处的4起案件，见人见事分析案件成因，督促案发单位补齐制度短板和管理漏洞，完善6项管理措施；对受到处分处理的人员开展回访谈话，跟进了解受到诫勉谈话人员整改情况。

派驻监督

【督促落实主体责任】2021年，江门海关党委派驻纪检组督促驻在单位各级领导班子强化政治机关意识，压实管党治党政治责任。督促推动落实“第一议题”制度，围绕贯彻落实习近平总书记重要讲话和重要指示批示精神以及党中央决策部署加强监督检查，推动落实落地。推动驻在单位“一把手”认真履行第一责任人责任，领导班子成员履行“一岗双责”，强化对党员干部的日常教育管理监督。以严肃党内政治生活为切入点，深入基层党组织督导民主生活会、组织生活会66次。

【抵近监督】2021年，江门海关党委派驻纪检组发挥“驻”的优势，坚持下沉一线抵近监督、靠前监督，围绕疫情防控等重点工作实地检查183次，视频监督273次，制发监督意见建议书25份，发现并跟踪整改问题54个。推动驻在单位从严管理队伍，对监督中发现的基层党建、准军建设等方面19个问题，督促立行立改。深入一线加强调研，开展干部职工谈话750次，走访企业39家。围绕食堂管理、公车使用、窗口作风等实地检查一线科室16个，推动整改问题28个。

【片区交流协作】2021年，江门海关按照“就近联系、优势互补、统筹协调、发挥合力”的工作原则，建立派驻纪检组片区交流协作工作机制，将派驻纪检组划分为2个片区，深化监督协作。关党委纪

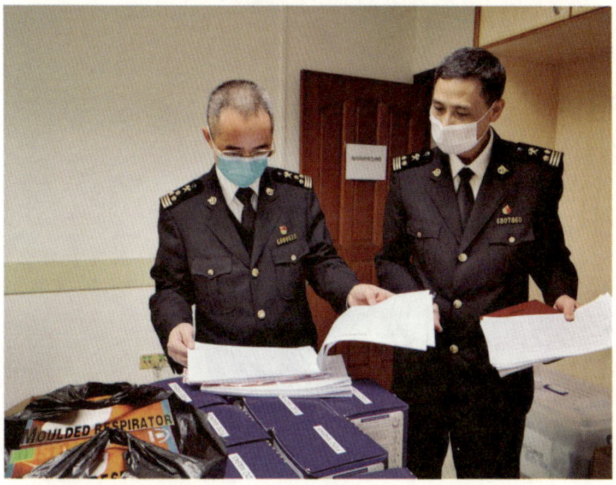

▲2021年3月，江门海关党委第七派驻纪检组开展防疫物资使用管理专项监督检查

检组每季度针对日常监督工作中遇到的重点、难点问题，组织开展片区专题学习研讨，加强工作研究、相互交流经验。根据片区单位业务、队伍、管理等方面的特点，结合阶段性工作安排和监督工作重点，组织片区派驻纪检组到隶属海关开展联合检查、交叉检查。

（撰稿人：施　敏　康　丹）

干部队伍建设

概况

2021 年，江门海关践行新时代党的组织路线，认真学习领会习近平总书记关于干部人事工作和人才工作的重要指示批示精神，研究制定“十四五”领导班子建设和人才发展措施，扎实推进干部工作“五大体系”建设，着力打造忠诚干净担当的高素质专业化干部队伍。坚持把政治标准放在首位，科学精准选贤任能，选优配强领导班子，培养选拔优秀年轻干部，强化党政领导人才培养。加强执法一线科长队伍建设，配备率达 100%，1 人获评全国海关 2021 年度“百名优秀执法一线科长”。从严从实加强干部管理监督，营造风清气正政治生态，总署反馈的年度选人用人“一报告两评议”结果中，选人用人好评率、干部监督管理好评率稳步提升。

机构编制管理和人力资源调配

【机构编制管理】2021 年，江门海关将《中国共产党机构编制工作条例》及配套法规制度纳入党委理论学习中心组学习内容，作为新提拔领导干部任职必修课程，作为人事部门干部业务培训的重要内容，采取多种方式组织学习宣传贯彻。举办关区干部人事工作培训班、“丹心讲堂”20 期，参训 650 人次。围绕机构改革“三定”以来各项工作运行情况，做好机构改革“回头看”，优化职能配置，强化管理效能。调整事业单位编制配置及内设机构，着眼业务需要及人才培养，增加技术中心和保健中心的编制数。根据业务量发展变化情况，调整部分隶属海关编制，科学调配人力资源。调整口岸监管处科级机构，推动关区二级监控指挥中心业务平稳运行。

【机构编制核查】2021 年，江门海关按照单位自查、群众监督、数据比对、实地核实、数据更新 5 个环节，开展机构编制核查。组织整理机构编制审批文件、干部人事档案等资料，理清基础管理档案，核查机构编制统计及实名制有关信息。落实群众监督要求，在内部公示江门海关机构名称、内设机构名称、领导职数、人员编制等情况。结合选人用人工作，实地核查4个隶属海关、4个事业单位，通过集中查看、现场查验，检查机构编制“账实相符、账账相符”情况，实地核查的比例达到本级核查单位总数的66.7%。

【口岸疫情防控人力资源调配】2021年，江门海关创新“划片集中管理、按需调整使用”的人力调配机制，划分3个集中管理片区，整合各隶属海关医学背景以及有1年登临检疫工作经历干部，分配到各片区使用，人力资源利用率提高41%。组建223人组成的口岸疫情防控一线、预备、应急三个梯队，6月24日开始实施进境船舶登临检疫人员集中封闭管理以来，共选派75名梯队人员参与船舶登临检疫。制订口岸疫情人力资源保障工作方案、疫情突发情况下一线业务临时交接工作实施方案，建立人力资源快速调配应急管理体系。

干部育选管用

【处科级领导班子建设】2021年，江门海关研究制定“十四五”领导班子建设、人才发展措施，推动实现人岗相适与优化班子结构有机统一，为完成口岸疫情防控和促进外贸稳增长等中心工作和重点任务提供有力组织保障。强化领导人才培养，完善领导班子常态化分析研判机制和干部选拔晋升推荐机制，持续选优配强班子成员、优化班子结构，建立全关处级领导干部个人综合表现档案。2021年度考核确定卫生检疫处、口岸监管处、财务处、思想政治工作办公室、外海海关、新会海关、阳江海关、风险防控分局、后勤管理中心9个处级领导班子为优秀等次，完成2批次选拔任用，交流调整处科级领导干部24人次，班子年龄结构、专业结构进一步优化。

【干部考核考察】2021年，江门海关加强干部政治素质考察，坚持把政治标准放在首位，将政治表现作为考察谈话必谈内容，将政治审核结论性意见纳入干部选拔任用档案必需材料，将做到“两个维护”作为考察考核各级党组织和干部的首要标准。优化完善“三位一体”考核体系，制定江门海关年度考核、平时考核实施细则，印发年度考核客观指标体系，健全完善客观指标盯紧机制。开展新冠肺炎疫情防控和“国门利剑2021”等专项考核，公布新冠肺炎疫情防控专项考核得分10期。应用队伍建设综合管理平台平时考核功能，通过“制度+科技”关联考核岗位1,052人次，应用平台开展平时考核9,623人次。

【执法一线科长队伍建设】2021年，江门海关从年龄结构、学历专业结构、任职年限等方面加强对关区执法一线科长队伍开展分析研判，有针对性地落实加强执法一线科长队伍建设细化措施。实现执法一线科长配备率达100%，选拔1名执法一线科长兼任隶属海关党委委员。实施执法一线科长年度考核优秀名额单列核算，考核优秀28人，比例达37%；加大表彰力度，1 名科长获评全国海关 2021 年度“百名优秀执法一线科长”，15 名执法一线科长获得嘉奖以上奖励，其中 6 人获得三等功奖励。

【年轻干部培养】2021 年，江门海关落实青年英才培育工程要求，开展年轻干部队伍分析研判，推动健全优秀年轻干部育选管用全链条机制。加大年轻干部选拔使用力度，年内选拔的正科级领导干部中 35 岁左右的占 50%；制订年轻干部队伍建设规划，开展年轻干部培养使用专题调研、课题研究，2 名年轻干部获省部级以上荣誉；强化实践培养锻炼，选派 1 名年轻干部担任驻村第一书记，选派 21 名年轻干部支援封闭管理模式下口岸疫情防控；选派优秀年轻干部参与总署、广东分署和该关重大项目 86 人次。

【干部监督管理】2021 年，江门海关严明纪律作风，从严落实新冠肺炎疫情防控“网格化”管理机制，严格落实考勤和出差出行审批报告制度，实行台账管理。拓展干部“八小时以外”监督渠道，加强对“裸官”、因私出国（境）等情况摸查，常态化全面清查干部违规经商办企业等情况；将不担当、不作为问题整治作为倒逼责任落实的监督重点，对 117 名干部运用第一种形态进行提醒。严肃执纪问责，坚决查处群众身边的不正之风和腐败问题，对违反廉洁纪律的干部给予党纪处分。完成对 8 个隶属海关和 4 个事业单位选人用人检查全覆盖，发现并整改选人用人、干部管理等方面问题，严肃组织人事纪律。

【干部激励】2021 年，江门海关实行“及时奖”与“专项奖”相结合机制，坚持奖励向从事中心工作和基层一线的集体和个人倾斜，奖励表现突出的 34 个集体和 176 名个人。持续发挥职务与职级并行正向激励作用，坚持实绩导向、基层导向、事业导向，优化职级晋升工作；开展专业技术类任职资格评定、职级套转，纳入实施范围的 108 人全部通过任职资格评定，套转为专业技术类公务员。建立保护关心爱护疫情防控一线人员长效机制，制定 16 个方面 56 条工作措施，提升抗疫一线战斗力。

【事业单位人事管理】2021 年，江门海关按照党中央、国务院关于国有企业工资决定机制改革的部署和总署党委的要求，印发管理办法，明确企业工资预算管理职责、决策程序和工资总额管理流程。开展事业单位专业技术职称评审工作，2 人取得工程系列副高级职称，1 人取得工程系列中级职称。根据业务需要和人才培养需要，在事业单位人员编制总数不变的前提下，内部调增技术中心、保健中心的人员编制，相应调减其他事业单位人员编制。着眼专业技术人才培养，科学设置专业技术岗位，增加专业技术岗位 25 个，其中增加副高以上专业技术岗位 11 个。完成事业单位整合后首次岗位聘用和合同签订工作，聘任高级专业技术岗位 14 人、中级专业技术岗位 22 人。

【专业人才培养使用】2021 年，江门海关研究制订加强人才队伍建设实施方案和“十四五”人才发展规划细化措施。加强卫生检疫、动植物检疫等各类专业人才培养，完成 108 名干部任职资格首次评定工作。加强专家队伍建设，分级分类建立由 1,271 人次组成的各类专业人才库。健全完善业务资质人员齐抓共管长效机制，全关业务岗位资质人员增加至 767 人次，同比增长 58.8%。加强人才多岗位培养锻炼，选派各类优秀人才参与巡视巡察、乡村振兴、对口支援、驻外选调等工作 80 余人次。完善综合管理、行政执法、专业技术三类人才交流机制，深化机关和基层人才交流，完成不同类别人才交流 48 人次、机关和基层人才交流 45 人次。

▲2021 年 9 月 27 日，江门海关在危化品监管业务实训点开展岗位练兵实训

（撰稿人：伍海燕　邱丽英　杨　琨）

教育培训

概况

2021 年，江门海关按照总署工作要求，发挥党建引领保障作用，持续深入推动习近平新时代中国特色社会主义思想进课堂，加强政治能力、业务能力和执法能力培训，提升党员干部的政治素质、业务素质和执法能力。举办各类培训班 108 期，送培训下基层 46 期，培训 8,875 人次，培训覆盖率为 100%；全关党员干部人均脱产培训 176.70 学时，人均学分 175.25 分，达标率为 100%；创建危险货物及其包装检验业务实操培训点；首次在关区内举办新录用公务员初任培训班，上线“江门海关教育培训仿真平台”，充分发挥出干部教育培训在海关队伍建设中的先导性、基础性、战略性作用。

教育工作

【领导干部上讲台】2021 年，江门海关党委委员发挥表率作用，围绕党的创新理论、全面从严治党、海关改革发展、海关科技保障、检验检疫改革、打击走私以及党风廉政建设等专题授课辅导 8 人次，形成示范带动效应。处、科级领导干部结合工作职责和专业特长，综合运用解读阐释、互动交流、案例分析等教学方式，在总署党校、本关各类培训班、讲堂以及江门市直机关授课 98 人次，既取得良好培训效果，又提升了领导干部综合能力。

【兼职教师队伍建设】2021 年，江门海关加强教育培训师资库建设，立足各业务条线实际，在全关各业务领域选出教学经验比较丰富、授课能力比较强、具备相关专业特长的业务骨干和专家人才 75 人，涵盖办公综合、法规、关税等 19 个工作领域。兼职教师完成总署、本关及其他海关单位的授课任务 46 次，课程质量评估平均得分 98 分。建立知识更新和实践锻炼机制，举办兼职教师教学能力提升专题讲座，参加全国海关教育培训第八协作区培训管理者暨兼职教师专题培训班的研讨和经验交流，为兼职教师推送各类知识更新及技能提升课程。

【课程资源建设】2021 年，江门海关围绕学习贯彻习近平总书记重要讲话精神以及基层党建、疫情防控等重点工作内容，录制特色课程 49 门上线“海关全员培训网络学习课堂”。“全国优秀党务工作者”方冬宏同志通过海关 e 课堂的形式，向全国海关干部讲授《锤炼坚强党性 砥砺政治品格》课程；在海关系统支部书记网上培训示范班通过访谈的形式，直播《珍惜荣誉鼓足干劲，强化担当砥砺前行》课程。熊国琼、林燕在总署 2021 年初任培训中分别讲授《新关员依法行政应树立的基本执法意识》《新时代海关青年干部的职业精神追求》。录制《使用个人防护装备常见的、易忽略的问题》《海运集装箱与运价相关知识》，纳入总署业务培训专题班课程。

【新关员成长“指导老师制”】2021 年，江门海关坚持在一线培养使用干部，将新录用 15 名公务员全部安排到隶属海关。修订完善新录用关员指导老师工作制度，健全为新关员选配指导老师的工作机制，细化和明确指导老师的责任义务，加强新录用公务员的思想引导、学习辅导和业务指导，帮助新关员及时适应角色转化，迅速投入工作，走上一线监管、疫情防控等岗位开展工作。

【教育培训制度建设】2021 年，江门海关根据《“十四五”海关干部教育培训规划》制定具体落实举措，修订完善教育培训管理、师资库管理、培训费管理、新关员指导老师工作 4 项制度，细化办训部门、兼职教师、督学干部、参训学员的纪律要求和责任义务，全面落实依法施训、从严治学要求，提高教育培训工作规范化制度化水平。

【干部在职研究生教育】2021 年，江门海关与上海海关学院等院校建立联系配合机制，促进“关、院”深入合作，宣讲和解读在职研究生教育招生政策优势以及海关高层次人才培养特色。2 名在读研究生纳入对口业务领域后备人才库和兼职教师库。

【教育培训理论研究成果】2021 年，江门海关加强教育培训理论研究工作，形成教育培训理论研究 6 篇，其中《新时代下培养海关干部专业能力的理论研究》《关于加强新时代海关年轻干部教育培训的思考》分别获得全国海关教育培训中心主题征文活动二等奖、三等奖，并在《中国海关管理干部学院教育培训工作研究》刊登。

培训工作

【党的十九届五中全会精神全员轮训】2021 年，按照总署统一部署，江门海关组织 9 名署管干部参加总署集中轮训，1 名处级领导干部参加中央党校中央和国家机关分校春季海关中青年处级领导干部进修班（总第 18 期）培训。3—5 月，依托总署党校、广东省委党校、中国海关管理干部学院举办 3 期处级领导干部学习党的十九届五中全会精神集中轮训班，从中国浦东干部学院、上海市委党校、广东省委党校、复旦大学、天津大学等知名高校邀请资深专家教授27名，开展线上线下现场专题授课27场次，139名处级领导干部参加。组织143名处级以上干部参加中国干部网络学院“党史百年”网上专题班；组织1,377名干部分批参加总署举办的学习贯彻党的十九届五中全会精神网上专题班，培训率和合格率、全员轮训覆盖率均为100%。

【落实重大决策部署能力提升培训】2021年，江门海关以集中授课、视频教学、邀请专家辅导解读等方式，深入学习贯彻习近平总书记关于粤港澳大湾区建设的重要论述，深入解读《横琴粤澳深度合作区建设总体方案》《全面深化前海深港现代服务业合作区改革开放方案》等重要文件。选派优秀师资在全国海关范围内举办大数据应用专题培训授课3次。邀请广州海关“博士团”专家就进境粮食检疫管理和提升有害生物检出率等工作开展实地研讨交流，助力服务大湾区“菜篮子”“米袋子”“果盘子”工程建设。

【新录用公务员初任培训班】2021年7月25日—9月10日，江门海关首次举办初任培训，采取全封闭全流程专人跟班督导、日评分日总结、“每周之星”评选等措施加强管理，实现培训安全和质量双达标。开展线上线下专题研讨3场，组织“中国共产党精神谱系我来讲”活动，举办“榜样开讲啦”专题讲座3期，开展《共产党宣言》读书分享，举办“青春心向党、学史砺初心”读书分享会2期，11人递交入党申请书。1人获评海关系统“优秀学员”，1人获评海关系统“优秀队列标兵”。

【执法一线科长网上专题班】2021年4—6月，组织63人参加总署海关执法一线科长（基层党支部书记）网上专题班，创建“分级督导、精准定向、全程跟踪”培训管理机制，打造“班主任+辅导员+督学”管理闭环，开展“线上+线下”学习交流研讨9期，总结提炼先进经验。

【教育培训平台建设】2021年，江门海关建成危险货物及其包装检验业务实操培训点，开展岗位练兵实操培训3期，助力关区技能比武取得优异成绩，3人入围全国海关商检领域“万人争先”线上练兵个人“百强”选手，江门海关获得优秀组织奖。完成船舶登临检疫实训点第二期建设，升级实训环境、硬件设置、实训课程，依托该实训点开展水质监测、登临检疫监管等实操培训7期，关区疫情安全防护“挑毛病”专班专家送训下基层3期，参训人员284人次，13名具有专业背景的新关员通过该实训点实操登临个人防护技能等培训，迅速走上一线执法岗位开展工作。上线“江门海关教育培训仿真平台”，配有《船舶登临检查》《口岸毒气泄漏突发事件应急处置》2个仿真教学课程和系列业务课程课件，提供单人或多人自学、训练、考核等学习模式，可实现实操教学、演练等多种培训任务，系统自动完成记录和评判，生成综合成绩报告，满足初任培训、转岗培训、业务专题培训需求。用好“江关大课堂”平台，举办“习近平法治思想”“大湾区建设态势与横琴前海发展前瞻”“义务教育政策解读”等6场专题讲座，参加讲座1,127人次。

▲2021年4月16日，江门海关开展国境口岸卫生监督员资质考试

【岗位资质人员储备】2021年，江门海关组织67人参加国境口岸卫生监督员资质考试，合格率100%；82人次参加3期总署进出口危险货物及其包装检验监管人员资质考试，57人合格；93人参加动植物检疫资质岗位考试（包含资质4项），其中44人参加两个以上的资质考试，137人次参考，合格率100%；新增岗位资质人员261人次。

（撰稿人：胡　蓉　潘　源）

离退休干部管理

概况

2021年，江门海关坚持把习近平总书记关于老干部工作的重要指示精神作为根本遵循，深入学习贯彻全国离退休干部“双先”表彰大会精神，牢牢把握离退休干部工作的政治属性和政治方向，认真贯彻落实总署党委工作要求，树立“离退休干部是我们的宝贵财富”的意识，以政治建设为统领，以党史学习教育为主线，围绕中国共产党成立100周年重大活动，统筹抓好离退休干部党的建设、服务管理、作用发挥等各项工作，持续加强离退休干部工作部门自身建设，扎实做好离退休干部工作。设立江门海关离退休干部党的基层委员会，深入推动离退休干部开展党史学习教育，组织开展庆祝中国共产党成立100周年系列活动，建成江门市老干部大学海关分校。服务离退休干部的“党员先锋情暖心夕阳红　送医送学服务送上门”实事项目，入选全国海关“‘我为群众办实事’百佳项目”。

离退休干部党建工作

【党史学习教育】2021年，江门海关制订党史学习教育方案及细化措施，以集中收看、推送线上视频等方式组织离退休干部观看网上专题报告会3场，离退休干部党委书记为退休党员上党课3次，线上编发推送《党史学习教育专刊》264期、《江关退休党员学习之窗》《江关退休人员学习园地》各366期。以培训班、读书班形式，组织离退休干部深入学习习近平总书记在庆祝中国共产党成立100周年大会上的重要讲话精神，深入学习党的十九届六中全会精神，并组织开展应知应会知识线上测验。离退休干部党委下属党支部召开党史学习教育专题组织生活会，离退休党员交流学习习近平总书记“七一”重要讲话心得体会，谈学习党史的感悟和收获，围绕退休后加强政治学习、牢记党员身份、弘扬正能量等方面查找存在问题、提出改进措施。组织离退休干部党员参加江门市老干部“学党史　悟思想　践使命”党史知识竞赛，获二等奖。

【组织庆祝中国共产党成立100周年系列活动】 2021年6月25日，江门海关举办“光荣在党50年”纪念章颁章仪式，党委书记、关长詹少彤同志为28名老党员颁发佩戴纪念章。28名老党员佩戴纪念章集体重温入党誓词。党委书记、关长詹少彤，党委委员、政治部主任李辉先后到行动不便的老党员家中看望慰问并颁发纪念章。组织离退休党员开展“唱支红歌给党听”主题合唱活动，退休党员用歌声唱响爱党爱国的时代主旋律。组织开展“向党说句心里话”微感言活动，征集微感言134条。举办“忆初心　强信念”访谈交流会，邀请具有50年党龄的退休党员与青年关员交流，弘扬奋发有为、积极进取的精神。发掘培树和宣传高树根、刘玉珍两位“最美”老党员，高树根同志先进事迹获总署离退休干部局“智慧银海”服务管理平台“先进风采”栏目采编。

【离退休干部党组织建设】 2021年，江门海关根据党员人数增加的实际情况，成立江门海关离退休干部党的基层委员会，下设党支部5个，选举9名党性强、威信高、身体好、经验丰富的退休党员为党委委员，离退休干部党组织建设得到进一步加强。截至2021年12月31日，江门海关设有1个离退休干部党的基层委员会，10个党支部。

离退休干部服务管理

【完善服务管理措施】 2021年，江门海关汇总与退休管理有关的党员教育、人事管理、退休从业等规定，编制《退休手册》，让退休干部职工及时了解掌握相关政策、规定及有关管理服务要求。健全情况通报机制，定期向离退休干部通报江门海关主要工作情况。建立离退休干部《健康情况台账》《活动参与情况台账》《技能特长情况台账》等档案，准确掌握离退休干部情况，为开展医疗救助和困难帮扶、评先评优以及发挥骨干带动作用、开展文体活动等提供参考。督促离退休干部落实属地疫情防控要求，建立离退休干部外出台账，每日跟踪维护，年内离退休人员严格落实属地疫情防控要求。

【拓展精准服务方式】 2021年9月，江门海关完成离退休人员活动中心升级改造，面积拓展至1,100平方米，为离退休干部提供包括会议室、阅览室、棋牌室、桌球室等功能区域的活动场所。开展“送医上门”服务，邀请江门市五邑中医院医生每月到离退休人员活动中心提供中医诊疗、体检报告解读、保健咨询等医疗服务，解决离退休干部到医院就诊不便的问题。联合科技部门开展3次党员义工服务，为离退休干部义务维修小家电、电脑等日常家用电器。坚持“三必访”制度，全年慰问探访离退休干部91人次。

【推广应用“智慧银海”服务管理平台】 2021年，江门海关成立专项工作组，按时按质完成13,000多个基础数据的采集、复核、比对工作，为平台上线做好数据准备。组织开展关区离退休干部工作人员专题培训，提高工作人员的平台使用技能。加强与总署离退休干部局和片区牵头海关的沟通，及时解决平台推广应用过程中遇到的问题。将服务管理平台推广至离退休干部，离退休干部可以通过服务管理平台便捷地查询信息、反馈意见建议、开展网上学习等。及时在服务管理平台录入党建工作、走访慰问、健康档案等日常离退休干部工作资料、数据，依托服务管理平台辅助开展离退休干部工作，充分发挥服务管理平台的效用。

离退休干部文化建设

【成立老干部大学海关分校】2021 年，江门海关离退休干部工作办公室与江门市老干部大学合作，设立江门市老干部大学首家机关分校——江门海关分校，并于 2021 年 10 月 12 日挂牌运作。首学期开设声乐、民族舞蹈、手机摄影、书法艺术、山水绘画等 5 门课程，有 116 人次离退休干部报名参加学习。

▲2021 年 10 月 22 日，江门海关离退休干部合唱队在老干部大学开展红歌合唱训练

【文化养老建设】2021 年，江门海关围绕庆祝建党百年主题，发动离退休干部发挥特长，创作文章、诗歌 11 篇，书画摄影作品 42 幅，其中 1 篇文章入选《全国海关离退休干部庆祝建党百年主题征文集》、6 幅作品入选《全国海关离退休干部庆祝中国共产党成立 100 周年书画摄影作品集》、2 幅作品分获总署、广东分署主题书画比赛一等奖和三等奖。发动离退休干部参加“清廉江关”“我们生活充满阳光”等主题作品创作活动，在关心教育青年关员、宣传海关改革发展成效、遵守疫情防控要求等方面发挥积极作用。

（撰稿人：黄志勇）

第四篇

业务建设

业务改革与综合业务

概况

2021年，江门海关按照总署党委工作要求，稳步推进关区业务改革与综合业务工作，打造国际化、法治化、便利化营商环境，促进贸易自由化便利化，支持地方外贸高质量发展。抓紧抓实抓细口岸疫情常态化防控工作，扎实做好“六稳”工作，落实“六保”任务，创新疫情防控常态化政策宣讲。深化业务改革，提升通关效能，压缩进出口整体通关时间，促进贸易便利化，推动税费电子支付、无纸化办理海关注册登记等便利模式。推进“五项创新”、海关全业务领域一体化改革，稳步推进“船边直提”和“抵港直装”试点工作，推动税收征管改革和推广企业集团加工贸易监管模式。大力支持“双区”建设，提高对外开放水平。支持对外开放新平台建设，支持保税物流中心（B型）业务发展，推动综合保税区申建工作纳入江门市推进贸易高质量发展工作方案。培育外贸新业态，打通跨境电商海陆出口通道、跨境电商B2B出口通道，支持推动江门市跨境电商进出口出现新突破。全力支持大湾区“江海门户”、江门市智慧口岸和珠西物流中心建设。精准施策，有效支持地方特色产业快速发展。全流程对接支持新造集装箱扩大出口。助力乡村振兴，支持粤港澳大湾区“菜篮子”民生工程建设。深化“放管服”改革，激发市场主体活力。推进企业信用管理制度改革、“证照分离”改革和快件集中审单改革。加强知识产权海关保护，为进出口企业保驾护航。

优化口岸营商环境

【深化业务改革】2021年，江门海关推进“提前申报”“两步申报”等便利模式，推动“五项创新”、海关全业务领域一体化、“船边直提”和“抵港直装”等改革有效实施，加工贸易手册审核平均耗时大幅缩短，货物从到港到直提（装）整体时间提速93%。探索跨关区建立企业集团加工贸易监管模式，最大限度为企业带来便利。2021年为企业减负800多万元。

【推动高水平对外开放】2021年，江门海关实施“分批送货、集中报关”“先出区、后报关”等监管模式，支持保税物流中心（B型）业务发展，年内有113家企业开展业务，进出口货值同比增长344.96%。推动跨境电商综合试验区拓展新业务，实现跨境电商出口海外仓、企业对企业直接出口等业务“零”的突破。以支持江门高新港和江门市首家铁路类监管作业场所建设为重点，支持大湾区“江海门户”建设。4月13日，江门市高新港正式对外开放；12月6日，江门北站海关监管作业场所正式设立，实现珠西物流中心与国际物流通道直连。

【支持地方外贸特色产业快速发展】2021年，江门海关针对出口集装箱“一箱难求”情况，精准掌握企业情况，推广新造集装箱“配货出口”，降低企业成本。年内新造集装箱出口量同比增长1.4倍，货值同比增长3.46倍，“配货出口”新造集装箱量同比增长1.5倍。推荐认定“粤港澳大湾区‘菜篮子’生产基地”企业49家、“广东省农产品出口示范基地”企业24家；统筹落实重大动物疫病防控和稳产保供措施，供港活鸡苗数量内地占比保持80%；帮扶“台山鳗鱼”出口企业成功应对国外技术性贸易措施，年内出口量占全国活日本鳗鱼出口的80%；服务打造“新会柑”出口标准化种植基地，提升“新会陈皮”品质“含金量”；推动恩平11家麦克风生产企业的40个商标在总署“知识产权海关保护备案系统”备案，促进电声产业发展，年内恩平麦克风产品出口量、值双增长。

▲2021年1月28日，台山海关关员对供港澳活鸡苗实施监管

业务改革协调

【推进通关便利化改革】2021年，江门海关推广“两步申报”“提前申报”通关监管模式，采取措施深化通关改革推动，通过宣讲会、企业座谈会、线上政策推送等多种形式开展政策宣讲，引导企业更好地运用“两步申报”“提前申报”通关模式。年内，关区进口企业使用“两步申报”模式申报的报关单应用率为27.82%；“提前申报”模式进、出口应用率分别提升至81.47%、75.6%。落实海关全业务领域一体化改革，制订关区一体化工作方案，确定“优化出口食品监管模式”“检验检疫证书集约化管理”“出口原产地证书审核集约化管理”“运用云擎大数据领域一体化风险防控”“探索以供应链为单元的风险防控”“优化跨境电商”“快件集中审核改革模式”及“继续拓展加工贸易集中审核范围”7项一体化改革

项目。制订关区改革发展工作计划，明确改革主体框架、近中远期计划和目标，推动关区新一轮业务改革发展。

【落实“双随机、一公开”】2021年，江门海关参与总署“双随机、一公开”专项小组工作，搭建综合保障机制体系、创新开发“江门海关执法‘双随机’管理应用平台”，配合地方建立部门联合监管标准体系，实现抽查事项和监管对象系统随机全覆盖，同年实现寄递渠道首次截获长戟犀金龟及濒危野生动物玳瑁制品。

【积极融入服务“双区”建设】2021年，江门海关落实总署、广东分署以及广东省、江门市等服务粤港澳大湾区建设各项任务，完成相关工作27项。发挥该关作为总署大湾区第（六）小组牵头单位的作用，向广东分署提出纳入大湾区建设下一步工作措施3条。

通关运行管理

【狠抓整体通关时效】2021年，江门海关建立压缩整体通关时间工作机制，坚持制度保障、加强分类指导和强化协同推动，发挥职能指导监督作用；建立以问题为导向的压缩通关时间业务工具库（包括64种问题及建议解决方法），为现场海关压缩通关时间提供具体参考；坚持“日监控、周核查、月通报、季评估”良性管理，加强压缩整体通关时间工作评估和情况通报，持续用力巩固压缩通关时间工作成效。2021年12月进口整体通关时间3.16小时，出口整体通关时间0.31小时。

【推进通关改革项目】2021年，江门海关推动“提前申报”、进口“两步申报”“两段准入”等一系列通关业务改革。2021年12月，江门关区企业使用“提前申报”进、出口报关单比例85.29%、88.73%，提高29.94%和26.48%；“两步申报”进口报关单比例37.5%，提高74.09%；“两段准入”进口报关单比例3.68%，提高330%。

贸易管制与技术规范

【加强易制毒化学品涉证管控】2021年，江门海关贯彻落实《中华人民共和国出口管制法》，完善管理制度，指导现场海关单证审核岗位严格做好许可证件数量核扣；结合2021年“安全生产月”活动加大政策宣传力度，制作并印发易制毒化学品海关涉证管理宣传小册子，针对进出口企业加强政策教育，规范企业对货物易制毒化学品成分及含量申报，从源头上防范伪瞒报风险。

【开展技术性贸易工作】2021年，江门海关组建关区“关企交涉应对企业数据库”，首批入库企业27家，并推荐21家企业进入总署企业库。调查了解关区39家企业受国外技术性贸易措施影响情况，向总署报送4个技贸措施典型案例。面向194家企业定向发放技术性贸易措施资料，召开专题宣讲会3场次，面向32家企业进行宣讲授课，10篇案例信息获新闻媒体宣传报道。组建关区技术性贸易措施业务人才队伍，首批37人，涵盖15个单位部门、8个专业类别。开展技术性贸易措施专题培训，参会及受训人员148人次。共向总署报送WTO/TBT例会特别贸易关注议题4项，其中1项SPS领域贸易关注议题入选第80次WTO/SPS例会大会议题，并获欧盟正式回应。申报承办海关技术规范项目，向总署上报10项海关技术规范制（修）订项目，作为主办单位承办《海关智能实验室建设指南》和《海关实验室节能减排指南》2个项目，作为协办单位参与5个项目，主办项目数量和协办项目数量均为机构改革以来新高。推动阳江五金刀剪产品技术性贸易措施研究评议基地建设，组织报送阳江五金刀剪产品技术性贸易措施研究评议基地工作报告和年度工作计划，督促其按照总署技术性贸易措施研究评议基地管理相关规定开展建设及运营，完成多数考核指标。

知识产权海关保护

【组织部署开展“龙腾行动2021”工作】2021年，江门海关根据总署“龙腾行动2021”工作部署迅速制订实施方案和任务分工，成立工作领导小组，强化联防联控，完善高风险重点商品数据库和风险研判快速反应模式，提升布控精确率。扣留涉嫌侵权货物或物品40批次，5.65万件，价值827万元，同比增长21.21%、26.22%和675.56%。依权利人申请截获涉嫌侵犯专利权的饼干生产线1条，货值569.59万元。在3次粤港澳海关联合执法行动中查获经香港转运的涉嫌侵权货物3批次，7,122件，货值86.52万元。

▲2021年11月30日，高沙海关关员对涉嫌侵权油烟机进行开箱查验

【优化知识产权保护服务支持企业创新发展】2021年，江门海关筛选194家重点外贸企业进行精准调研，由所属隶属海关开展针对性帮扶，积极推动拥有自主知识产权外贸企业申请海关备案，新增备案用户96个，新增知名品牌进出口企业用户29个。开展“我为群众办实事”实践活动，设置知识产权工作联络员，及时为企业解决品牌授权、备案申请、通关咨询等实际困难35个。

【加强执法联动】2021年，江门海关与江门市市场监督管理局就某公司饼干生产线专利权案件开展执法互助，积极协助广州市知识产权法院对该案进行证据保全工作。积极参与江门市工作实施方案的制订和实施，推动建立海外知识产权维权援助机制。8个隶属海关主动走访当地公安机关和市场监督管理部门，搭建起信息互通渠道。

【加强理论研究和培训宣传夯实执法基础】2021 年，江门海关完成知识产权保护署级研究课题，提升关区理论研究水平。组织一线执法关员参加执法培训，参训超 240 人次，提升基层关员执法能力和办案质量。组织关区宣讲会 4 次，主动搭桥并指导隶属海关参与地方宣讲会 7 次，宣传企业超 400 家。积极开展新闻宣传，发布包括知识产权保护典型案例内容的新闻报道稿 6 篇，获多家媒体报道。

（撰稿人：任文红　何恭浩　张　权　陈锐斌　曾墨环）

法治建设

概况

2021 年，江门海关深入学习宣传贯彻习近平法治思想，贯彻落实中央全面依法治国工作会议精神，按照总署党委工作要求，以“党史＋法治”形式持续加强法治宣传教育，筑牢法治信仰、夯实依法把关基础；坚持系统观念，完善制度管理机制、提升制度供给质量，开展行政处罚、业务数据安全、与总署评估项目对应的江门海关制度 3 个专项评估，涉及制度 33 个，有力推进海关制度创新和治理能力建设；坚持在法治轨道上推进改革，持续优化国际化、法治化、便利化营商环境，服务粤港澳大湾区、深圳中国特色社会主义先行示范区和横琴、前海两个合作区建设；落实行政执法公示、执法全过程记录和重大执法决定法制审核的“三项制度”，规范行政执法权力运行，执法更加严格规范公正文明；践行新时代“枫桥经验”，行政争议得到有效预防化解，年内没有发生行政复议及行政诉讼案件；围绕“服务大局普法行”加强全民普法，普法实效进一步增强，江门海关普法依法行政工作领导小组办公室荣获“2016—2020 年全国普法工作先进单位”称号；做实法治人才保障，配齐配强法治岗位人员、完善法治专业队伍管理机制，建立 19 人的公职律师队伍，在立规、执法、普法等方面发挥重要作用。2021 年 1 人获广东省优秀律师称号、1 人获全国海关优秀公职律师称号。

制度管理

【制度管理机制】2021 年，江门海关修订完善业务制度管理办法，形成“全口径、全周期、全要素”闭环制度管理机制；提出保障制度执行的要求；明确隶属海关可以出台业务制度的情形和权限，为基层首创提供空间和条件；推广工作指引、作业指导书、工作流程图、作业表单的使用，丰富制度供给层次和形式；明确制度“立改废”程序的一致性要求及责任部门，更加突出日常动态清理评估责任，防止制度滞后。通过分门别类，形成层次分明、脉络清晰的“四类三级两规格”江门海关制度体系，即“通用、党建、业务、内务”4个类别，“制度、补充或解释文件、执行辅助”3个效力层次，以及“关级、部门级”2个发布规格。

【立规工作】2021年，江门海关统筹制度立改废释纂，针对疫情防控等重点难点业务，分领域开展制度汇编工作，便于干部职工系统理解和应用。编制涉及54项制度的年度立规计划，实行动态管理，全年完成立、改、废47项，根据总署的部署及本关业务实际调整7项。

【立法评估】2021年，江门海关开展行政处罚、业务数据安全、与总署评估项目对应的本级制度3个专项评估，涉及制度33个，制订清理计划8个；开展对2020年防范制度层面产生形式主义、官僚主义问题的专项制度文件清理成效的“回头看”；实行部门级制度性文件事后抽核；以制度创新推进江门海关改革项目，实施重大决策风险评估10次。

【法制审核】2021年，江门海关加强对制度起草的指导，编发立规手册；以涵盖政治性、合法性、合理性、规范性等方面的42个质量控制要素的质控表加强合法性审查，对9个业务制度提出126条审查意见。

【“江门海关智慧制度平台”】2021年，江门海关以“智慧+融会贯通”为理念开发上线“江门海关智慧制度平台”，平台设有“本关制度”“学习和分享”“专题制度”“起草审核”“质量控制要素”“立规意见收集”“新规解读”等12项功能，将该关现行有效的“通用、党建、业务、内务”4类制度全部导入，满足干部职工对学习、执行制度的“底数清、效力明、查询便、反馈快”的需求，并为该关制度管理提供信息化支撑。

推进法治实施

【深化“放管服”改革】2021年，江门海关贯彻落实全国深化“放管服”改革优化营商环境电视电话会议精神，从简政放权、强化监管、优化服务3个方面制定具体措施，确保做到目标明、任务实、责任清。自7月1日起，对关区海关涉企经营许可事项实现全覆盖清单管理，其中“报关企业注册登记”“出口食品生产企业备案核准”2项行政审批事项实施“审批改为备案”，行政审批事项从12项减少至10项；“口岸卫生许可证（涉及公共场所）核发”实行告知承诺改革。优化10项行政审批事项服务，将海关行政审批窗口（含8个隶属海关行政审批窗口）功能调整为以“自助办理”为主，受理行政审批280宗，其中网上办理277宗，网上办理率98.93%。

【深入落实“三项制度”】2021年，江门海关落实行政执法公示、执法全过程记录和重大执法决定法制审核的“三项制度”，与工商、税务等监管部门开展联合抽查，实现“进一次门、查多项事”，原需3天的多部门分别检查合并为1天内一次性同步完成；开发“江门海关执法‘双随机’管理应用平台”，建立涵盖进出境邮递物品、跨境电子商务产品等在内的13个执法对象库及对应的8个执法人员库，实现执法事项全部进系统、留痕迹、可追溯，相关工作获《中国国门时报》专题报道。

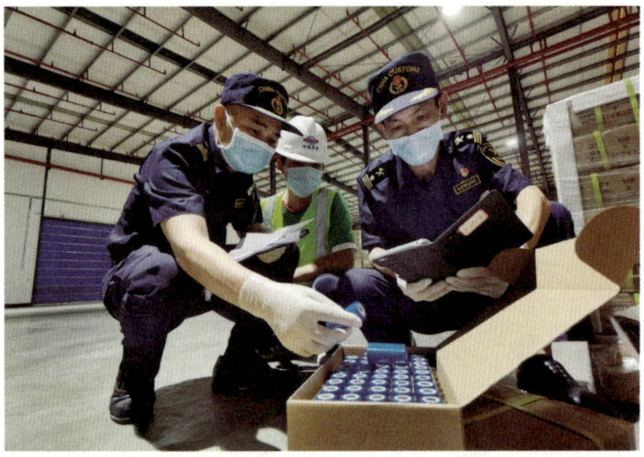

▲2021年4月19日，外海海关关员使用执法“双随机”管理应用平台开展随机执法

【提高民事活动合规水平】2021年，江门海关发挥法律顾问保障作用，审核民事合同246份，提出意见1,062条；处置基建项目6份合同解除事宜，协调受卫生部门验收程序改变影响的保健中心项目如期执行；对“事业单位下属企业改制”等23个事项进行合规性评议。

【“十四五”法治建设工作】2021年，江门海关制定贯彻落实“十四五”海关法治建设规划和法治宣传教育第八个五年规划的细化措施，制订2021年法治建设的工作要点、普法工作计划和普法责任清单，推动该关法治工作在“十四五”时期开好局起好步；学习借鉴第一批全国法治政府建设示范地区和项目，引导在创新政务服务、夯实基层基础、完备制度体系、优化营商环境、落实依规治党要求5个方面打造范例。

【法治工作队伍建设】2021年，江门海关规范对普法讲师团的管理，法治岗设置实现全覆盖；开展公职律师工作调研，完善公职律师激励机制和准入退出机制，办理7名公职律师的新增及退出手续，截至12月，该关有公职律师19人；以“组团分类负责”模式使用公职律师，实现公职律师服务的全覆盖；公职律师积极参与审查制度合法性、出具法律意见书、研究法律问题等工作，参与研究解决法律疑难问题47个，对日常工作和热点事件中的风险点发布法律风险提示14份，为干部职工提供法律援助19起，作为代理人参加劳动纠纷诉讼5宗，仲裁及一审阶段全部胜诉；牵头举办江门市公职与公司律师工作委员会全体会议和工作座谈会；年内1人获广东省优秀律师称号、1人获全国海关优秀公职律师称号。

法治宣传

【学习宣传贯彻习近平法治思想】2021年，江门海关邀请中共广东省委党校、中山大学专家教授、江门市“八五”普法讲师团分别在党委理论学习中心组（扩大）学习会、江关大课堂上开展《习近平法治思想：奋进新征程，法治筑根基》《法治政府建设实施纲要（2021—2025年）》解读等3期专题辅导授课；制作学习宣传贯彻习近平法治思想课件，开设线上学习专栏，组织相关征文活动；编制法治学习大纲，包括中国特色社会主义法治的核心理念和原则、全面推进依法治国的战略部署等3大模块内容，涵盖88部法律法规，为干部职工融会贯通、综合运用多部法律法规提供指引。

【以“党史＋法治”形式加强法治宣传教育】2021年，江门海关将党史学习教育贯穿于法治宣传教育活动中，收集编纂关于法治历程的党史学习笔记，开展“全员普法面对面——百年党史中的法治轨迹”学习，举办《中国共产党法治建设大事记》学习教育展，推动加深对伟大建党精神和全面依法治国方略的学习领会；举办“诵读红色经典·传承红色信仰——法治朗读者”活动，邀请5名该关先进典型人物进行访谈和红色经典作品朗读，挖掘背后的法治精神；联合律师事务所在台山市鲲鹏村挂牌建立法律志愿服务站，提供9次法律咨询服务，举办2期“青少年法学院”普法课堂，以法治服务助力乡村振兴；整合普法资源打造“普法快线”普法品牌，建立“100个电话”普法调研工作机制，解决企业及群众“急难愁盼”的137个普法需求，为近300家企业提供精准的个性化海关政策法规服务，“学习强国”学习平台、《法治日报》和《中国国门时报》先后报道相关工作。

【学习宣传新《行政处罚法》】2021年，江门海关结合海关行政执法工作开展学习研究，通过《江关法制》《江关普法》微信普法及“公职律师说法”专栏发布专题解读5期，引导广大关员理解和掌握该法的立法原义、精神实质、主要内容；聚焦《中华人民共和国行政处罚法》的条文变化，重点提示执法人员准确引用条文作为执法依据。

▲2021年1月10日，江门海关普法讲师团和普法小分队认真落实“谁执法谁普法”要求，送法“进企业”开展面对面精准普法

【落实“谁执法谁普法”责任制】2021年，江门海关明确落实“谁执法谁普法”普法责任制的相关具体要求，以清单式管理压实各单位部门普法工作责任；建立月度“学法＋普法＋交流”机制，编制24期《学法参考清单》和《中心组学法材料》，组织开展年度干部学法考试，形成“尊法学法守法用法”氛围；摄制27期“90秒就懂——普法快拍”，以简洁直观易懂的新方式对易混淆的执法难点等进行“要点式”普法宣传，为执法人员准确理解和严格适用相关法律法规提供指引；

推出“公职律师说法”专栏，开设法律风险提示、法条精讲等4个板块，刊载公职律师的研究及工作成果32篇；以“一案双解”形式对国门生物安全等重点领域开展3期以案释法，通过海关执法事例和司法实践案例，从行政执法规范和司法审查要求两个角度进行讲解，指导执法人员全面理解和准确适用相关法律法规。

【持续开展“服务大局普法行”】2021年，江门海关组织开展“4·15”全民国家安全教育日及安全生产普法活动，对《生物安全法》从流行病学调查、检疫查验等8个方面开展专题解读，制作安全生产法律法规口袋书，结合15个重要海关业务节点在监管现场开展内外结合“链条式”安全生产双维普法，组织对88家重点危化品企业进行精准普法，相关工作获《中国国门时报》专题报道；结合“8·8”海关法治宣传日、“宪法宣传周”等重要节点开展全民普法，以企业群众需求为导向，采取“事前调研—企业预约—有序安排”的方式，设立专门“普法窗口”以“多合一”形式为30多家企业开展“量体裁衣”式普法服务，获《中国国门时报》头版报道；突出海关特色开展全媒体普法，在“3·15消费者权益保护日”拍摄“海淘商品”海关普法宣传微视频并在8个口岸现场进行“一区一屏”展播，拍摄《民法典》专题普法微视频《谁来照顾我》，获第十七届全国法治动漫微视频作品征集展示活动优秀奖，组织干部参加广东省“炫丽中国红”法治演讲比赛获三等奖。

【“七五”普法工作成效】“七五”普法期间，江门海关打造“制度治理”“文化底蕴”“学法用法”“特色普法”“法治扶贫”“法治护航”6张普法“名片”，营造良好法治环境。在此期间，江门海关“普法讲师团和普法小分队”“AEO订单式全链条普法”先后获全省国家机关“谁执法谁普法”十大创先项目和优秀项目，多个媒体专题报道相关成效。根据中共中央宣传部、中华人民共和国司法部、全国普及法律常识办公室联合发文《关于表彰2016—2020年全国普法工作先进单位、先进个人和依法治理创建活动先进单位的决定》，江门海关普法依法行政工作领导小组办公室荣获“2016—2020年全国普法工作先进单位”称号。

（撰稿人：麦健文　何家城　陈慧燕）

风险管理

概况

2021年，江门海关落实总署党委工作要求，按照“积极发挥风险管理在统筹发展和安全中的作用，坚持源头防控、整体防控和精准防控一体部署，推动风险管理高质量发展”的风险管理工作思路，深入开展“两轮驱动”业务改革实践应用，探索以供应链为单元的风险防控模式，聚焦保障产业链供应链安全稳定，同步提升防风险和促发展的能力；完善整体风险协同防控机制和口岸联防联控机制，应用风险信息和大数据查获多起涉毒品、濒危物种情事，把牢国门安全关口；承担全国海关“云擎”（海关大数据通用分析平台）系统业务运行管理职责，推进大数据在通关监管、风险防控、打击走私等各业务领域的深入应用。

风险信息

【推进信息数据共享】2021年，江门海关建立风控—缉私“双向融合”工作机制，为缉私工作提供数据支持，协助缉私部门查办案件。定期开展业务风险态势和走私动态分析，推动联合研判机制落地，各单位部门开展联合研判57次，协同打击“洋垃圾”、濒危物种及其制品、毒品等走私。开展口岸安全风险联防联控，与江门市公安局等部门围绕毒品走私等开展联合研判，与江门市市场监督管理局围绕海南离岛免税商品监管建立联系配合机制。

【以供应链为单元集聚风险信息】2021年，江门海关制订以供应链为单元的风险防控实施方案，按照供应链风险防控理念，拓宽内外部信息来源渠道，规范分析作业流程，建立各业务职能部门、缉私局、隶属海关共同参与的供应链风险防控协同作业模式。通过组织专题攻关，研究产业集群的供应链分类方式，参考国民经济分类标准，将产业集群分为钢铁、造纸、塑胶、皮革、纺织、饲料等类别。以产业集群为基础，制订供应链风险防控规划，逐步提高以供应链为单元集聚风险信息的效能。

“云擎”大数据应用

【承担全国海关“云擎”业务运行管理职责】总署明确“江门海关业务专家组负责‘云擎’应用日常业务管理工作”。2021年，江门海关业务专家组牵头制订“云擎”应用管理办法，改进授权操作流程，完善数据治理机制，研究绩效评估办法，解答全国海关用户的业务咨询问题，提交“云擎”优化建议325条，审核发布全国海关模型392个，办理全国授权申请1，311人次，派员为全国海关大数据专题培训授课2次，线上线下培训超2,000人次。服务总署风险布控管理，根据总署要求构建涉检报关单布控结果反馈模型4个，为总署相关司局优化涉检布控提供支持。

▲2021年7月22日，江门海关风险防控分局组织参加全国海关大数据应用培训班

【推进关区“云擎”大数据协同应用】2021年，江门海关组织大数据应用骨干围绕物流监控、通关监管、检验检疫等领域，识别具有应用价值的数据资源，在审核全国海关“云擎”平台级模型过程中，甄别全国海关先进建模思路，结合关区实际，协同构建51个具有良好示范效应和用户体验的大数据模型；面向基层推广28个强化监管优化服务的“云擎”大数据模型，为掌握底数、预测趋势、甄别风险、促进发展提供数据支持；优选12个模型在全国站点发布，服务风险监控、内控管理、绩效评估等工作，全国海关运行912次。培育共建共享的大数据应用生态，组建关区“运用‘云擎’大数据开展一体化风险防控”攻关团队，在构建模型体系、建立工作机制、培育专业人才等方面组织开展协同攻关；采用集中授课、送训到基层、“手拉手”实训等方式，组织5期培训，培训150人次；通过《“云擎”实学》载体推荐优秀模型，普及大数据建模技能；制订对接落实“十四五”大数据海关应用规划实施方案，扩大“云擎”应用广度和深度，推动大数据有效支撑海关整体业务发展。

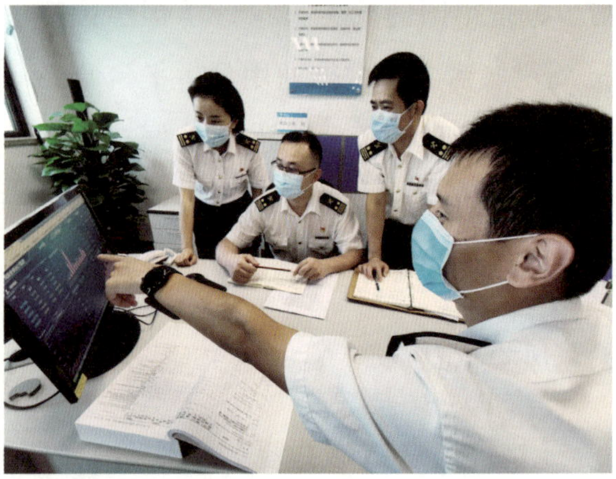

▲2021年6月4日，江门海关风险防控分局运用“云擎”大数据开展风险分析

风险监测预警和处置

【开展监测预警】2021年，江门海关向总署提出承担货运渠道通关运行监测数据中间表（利用资源空闲时段开展已固化的复杂逻辑运算的结果）建设任务并获批准，依托“运用‘云擎’大数据开展一体化风险防控”攻关团队，组织业务专家制定建设实施方案和技术要点，携手杭州海关“云擎”运维工程组多维度标注全国海关进出口货物的通关状况，利用“云擎”数据库梳理数据表6张，构建统计维度15个，顺利完成数据中间表建设任务，为监测全国海关通关运行情况提供高质量的数据支持；年内提交的2项风险监测指标被总署采纳，为全国海关开展风险监测提供支持；年内发布涉及疫情疫病、税收、“洋垃圾”、濒危物种及其制品等方面的风险预警信息。

【口岸疫情风险防控】2021年，江门海关开展进口冷链食品和高风险非冷链集装箱货物新冠病毒检测和预防性消毒指令日常监控工作，加强国外疫情形势分析研判，不断调整进境运输工具监控工作预案，安排专人监控进境船舶，核实运输工具经停轨迹；配合做好拉沙热、埃博拉等其他疫情输入风险防控，防范疫情叠加风险。

【联合研判和风险布控】2021年，江门海关发挥风控大数据与缉私手段优势互补，通过联合研判、合成作战等掌握关区风险态势和走私动向，守住关区系统性风险底线；将风险分析、现场监管与缉私手段有效连接，健全现场查发快速反应机制，通过风险分析研判举一反三、深挖扩线、以点打面、扩大战果；发挥风险分析在稽核查对象选取方面的优势，广泛应用内外部的大数据，提高稽核查精准度；梳理安全准入风险清单，开展全过程风险分析监控，结合货物风险状况下达相应布控指令。年内，布控查获安全准入（出）情事3,424起，其中非贸渠道查获安全准入情事3,322起，同比增长52%。

（撰稿人：张纾予　梁国庆）

税收征管

概况

2021 年，江门海关加强综合治税，持续推进税收征管改革，着力提升税收治理能力，税收征管质量不断提高。落实中央关于做好 RCEP 实施准备工作要求，全面做好原产地规则和关税减让落地生效准备。落实科技创新、重大技术装备等国家进口税收优惠政策，加强税政调研，助力高水平对外开放。深化税收担保方式改革，扩大自报自缴、汇总征税、关税保证保险、原产地证书自助打印等便利措施受惠规模，优化口岸营商环境。推进属地纳税人管理，建立重点纳税企业底账、企业特许权使用费和特殊关系价格台账，开展纳税遵从度评估，引导属地纳税企业合规申报。聚力“六稳”“六保”，梳理企业常见问题，开展优惠原产地、对美加征关税排除等税收政策宣讲，主动为企业提供纳税服务。全年税收入库 55.59 亿元，同比增长 25.35%，其中关税 6.95 亿元，同比增长 26.33%；进口环节税 48.64 亿元，同比增长 25.21%（见表 4－1）。

表 4－1　2021 年江门海关所属隶属海关税收净入库情况

关别	税款（万元）	同比
外海海关	71, 795	12. 22%
高沙海关	46, 853	28. 23%
新会海关	108, 828	6. 87%
鹤山海关	20, 995	－11. 96%
开平海关	10, 862	57. 49%
台山海关	23, 213	－32. 02%
恩平海关	575	－52. 60%
阳江海关	272, 761	55. 85%
合　计	555, 882	25. 35%

税则税政

【税收政策】2021 年，江门海关收集整理关区进出口企业和行业协会关于关税调整的意见建议，结合“十四五”规划实施重点与方向开展税政调研，报送政策调整建议，其中冻的带骨猪前腿、后腿及肉块、其他冻猪肉等 5 项政策调整建议被国务院关税税则委员会纳入《2022 年关税调整方案》。

【减免税管理】2021 年，江门海关贯彻落实《财政部 海关总署 税务总局关于

“十四五”期间支持科技创新进口税收政策的通知》（财关税〔2021〕23号）、《财政部 海关总署 税务总局关于“十四五”期间能源资源勘探开发利用进口税收政策的通知》（财关税〔2021〕17号）等“十四五”期间进口税收政策及管理办法，对科技创新、科普事业发展等相关行业和领域予以税收政策支持，依法办理减免税货物税款担保手续，保障减免税申请人合法权益。做好H2018减免税管理系统推广应用，及时办结H2010减免税管理系统所有政策项目信息审核、减免税审核确认业务。12月2日，在H2018减免税管理系统制发首份《进出口货物征免税确认通知书》。

估价管理

【案件计税应用系统】2021年9月1日，江门海关信息化应用项目《江门海关审价管理子系统案件计税应用系统》正式上线运行。年内，计核案件211宗，涉及商品5,096项，计核税款1.55亿元。

【公式定价新规实施】2021年，江门海关做好总署《关于公式定价进口货物完税价格确定有关问题的公告》（海关总署公告2021年第44号）政策宣传及应用指导等工作，平稳顺利完成新旧规定过渡。年内，公式定价进口货物货值44.53亿元，征收税款5.94亿元，同比分别增长90.06%、94.12%。

税收征管

【税收征管方式改革】2021年，江门海关稳步实施税收征管方式改革，落实国务院“放管服”改革与减税降费形成合力的工作部署，纳税便利化水平持续提升。2021年12月1日起落实以企业为单元的税款担保改革，企业一份担保可适用多项税款担保业务，税款担保全流程线上办理。公告实施首日，江门海关为某属地企业备案首份税款担保保函，担保额度100万元。持续深化关税保证保险、汇总征税、电子支付和“自报自缴”（自主申报、自行缴税）等改革，备案关税保证保险52份、担保金额2.68亿元，汇总征税率23.32%，电子支付率92.75%、自报自缴率85.01%，通关效率进一步提升。

【行邮税征管应用系统】2021年12月20日，行邮税征管应用系统在全国海关全面推广使用，对接“财关库银横向联网系统”，实现行邮税电子支付实施入库。江门海关建立应急预案和处置机制，覆盖快件、邮件及旅检等非贸渠道税收征管工作，12月23日，应用该系统开出首票行邮税税单。

【税收风险防控能力建设】2021年，江门海关健全税收风险分析机制，发布《税收简报》28期，通报26个问题并提出相应工作要求，并按政策要求进行补税。建立价格、归类、税收征管、原产地4个技术小组，自主开发发布税收“云擎”模型 188 个。8 月至 10 月，开展 B 类快件税收征管专项治理行动。年内，B 类快件实征税款 4,955.78 万元，同比增长 38.21%。开展跨部门联合调研，4 月 14 日，税管局（广州）到江门海关开展调研交流工作，共同研究关税、企管职能部门税收风险协同防控工作方向及完善工作配合机制；4 月 28 日，税管局（上海）到江门海关开展调研交流工作，建立对口服务联络机制。

原产地管理

【RCEP 原产地规则和关税减让实施准备宣传培训】2021 年，江门海关落实党中央、国务院对 RCEP 实施准备的部署要求，全面开展 RCEP 实施准备宣传培训工作，通过“线上 + 线下”多形式、多载体帮助企业熟练掌握进出口货物享惠通关、原产地证书申领等技能，开展培训 40 多次，覆盖关员和企业代表逾千人次。

▲2021 年 3 月 5 日，开平海关关员为企业办理 RCEP 原产地证书业务

【原产地和贸易救济实施】2021 年，江门海关优惠贸易协定项下享惠进口 40.53 亿元，税款减让 2.96 亿元，同比增长 11.87%。特别优惠关税待遇项下享惠进口 398.33 万元，税款减让 48.75 万元，同比增长 24.81%。签发原产地证书 7.74 万份，货值 40.58 亿美元，同比分别增长 4.43%、19.39%。受理外方对我方发起的原产地证书核查请求 15 份，为我国出口货物国外享惠提供有力保障。对日本聚苯硫醚、印度尼西亚不锈钢热轧卷板等 15 项商品实施贸易救济措施，监管贸易救济措施进口货物 274 票。

【原产地证书审核集约化管理改革启动】2021 年 6 月 18 日，江门海关正式启动原产地证书审核集约化改革试点工作，先后在新会海关、恩平海关和台山海关 3 个隶属海关开展试点。试点期间，集中审核工作点审核通过出口原产地证书 1.23 万份。

【普惠制原产地证书签证政策调整】2021 年，江门海关落实《海关总署关于不再对输欧亚经济联盟货物签发普惠制原产地证书的公告》（海关总署公告 2021 年第 73 号）和《海关总署关于不再对输欧盟成员国、英国、加拿大、土耳其、乌克兰和列支敦士登等国家货物签发普惠制原产地证书的公告》（海关总署公告 2021 年第 84 号）规定，分别自 10 月 12 日和 12 月 1 日起，不再对输欧亚经济联盟成员国和输往欧盟成员国、英国、加拿大、土耳其、乌克兰和列支敦士登等的货物签发普惠制原产地证书。上述两项普惠制签证政策实施后，12 月签发普惠制原产地证书 161 份、货值 765.55 万美元，同比下降 88.22% 和 87.90%。

【对蒙古国和毛里求斯首发优惠贸易协定原产地证书】2021 年 1 月 1 日，中国与《亚太贸易协定》新加入成员蒙古国相互实施关税减让，中国—毛里求斯自贸协定生效。1 月 25 日江门海关签发首份输蒙古国货物《亚太贸易协定》项下原产地证书；3 月 4 日江门海关签发首份中国—毛里求斯自贸协定原产地证书。

（撰稿人：关慧婵　李颖元
林雅文　孟胜男）

卫生检疫

概况

2021年，江门海关按照总署卫生检疫重点任务和工作部署，将新冠肺炎疫情防控作为各项工作的重中之重，制定完善该关及所属各隶属海关两个层级口岸检疫、安全防护、卫生监督相关制度文件近50份，全面推进关区卫生检疫各项工作。检疫出入境人员4.99万人次，检出的入境船员阳性全部确诊，发现慢性病毒性肝炎3例；检疫出入境交通工具5,805次，发现卫生学问题船舶13艘次；检疫出入境集装箱42.75万标箱，发现卫生学问题58标箱，截获蝇类、蜚蠊等病媒生物4.24万只。成立检疫工作人员封闭管理专班，制发2版工作方案和实施方案，2版工作指引；建立“划片集中管理”工作模式，确定关区内新会海关、台山海关、阳江海关3个片区集中封闭管理场所；组建12个班次、70人的封闭管理工作人员队伍，落实必须成立工作专班、必须制订工作方案、必须建立管理制度、必须严格监督管理的“四必须”要求，以及登记造册、封闭管理、两点一线、一天一检、全员全程接种疫苗的工作要求的“五件套”规定；组织开展安全防护自查12次，督查12次。制订国境口岸卫生监督、食品安全抽检工作两个实施方案，在关区各口岸开展病媒生物监测，对口岸食品生产经营、餐饮服务、饮用水供应单位实施卫生监督，妥善处置监督发现病媒生物超标、厨余垃圾处理不规范等问题34项次。全年食品安全抽检实验室检测样本172份，快速检测样本272份。以“职能处室现场观看+隶属海关视频转播+封闭管理人员钉钉平台直播”的线上方式，结合“远程教学演示+现场实操练习+视频作业考核”的实操形

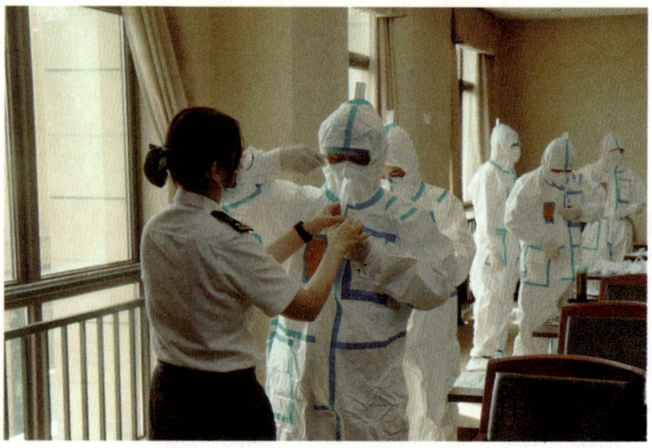

▲2021年8月19日，江门海关举办口岸新冠肺炎疫情防控及个人安全防护技能培训班

式，组织开展卫生检疫培训，参训人员近500人次。年内，江门海关卫生检疫处获评为江门市市直机关“模范机关创建标兵单位”，阳江海关驻港办公室获评为阳江市2019—2020年度“模范机关创建先进单位”，林伟权同志被评为“江门市优秀共产党员”。

检疫管理

【出入境人员、交通工具检疫查验】2021年，江门海关坚持“外防输入、内防反弹”总策略，严格执行“三查三排一转运”“7个100%”等检疫措施，检疫出入境船舶5,805艘次、出入境船员4.99万人次，检出的入境船员新冠肺炎核酸阳性全部确诊，出入境交通工具发现卫生学问题13次，其中5次发现传染病病例、5次发现食品饮用水卫生问题、2次发现交通工具员工健康证问题、1次发现环境卫生问题。

【出入境货物、集装箱检疫查验】2021年，江门海关检疫出入境集装箱42.75万标箱，发现卫生学问题58标箱，其中55标箱发现医学媒介生物、3标箱发现卫生条件差，截获蝇类、蜚蠊等输入性病媒生物4.24万只；检疫出入境货物2.12万批次，没有发现卫生学问题。坚持“人、物、环境同防”，开展进口高风险非冷链集装箱货物口岸环节新冠病毒检测和预防性消毒监督，制订实施方案、工作指引、异常处置报告预案7份规范性文件；口岸命中高风险非冷链集装箱货物新冠病毒监测检测相关布控2批次，检测结果均为阴性。

【联防联控】2021年，江门海关持续巩固与地方卫健、边检、海事、环保等部门建立的联防联控机制，强化口岸公共卫生安全联合治理；作为广东省、江门市、阳江市疫情防控指挥部相关专班成员，参加地方联防联控工作会议121次。发现处置一起来往港澳小型船舶“外转内”船员违规上岸事件，协调推动地方防控专班及时向广东省疫情防控指挥部防控专班报告；研究提出加强“外转内”船员管理等防控工作建议并被广东省疫情防控指挥部防控专班采纳。协调地方联防联控机制处置江门、阳江口岸船员紧急救助事件8起；协调地方联防联控机制完善缉私局涉案嫌疑人移交工作机制；推动地方政府和口岸经营单位加强江门港、鹤山港两个旅检口岸场地设施改造工作，提升口岸核心能力。

生物安全

【输入性病媒生物监测】2021年，江门海关截获输入性病媒生物4.24万只，其中在江门国际货柜码头的13个入境装载盐湿牛皮的集装箱中截获蝇类约2.29万只；在江门中外运外海货柜码头的41个入境装载盐湿牛皮集装箱中截获蝇类1.95万只；在台山公益港码头装载苏里南产原木中截获澳洲大蠊2只、德国小蠊4只；在新会港码头的1个入境空载集装箱中截获蝇类2只、日本大蠊1只。

【出入境特殊物品监管】2021年，江门海关持续推进特殊物品管理智能化和信息化工作，稳步推进、全面开展审批与分析系统应用；聚焦重点企业、高风险国家、航线、货品风险等维度开展风险分析，联合排查、处置涉夹藏、伪瞒报等风险隐患。开展非法疫苗进出境风险研判3次。本年度，江门关区无特殊物品出入境。

【生物安全宣传】2021年，江门海关利用“4·15全民国家安全教育日”，开展《生物安全法》《传染病防治法》等法制宣传及口岸传染病防治相关知识宣传56场次，播放宣传片42小时，发放宣传手册2500册；“4·26全国疟疾日”，面向出入境人员、口岸工作人员，开展消除疟疾防治知识宣传9场次，发放宣传手册1,800册；“12·1艾滋病宣传日”，开展艾滋病防治知识宣传9场次，参与江门市艾滋病宣传走进校园活动1场次，发放宣传手册1,200册。

疾病监测

【出入境人员疾病监测】2021年，江门海关开展疾病监测体检1,764人次，其中境内人员328人次，境外人员1,436人次；发现43例传染病病例（21例隐性梅毒、20例病毒性肝炎、2例艾滋病阳性）。联合地方卫生健康部门，开展江门关区输入性疟疾病例回顾性流行病学调查，形成分析报告。通过“线上+现场”宣传的方式开展“全国疟疾日宣传活动”，宣传覆盖出入境船员、报关人员、船代、码头经营单位人员等2,700人次；通过“科普宣教+宣传义诊”等模式，分别在港口码头、江门国际旅行保健中心和学校等场所宣传艾滋病综合防治知识，活动现场参与人员约3,000人次，发放各类艾滋病宣传资料4,000份。

【新冠病毒疫苗接种】2021年，江门海关根据总署、地方疫苗接种专班关于新冠病毒疫苗接种和加强免疫接种要求，全力推进疫苗接种工作。按照“口岸一线优先、区分轻重缓急、推动稳妥有序”原则，运用“会议部署+现场宣讲+线上答疑”方式开展政策和知识宣传，精准科学分阶段、分批次推进疫苗接种工作，实现应接尽接。

卫生监督

【口岸病媒生物监测】2021年，江门海关按照总署统一部署，开展口岸病媒生物监测。关区口岸设11个监测点，开展鼠及其体表寄生虫（蚤、蜱、螨）、蚊类和蜚蠊监测374次。监测发现鼠密度超标7次、蚊幼密度超标8次，均及时督导口岸运营单位开展灭鼠灭蚊等密度控制工作。

【口岸食品安全监督】2021年，江门海关开展国境口岸食品安全抽检和口岸食品安全监督，完成口岸食品实验室检测项目5类172项次，快速检测项目12类272项次。江门关区口岸餐饮服务单位7家，食品销售单位6家，均实施量化分级管理，根据分级情况实施相应频次的日常监督，全年开展日常监督51家次；按照总署工作要求，依托江门海关执法“双随机”管理应用系统，随机抽取监督对象和监督人员，开展“对口岸卫生许可单位的卫生监督”抽查，并在江门海关门户网站公布抽查情况。

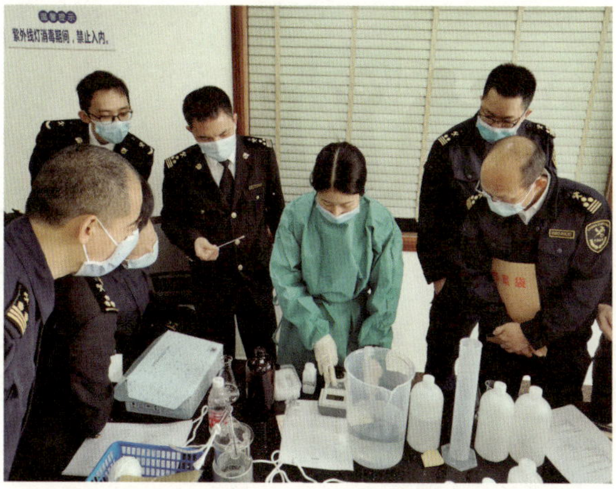

▲2021年12月16日，江门海关举办水质监测业务实操培训班

【口岸核心能力建设】2021年，江门海关按照“属地政府牵头、口岸运营单位配合、隶属海关做好指导”原则推动口岸核心能力建设。6月30日成立旅检口岸复航卫生检疫工作小组，就旅检口岸场地设施改造加强与属地政府沟通协调，结合海关疫情防控文件精神，明确现有场地及设施在复航前需完善的条件要求，推动地方政府和口岸经营单位改造旅检口岸检疫设施，为旅检口岸复航做好准备。

【卫生监督员管理】2021年，江门海关开展卫生监督员队伍履职能力培训，开展年度国境口岸卫生监督员资质考评，67人通过考试取得口岸卫生监督员资质，该关口岸卫生监督员队伍增加至105人。先后制定3版作业指引，细化8方面25项监督事项工作要求，规范卫生监督员履职。

【口岸卫生许可】2021年，江门海关落实总署口岸卫生许可“证照分离”改革要求，在江门海关门户网站更新“国境口岸卫生许可证核发（涉及公共场所核发办事指南）”和“国境口岸卫生许可证核发（涉及食品、饮用水）办事指南”公示文本，分别明确“告知承诺”和“非告知承诺”两种情形下国境口岸卫生许可证申请、办理程序；各口岸现场在办公场所公示口岸公共场所卫生许可告知承诺书格式文本，组织开展政策宣讲，告知申请人在申请时可自主选择“告知承诺”方式实施。

（撰稿人：叶万年　叶雅芝　许雨绚
李建新　汪海琳　张文磊
林伟权　林筱珊）

动植物检疫

概况

江门海关贯彻落实习近平生态文明思想和习近平总书记关于加强生物安全建设的重要讲话精神，坚持总体国家安全观，按照总署工作要求，严防重大动植物疫情传入传出和外来物种入侵，夯实口岸检疫防线，筑牢口岸生物安全屏障，检疫监管进出境动植物及产品 2.96 万批、71 亿元。2021 年，监管内地供港澳活猪 8.47 万头，占比 9.62%，供港活鸡苗 262.8 万只，占比 80%；出口活日本鳗鱼 4,984 吨，6.36 亿元，占全国出口比例 80%。突出能力提升强基础，以口岸检疫查验能力提升项目为抓手，购置检疫查验设备装备 23 台（套），推动智能化、信息化升级；新增认定动植检现场查验岗、授权签证官 137 人次。突出安全保障强监管，落实新冠肺炎疫情和重大动物疫情疫病疫情防控“双防控”要求，做到“疫情零发生、质量安全零通报、防控零事故、通关零障碍”，保障供港澳活猪安全稳定供应；实施国门生物安全监测和安全风险监控，处置监测动物疫病阳性 4 批次；严格落实外来入侵物种口岸防控，截获植物疫情 142 种、696 种次，其中检疫性有害生物 24 种、174 种次；在邮递渠道首次查获 3 头活体昆虫长戟犀金龟；严密监管进境粮食安全，促成江门市以全省第一“优秀”等次获省政府通报表彰。突出产业特色强服务，围绕粤港澳大湾区“菜篮子”供应体系建设、乡村振兴、种业安全等中心工作，认定“广东省农产品出口示范基地”企业 24 家、“粤港澳大湾区‘菜篮子’生产基地”49 家；以“新会柑果”出口标准化种植为抓手，推动“新会陈皮”产业链条升级；帮扶阳江 7 家果园获得出境水果果园注册登记资格，时隔 10 年再次恢复出口，1,935 吨荔枝出口新加坡、马来西亚等“一带一路”沿线国家和地区；服务出口竹木草制品货值同比增长 24.91%；建成江门首个指定进境日本锦鲤隔离场。

进出境动物检疫

▲2021 年 1 月 14 日，鹤山海关检疫监管进境荷兰矮马

【推进国门生物安全风险管控】2021 年，江门海关推进实施 7 个国门生物安全监测和 3 个安全风险监控工作，检出动物疫病阳性 4 次，暂停 3 家活猪注册场供港澳。健全动植物疫情信息收集分析应用机制、动植物检疫风险排查机制、疫情和风险信息分析研判机制等 5 项工作保障机制；建立动植物疫情信息收集分析应用机制，持续开展境外动植物疫情信息监测、收集及评估工作；成立智慧动植检信息化工作组，实现动物疫情风险实时收集和研判，获总署《动植物疫情信息和检疫政策动态》采编 105 条动植物疫情信息。加强重大动物疫情防控，突出人物同防、多病共防；指导企业防疫和隔离检疫物资储备，定期开展监督检查，加强进境动物指定隔离场检疫防疫管理，按照疫病监测计划实施方案开展疫病抽样监测，实施现场检疫，严防重大动物疫情传入，首次隔离检疫进境荷兰矮马 22 匹，未发现传染病感染；实施风险研判，分析提炼高风险布控对象；构建重大动物疫病预警提示模型，实现系统预警提示。2021 年，关区无重大动物疫情传入传出。

【保障粤港澳大湾区“菜篮子”供应】2021 年，江门海关提供技术政策宣讲，与地方农业、商务部门以及澳门市政署等部门协同合作，联合举办“粤港澳大湾区‘菜篮子’工作推进会暨农产品出口企业培训班”，为江门市 200 家出口涉农企业培训解读出口活动物养殖企业注册登记等规定要求；建章立制，制发供港澳活猪、供港鸡苗检疫监管工作指引；专项监督检查供港澳活动物注册企业食用投入物情况，涵盖疫苗、药物、饲料 3 大方面 17 个检查要点。服务供港活鸡苗种业安全发展，支持养殖产业发展，结合一日龄鸡苗申请时间紧迫的特殊性，为种鸡苗供港提供“零等待”服务；扶持关区供港种鸡苗孵化基地建设，落实质量源头把关，实施高致病禽流感等常态化疫病监测。全年共检疫监管供港鸡苗 221 批 262.8 万只、货值 1,089.2 万元。保障供港澳活猪安全稳定供应，实施从注册登记、防疫消毒到出境前检疫、出境后溯源管理“全链条”监管，新增 1 家活猪养殖场；对供港澳活猪注册企业投入物开展专项监督检查。

【支持出口“台山鳗鱼”特色发展】2021 年，江门海关收集鳗鱼主要贸易国和地区技术性贸易措施动态信息，及时向鳗鱼出口企业通报最新技术性措施风险信息，与鳗鱼协会共享资源信息，共同应对国外技术贸易壁垒；强化鳗料投入、育苗养殖、活鳗出口等全链条监管，重点监控药物残留、水源安全等风险，保障鳗鱼安全出口；建立“产地海关—企业—口岸海关”三方联动机制，协调解决鲜活鳗鱼跨关区通关运输等事项。2021 年，检疫监管出口活鳗 2,365 批 4,984 吨、货值 6.35 亿元。

【推动“中国锦鲤之乡”产业发展】 2021 年，江门海关根据企业建设进境日本锦鲤隔离场意向需求，组织动物检疫专家深入隔离场开展调研，帮扶建立隔离检疫制度、质量管理和卫生防疫体系，规划隔离场所建设，对接企业进口计划，办理指定隔离检疫场使用证。指导企业完善硬软件设施建设，支持企业扩建隔离检疫场。年内检疫监管进境日本锦鲤种苗 5 批 2.22 万尾。

【推动出口水产养殖业高质量发展】 2021 年，江门海关结合疫情防控现状开展“云评审”，实施出口水生动物饲养场注册线上申请、材料审核及技术指导，5 家水生动物养殖场通过注册考核；开通鲜活农产品通关“绿色通道”，确保鲜活水生动物质量卫生安全；加强水生动物药物及饲料使用监管，以“隶属海关自查 + 动植检部门实地风险评估”方式开展动物检疫风险排查。2021 年，检疫监管供港澳活水生动物 1,398 批 3,362 吨、货值 3.1 亿元。

进出境植物检疫

【外来入侵物种口岸防控】 2021 年，江门海关成立外来入侵物种口岸防控工作领导小组，建立工作机制，组织开展交流互查，持续推进落实进境植物疫情截获和红火蚁、松材线虫等外来入侵物种防控工作。全年截获植物疫情 142 种、696 种次，其中检疫性有害生物 24 种、174 种次。开展“国门绿盾 2021”行动，在邮递渠道从日本进境的餐盒中查获 3 只活体昆虫，经送实验室鉴定为长戟犀金龟（*Dynastes hercules*），为江门口岸首次查获，被中央电视台、新华网、光明日报等多家媒体报道，相关话题微博阅读量 6,000 万次。加强进境木材检疫监管，严格进境木材报关审核、现场检疫、取样送检、结果评定和出证、检疫处理及检疫监管等工作。2021 年，对 1 批次进境辐射松原木，因截获检疫性有害生物，按规定作退回处理。

【国门生物安全监测和风险管控】 2021 年，江门海关制订年度国门生物安全监测实施方案，明确监测项目和监测频率，有序推进监测任务实施。设置检疫性实蝇监测点 230 个，监测到实蝇 9 种、17.29 万头；设置林木害虫监测点 18 个，监测到林木害虫 190 种 1,113 头；在进境粮食指定监管场地、进境粮食指定加工存放企业周边及运输沿线开展外来有害杂草监测，监测发现杂草 109 种（属）；在入境口岸采用陷阱法、踏查、人工样线调查等方法开展监测调查40次，监测有害生物18种、25次；在进口货物及集装箱存放等区域开展红火蚁监测调查，在关区4个监测点发现红火蚁。监测发现外来有害生物的，按要求采取相应处理措施。成立动植检疫情预警信息工作小组，密切跟踪收集境外重大动植物疫情流行动态，快速反映要情，江门海关编报的11条境外植物疫情信息获总署《动植物疫情信息和检疫政策动态》采编。建立多部门监管联动协调机制，严格进境粮食调运和后续监管。年内监管跨关区调运粮食718批216万吨，分别同比增长57%、40%，未发现非法调运、加工、使用进口粮食或其他弄虚作假行为。落实国家粮食安全战略，助力江门市在2020年度广东省粮食安全责任考核中获第一名。

▲2021年4月15日，开平海关关员开展国门生物安全监测

【提升安全生产风险防范与处置能力】2021年，江门海关对400余家动植检企业开展检查抽查，发现风险隐患12项并落实整改；加强联合风险研判，迅速启动应急处置机制，高效处置现场海关磷化氢、溴甲烷等熏蒸气体残留浓度超标情事。完善进出境重大动、植物疫情突发事件应急处置预案，组织开展口岸监测发现重大植物疫情应急处置桌面推演等进出境重大动植物疫情应急处置演练活动。严格检疫除害处理单位监督管理，全面清理关区检疫处理单位，依企业申请注销2019年以来未有实际开展检疫处理业务的5家检疫处理单位。制定相关工作制度，加强监督检查，压实关区现有2家检疫处理单位主体责任，组织签订质量安全承诺书，实施每季度1次以质量管控和规范落实为核心的监督检查及年度监督检查，督促问题整改；作为总署第5督查组成员，派员参加并完成4个直属海关检疫处理业务工作督查任务。提升现场实操技能，举办国门生物安全监测及安全风险监控培训班，关区动植物检疫条线业务条线骨干30人参加培训；组织190名学员参加动植物检疫岗位技能拓展深化网上专题培训、49人通过“钉钉”平台参加致死粒线虫检测技术网上培训。

【服务乡村振兴】2021年，江门海关收集进口国的检疫检测动态和最新政策信息，成立帮扶小组，开展“暖心助农”行动，新增、延续出口果园、包装厂注册资质12家；帮扶出口意向荔枝果农解决政策和技术难题，推动“新会柑果”出口标准化种植基地建设，促进产业供给侧标准化升级，助推阳江荔枝时隔10年再次恢复出口，1,935吨荔枝出口新加坡、马来西亚等“一带一路”沿线国家和地区。引导革命老区富贵竹、竹木草藤制品“质量升级、工艺升级、品牌升级”，加大企业技术扶持力度，从生产加工管理、出口前检疫处理等关键环节提供配套服务，持续推动产业扶贫，扩大出口，带动当地农户致富增收，吸引劳动力就业超万人。收集研究南非检疫准入政策，推动富贵竹出口南非。关区出口竹木草制品2.8万批次，货值40.41亿元，同比增长24.91%，出口富贵竹793万株，货值1,942.3万元，同比增长14.52%。

基础保障和治理能力建设

【编制“十四五”期间动植物检疫工作实施方案】2021年，江门海关对接落实“十四五”海关发展规划以及2020—2025年海关动植物检疫发展规划实施方案的有关要求，立足实际，研究编制江门海关“十四五”期间动植物检疫工作实施方案，以“突出重点，统筹推进；安全为本，筑牢底线；强化监管，优化服务；务实创新，协同共治”为原则，确定“十四五”期间工作目标为“动植物疫情监测与预警更加精准、动植物检疫风险评估更加科学、动植物检疫监管更加严密高效、动植物检疫规章制度更加完善、动植物检疫专业技术支撑更加扎实有力、动植物检疫多元共治防控合作更加紧密有效”，在建立完善疫情监测预警体系、风险评估体系、检疫检查体系、技术支撑体系和多元共治体系等方面，明确“十四五”期间重点任务分工。

【国门生物安全宣传教育】2021年，江门海关推动宣传教育平台和机制联合共建。4月9日，走进江门海关扶贫点—台山市广海镇山背村振华小学，开展“国门生物安全进校园”宣讲活动，通过现场互问互答和标本展示等环节，科普动植物疫情疫病和外来入侵物种传入的危害；4月14日，与江门市农业农村局合作，首次以新媒体直播形式，举办“4·15全民国家安全教育日暨《生物安全法》实施国门生物安全知识科普讲座”活动，1,800人进入直播间观看直播；在新会陈皮古道广场，举办“外来有害生物入侵及保护国门生物安全”图片展，通过宣传展板、LED显示屏等，面向外地游客及现场群众，宣传国门生物安全知识；4月15日，联合地方政府举办关、地、企三方国门生物安全宣传及生物安全法普法活动。

【专业岗位技术能力提升与资质管理】2021年，江门海关组织专业技术类公务员基层跟班学习，围绕一线查验岗位的作业体验和实操技能提升，开展进境寄递渠道外来物种查验监管作业交流和技能交叉培训互学。针对工作中疑难专业技术问题，推动专业技术类公务员专业学科研究和技术攻关，撰写论文5篇，其中《全球新发人畜共患病流行态势及海关监管防控建议》论文获中国海关学会广州分会三等奖。举办国门生物安全监测及安全风险监控培训班、动植物检疫岗位技能拓展深化网上专题培训2期。邀请广州海关技术中心5名专家博士，围绕关区进境粮食检疫监管、有害生物检出以及转基因检测能力等，开展技术交流。在对获得动植检岗位资质人员资质实行动态管理基础上，根据总署关于推进动植物检疫岗位资质教学工作的统一部署要求，开展本年度动植检岗位资质推荐、培训、实操培训考核及认定、报备工作，完成总署“钉钉”平台培训及考核。

【口岸检疫查验能力提升专项建设】 2021年，江门海关落实专项预算资金，协调推动相关政府采购项目落实，购置升级口岸现场查验执法装备、动植物检疫鉴定检测设备、无害化处理设施23台（套），推动智能查验、抽采样、检疫处理以及有害生物智能鉴别等先进技术和装备的推广应用。开展动植检能力提升工程专项调研督查，摸排解决设备管理存在问题。

（撰稿人：邓皓中　尼桂祯　罗千兵）

进出口食品安全监管与商品检验

概况

2021年，江门海关坚持以习近平总书记对食品安全工作提出“四个最严”要求为根本遵循，坚守食品安全底线，充分发挥江门海关进出口食品安全领导小组统筹协调作用，宣传落实《进出口食品安全管理办法》和《进口食品境外生产企业注册管理规定》，强化专业人才培养和梯队建设，开展进口食品“国门守护”行动，严格准入审查与口岸监管，全年检出进口不合格食品6批，拦截不予准入食品9批。加强供港澳食品安全监管，全力保障供港澳食品安全稳定供应。截至年底，检验检疫进出境食品化妆品3,5449批、99.43亿元，同比分别增长13.41%、4.72%。

进出口商品检验工作坚持以习近平新时代中国特色社会主义思想为指导，深入贯彻党的十九大及十九届历次全会精神，认真落实习近平总书记系列重要讲话、重要指示批示精神，坚持以人民为中心的发展思想，守牢进出口商品国门安全。2021年，江门海关检验进出口商品18,735批，261.88亿元，同比分别增长35.82%、109.69%，检出不合格52批，合格率为99.72%。落实生态文明建设总要求，助力打好打赢污染防治攻坚战，严厉打击“洋垃圾”入境，强化风险分析与标准执行，对部分进口矿产品、再生金属等高风险货物实施口岸固体废物排查，在口岸查获4批固体废物冒充再生金属进口，坚决拒止固体废物进境，对4批货物依法实施退运处理。推进安全生产专项整治三年行动，严格进出口危险化学品、危险货物及其包装检验，完善条块结合的责任落实机制，推动专业执法力量下沉一线，组织抽查检验督促出口危险包装生产企业加强质量控制，层层压紧压实进出口危险化学品安全责任，检出进出口危险化学品不合格批次大幅增长。加强检验检测机构事中事后监管，推动检验鉴定机构改革落地实施，取消进出口商品检验鉴定机构行政审批事项，规范检验检测机构检测行为，对3家检验检测机构实施监督管理，督促2项问题整改落实到位。推进“放管服”改革，落实进口铁矿“先验放后检测”、重量鉴定依企业申请实施等改革措施，检验通关效率大幅提升。

进出口食品安全监管

【组织新办法新规范落地实施】2021年，江门海关做好《进出口食品安全管理办法》和《进口食品境外生产企业注册管理规定》学习宣贯，对江门海关进出口食品监管相关人员开展培训。开展“公职律师说法”，邀请公职律师从执行层面对两部规章进行重点解读，指导一线监管人员防范执法风险。举办12场企业座谈会，172名企业人员和13名地方政府部门人员参会，进企业宣传27次，印发宣传小册子及海报1,135份。

【加强专业人员队伍建设】2021年，江门海关开展进出口食品安全业务分类培训，加强实操培训，提升培训质效。组织落实涉及进出口食品安全的动植物检疫签证官、加工食品签证官的培训、考核和资质认定工作，实现具备进出口食品安全监管相关资质人员逐年提升，现有加工食品签证官32人，签证兽医官30人，签证植物检疫官29人，专业执法力量不断壮大。积极推荐业务专家参与总署工作，建立人才梯队，提升队伍专业能力和专业化水平。

【进出口食品安全风险信息收集】2021年，江门海关组织专班，持续跟踪、收集和研判关区主要进出口食品及相关国家（地区）疫情管控措施和技术性贸易措施，强化信息成果转化与应用，不断提升信息应用成效，定期为关区企业提供境外通关政策信息，指导企业应对国外最新标准要求，帮助企业提升自检自控水平，全年分析收集信息569条。

【开展“食品安全宣传周”活动】2021年，江门海关围绕主题多形式开展宣传活动，普及进出口食品安全知识，展示进口食品安全监管工作成效，制作宣传展板60个，派发宣传小册子3,000份，接受群众咨询996人次。通过电话、微信、网络视频会议平台开展“线上”宣讲，组织开展“食品安全口岸行”活动，面对面向21家口岸食品生产经营单位宣传口岸食品安全知识。利用新媒体加大宣传力度，制作3篇微信稿向社会群众和企业普及法律知识及办事流程。

【开展进口食品“国门守护”行动】2021年，江门海关强化监管，坚守进口食品安全底线，将不符合准入要求的食品拦截在国门之外。落实境外输华食品准入制度，加强对进口食品随附证书的审核把关。采用线上线下联合监控，紧盯进口水产品、坚果、植物性调料等重点进口食品输入安全风险，及时组织专业技术小组研判，将不符合准入要求食品拦截在国门之外，拦截不符合准入要求的食品9批。

【严格监督抽检和风险监测】2021年，江门海关抽样检验进口食品134批次、检测1,179项次，检出进口食品不合格6批次，分别为 4 批开心果检出霉菌超标、2 批干扇贝检出磷酸及磷酸盐超标；抽样检验进口化妆品 9 批次、检测 200 项次，未检出不合格。完成出口食品抽样检验 1,135 批次、检测 6,469 项次，检出不合格 5 批次，分别为 2 批鲜牛奶检出菌落总数超标、1 批西式蛋糕检出大肠菌群超标、1 批莲子干检出黄曲霉毒素超标、1 批杏仁饼检出黄曲霉毒素超标；出口化妆品抽样检验 35 批次、检测 386 项次，未检出不合格。在风险监测方面，完成出口动物源性食品风险监测 456 批次、检测 1,622 项次，发现 11 例风险隐患，按要求通报地方农业农村局，监督企业暂停收购相关原料加工和出口相关产品，督促和指导企业全面排查整改。开展供港蔬菜专项检查，完成抽样 8 批次、检测 1,725 项次，未检出不合格。

【加强供港澳食品检验监管】2021 年，江门海关加大出口食品源头管理力度，开展供港澳易腐食品专项监测，重点对微生物、农药残留、重金属污染等项目进行监测，保障食品安全稳定供应港澳市场。落实供港冰鲜禽肉检验检疫要求，加强高致病性禽流感疫情防控，完成禽流感检测近 4 万份。全程指导禽肉出口企业加强原料管控与毛禽加工过程管理，实现江门关区冷冻鹧鸪供应香港市场“零”的突破；监管供港澳冰鲜禽 6.98 亿元，同比增长 14.42%，供港海捕水产品 8.18 亿元，占香港市场份额超过 80%。

进出口商品检验

【风险预警监管体系建设】2021 年，江门海关深化落实《国务院关于完善进出口商品质量安全风险预警和快速反应监管体系切实保护消费者权益的意见》，探索风险评估中心和风险监测点合作共赢机制，进一步加强与兄弟海关以及检验检测机构、大型企业的信息交换、成果共享。与人民网开展第三方风险信息公共服务合作，监测全球摩托车、五金刀剪和印刷品等各类风险信息，实现质量安全风险前置拦截。牵头成功推动江门、阳江两市政府落实《国务院关于完善进出口商品质量安全风险预警和快速反应监管体系切实保护消费者权益的意见》配套机制，推动地方相关机构与海关共享信息，共同提升进出口商品质量安全风险治理能力。联合海关系统外分析机构开展监测分析，研究制订工作计划，强化工作质量监督考核及培训指导，落实风险监测信息化要求，夯实风险分析基础。

【进口大宗矿产品检验】2021 年，江门海关依法对进口煤炭实施法定检验，在口岸严格实施放射性检测，对灰分、硫分、发热量和有毒有害元素等指标实施质量监测，严格保障进口煤炭质量安全。优化煤炭抽采样、送检检测等检验流程，大幅压缩检验时长。加强进口铁矿口岸检验，排查固体废物风险，严防境外固体废物冒充铁矿入境。持续落实总署“先验放后检测”、重量鉴定依企业申请实施等改革措施，进口铁矿检验时长明显缩短，企业堆存、物流费大幅减少，为稳定企业进口通关预期提供了坚实保障。

▲2021 年 5 月 20 日，阳江海关关员对进口印度铁矿砂实施现场查检监管

【危险货物及其包装检验】2021 年，江门海关落实进口危险化学品检验模式调整，完善工作指引和进口危险化学品检验流程，推进规范执法。严厉打击进口危险化学品伪瞒报，对进口疑似危险化学品反复印证安全数据单、公示标签与货物外观，查获 1 起快递渠道邮寄危化品情事。开展出口危险货物包装性能抽查检验“筑篱行动”，综合运用不定期抽查与周期性检验等手段，管控企业出口危险货物包装质量波动，对检出不合格的 4 家包装生产企业实施降级管理，督促企业强化包装供货质量管理，加强自检自控，落实危化品安全主体责任。围绕商品检验“一专多能”的人才培养要求，建成实操培训点。组织开展岗位练兵和技能比武，获全国海关优秀组织奖。全年实施产地检验的出口危险化学品 3,502 批、10.80 万吨；出口危险货物包装性能检验 614 批、使用鉴定 5,900 批。检出出口不合格危险化学品 31 批、422.41 吨、128.4 万美元。检出不合格项目包括包装破损导致货物泄露、包装不适载、危险信息公示标签不符合标准要求等。

【进出口重点商品检验】2021 年，江门海关严格落实进口固体废物“清零”要求，严格口岸把关，实施进口固体废物属性鉴别 5 批，最终鉴定确认为固体废物的 4 批，均依法退运出境。落实推动再生金属产业高质量发展要求，按照国家强制性规范要求在口岸对进口再生金属实施检验，检出不合格再生金属 237 吨，对不合格产品依法实施退运。严格开展进口棉花重量鉴定和品质检验，依法向进口棉企出具重量证书和品质证书，棉企依据证书向国外供货商完成国际结算，对外挽回损失近 100 万元。检验进口旧机电产品 111 批，严格按照新版审单规则和作业要求开展进口旧机电产品检验，根据进口许可制度民用商品入境验证管理规定加强旧机电产品入境验证，检出不合格 6 批，不合格情况包括：产品表面残留有油污、粉尘，无中文安全标识、警告标志及操作指示等，依法监督企业进行技术整改。严格落实医用口罩、医用防护服、呼吸机等出口医疗物资法定检验，加强出口非医用口罩布控检验，保障我国出口医疗物资质量安全。

【进出口商品抽查检验】2021 年，江门海关加强对洗碗机、塑料食品接触产品等与消费者生命健康安全相关的进出口商品实施抽查，完成抽查检验18 批，检出不合格商品 5 批，不合格率 27.78%，对不合格产品依法监督企业进行技术整改或不予出口。

（撰稿人：王建中　丰　威　陈小刚　林海山　黄耿龙　魏　伟）

口岸监管

概况

2021年，江门海关按照总署党委工作要求，贯彻落实总体国家安全观，统筹发展和安全，坚持系统观念，以强化监管优化服务、同步提升口岸监管能力为目标，以深化口岸安全监管为主线，以精准监管、智慧监管、链条监管为抓手，积极构建安全有序、运行规范、高效协作的口岸监管格局。口岸疫情防控紧抓不懈，检疫进出境船舶5,805艘次、出入境船员4.99万人次。建立常态化职能督导和监督检查通报机制，严格开展进口高风险非冷链集装箱货物检测和预防性消毒监督。把政治安全放在首要位置，严密正面监管把好国门，持续提升智慧监管效能，深入开展安全生产整治集中攻坚。夯实巩固口岸监管工作基础，加强监管装备设备规范化管理、智能化应用，加强重点监管领域设备配置。成立支持外贸高质量发展工作专班，支持珠西物流中心建设、探索与周边口岸组建“组合港”、加快跨境电商综合试验区建设、研究建设大宗商品监管中心。江门海关全年监管进出口货运量1,931.79万吨，其中，进口货运量1,513.45万吨，出口货运量418.34万吨；监管运输工具8,565艘次。

运输工具监管

【建成智慧物流监管平台】江门海关智慧物流监管平台是经总署立项许可开发建设的智慧物流监管系统，系统综合运用大数据、物联网、人工智能等多种信息化手段，通过与监管作业场所作业系统、监管设备、海关业务系统等联网，将海关监管物流信息要素嵌入码头作业流程，创新打造智能泊位、智能追踪、智能分流、智能卡口、智能查验、智能堆存等8个功能模块，可对接海关监管业务系统、企业生产作业系统、关港信息交互系统等系统及现场监管设备数据，自动与相关数据进行比对、分析，实现现场实际物流与海关作业系统数据的有机结合。该平台自5月1日在江门高新港试运行以来，年内监控船舶436艘、车辆24.17万次、集装箱1.54万个，提供预警信息878次、分流信息12

万次。

【深化智能审图应用】2021年，江门海关落实常态化智能审图有效识别商品评审工作机制，完善典型图像收集机制、异常图像研判机制，建立13个商品的典型图像，向总署报送智能审图系统重点学习商品12个，组织口岸现场实操演练，开展智能审图应用技能培训，邀请设备供应方技术专家进行系统讲解。

【进口货物“船边直提”和出口货物“抵港直装”试点工作】2021年，江门海关成立进口货物“船边直提”和出口货物“抵港直装”试点工作专班，制订工作方案，明确试点单位、试点步骤和试点要求。根据江门关区码头基础设施建设情况，选取江门高新港和高沙国际货柜码头港口开展试点工作。

货物监管

【禁止“洋垃圾”进境】2021年，江门海关强化正面监管，落实口岸监管环节严厉打击“洋垃圾”走私进境工作，查获国家禁止进口固体废物4批次、100.82吨，全部依法退运出境。

【口岸监管环节检查作业】2021年，江门海关完善“智审辅助+人工决策”作业模式，口岸监管环节累计实施检查作业报关单3,354票，机检集装箱2.63万个自然箱。查获集装箱内夹藏米粉、黄铜砂和挂钩等案件3宗。开展查验作业执法监督，实现口岸现场查验监督全覆盖。开展暂时进出境货物管理系统试点推广应用工作，推动通关环节单证无纸化。

【落实便利惠企措施】2021年，江门海关向994家企业宣讲疫情期间货主免于到场协助海关查验的便利措施，企业可通过“互联网+海关”和“单一窗口”平台线上提交免于到场协助查验申请；推广“单一窗口”海关查验信息推送功能模块应用，实现江门关区水运监管现场“单一窗口”海关查验信息推送功能全覆盖，发送查验信息和调箱信息3,250条。2021年，经查验没有问题的集装箱3,608箱次，协助地方免除查验没有问题外贸企业吊装移位仓储费，惠及1,842家企业。

物品监管

【严把政治安全关】2021年，江门海关坚持把政治安全放在首要位置，严格落实意识形态工作责任制，召开5次专题工作会议推进部署工作，查获不符合“一个中国原则”的标签1.35万个、“问题地球仪”及违禁印刷品及音像制品等244件。

【进出境快件邮件监管】2021年，江门海关严格进出口贸易禁限管理，查发液氮冷冻液、注射针剂等物品；制订江门关区快件监管业务操作指引，优化快件集中审核改革模式，形成管控闭环模式。完善毒品走私风险联合研判制度，加强与地方公安部门协同，在寄递渠道查获冰毒、大麻烟油、大麻花等3,888克。

【打击治理跨境赌博和电信网络诈骗

工作】2021 年，江门海关强化进出境货运、寄递、运输工具等渠道管控，持续加大打击治理力度，在寄递渠道查获银行密码器 2 个，电信网络诈骗用品电话卡 100 张。

【支持江门跨境电商综合试验区建设】2021 年，江门海关成立加快跨境电商综合试验区建设专班小组，5 次向江门市政府发函提出工作建议；召开 2 次新闻发布会，主动走访跨境电商企业进行“一对一”政策辅导，为 30 家有意开展跨境电商业务的本地企业及时办理登记备案手续；制订跨境电子商务监管操作指引，优化跨境电商、集中审核改革模式，探索开展跨境贸易电子商务（监管方式 9610）水陆联运出口转关模式；加强新备案跨境电商企业验核工作，面向电商企业、场所经营企业开展政策宣讲 9 次，引导企业守法自律；指导企业应对疫情影响下海运船期不稳定等因素，开展跨境电商水陆联运出口转关业务；推动跨境电商 B2B 等新业态发展。7 月 26 日，江门关区首票跨境电商 B2B 直接出口（监管方式 9710）业务顺利通关；8 月 17 日，江门关区首票跨境电商水陆联运出口转关业务顺利通关；11 月 2 日，江门关区首票跨境电商出口海外仓（监管方式 9810）业务顺利通关。

场所场地监管

【规范监管作业场所（场地）管理】2021 年，江门海关指导江门高新港、新会港、台山公益港完成 B 类原木指定监管场地验收工作，办理广东省江门市高沙国际货柜码头进境水果指定监管场地、广东省江门市新会进口肉类指定监管场地注销手续。江门海关监管作业场所（场地）21 个，其中，18 个监管作业场所（包括水路运输类 12 个、公路运输类 1 个、铁路运输类 1 个、快递类 4 个）、3 个集中作业场地（旅客通关类 2 个、邮件类 1 个）。

【口岸业务运行监控指挥工作】2021 年，江门海关充分发挥二级监控指挥中心直接掌控、指挥、监督口岸监管业务现场的中枢作用，建立每日监督检查通报机制，开展业务运行监控、作业质量管控、规定落实检查等监控任务。依托二级监控指挥中心组建口岸疫情防控和安全防护工作监控专班，对 2,816 个作业单元实施监控检查，制作《疫情防控措施易错注意事项》课件，组织 6 次专题培训。

【支持中欧班列发展和珠西物流中心建设】2021 年，江门海关成立支持珠西物流中心建设发展专班小组，加强与地方政府联系沟通，与场所运营企业开展“一对一”精准帮扶，指导、服务企业 151 家次；专班小组就中欧班列海关监管与服务、多式联运、舱单管理、报关模式等进行政策宣讲，助力企业开拓中欧班列沿线国家地区贸易；促成中欧班列广州大朗站经营方与鹤山市珠西物流中心管委会达成合作意向；派员提前介入铁路场所网络、视频监控、信息化配套建设，在保障场所符合验收标准前提下，最大限度压缩建设周期，12 月 6 日，江门北站海关监管作业场所正式设立，是江门市首家铁路类监管作业场所；支持企业通过中欧班列开展出口业务，货值 17.03 亿元，同比增长 60%。

▲**2021 年 2 月 24 日，江门海关在珠西物流中心开展调研**

【支持大宗商品监管中心建设】2021 年，江门海关成立研究建设大宗商品监管中心专班小组，举办关区木材（红木）商品知识及查验技能培训班，组织开展实地调研、政策宣讲 4 次，举办大宗商品监管中心项目推进会，指导企业首次进口 221.7 吨安哥拉紫檀，监管 1.02 万吨原木、4.66 万吨木薯干进口。

口岸安全监管

【口岸监管环节反恐工作】2021 年，江门海关认真贯彻落实习近平总书记重要指示批示精神，深入推进打击整治枪支爆炸物品违法犯罪专项行动相关工作要求，严格履行口岸执法把关职责，切实防范枪支爆炸物品走私进境。充分发挥 H986、CT 机、货运 X 光机等监管设备作用，加强对进境货物、寄递物品、行李物品口岸查验，提高智能审图应用效能，充分利用固定式核辐射设备、便携式核辐射设备和生化有害因子检测仪，对入境货物、寄递物品、行李物品、人员进行核辐射监测。全年，组织口岸监管环节反恐专项培训 2 次、演练 21 次。

【安全生产工作】2021 年 4 月 9 日，江门海关成立安全生产工作领导小组，并负责安全生产专项整治三年行动工作领导小组的工作职责。制订年度安全生产工作要点和相关专项行动方案，对照各领域安全生产专项整治重点任务和突出问题隐患，制订安全生产责任制考核实施方案等制度措施、工作指引 26 份。开展安全生产专项整治三年行动、“奋战 60 天，全力保平安”专项行动以及“安全生产月”“安全生产万里行、五邑行”等活动。组织开展专项检查 5 次，加强与地方政府、应急管理、交通运输等有关部门联系配合，针对检查发现的安全风险隐患和问题，向当地主管部门发函通报 11 次，积极配合相关部门开展安全生产检查、应急处置。组织学习宣传贯彻《中华人民共和国安全生产法》（以下简称《安全生产法》），年内江门海关两级党委学习《安全生产法》23 场次，创新开展“关员 +

企业”内外结合的“双维普法”，制作并向企业发放安全生产法律法规口袋书，以“100个电话”精准普法形式对接关区85家进出口危化品企业，开展《安全生产法》普法35场次。年内，12家媒体平台报道江门海关安全生产工作情况、取得成效和经验做法。

（撰稿人：叶其械　钟文辉
袁庚申　阚光金）

政策研究和统计

概况

2021年，江门海关坚决贯彻习近平总书记关于调查研究和统计工作的重要讲话和重要指示批示精神，全面贯彻落实全国海关工作会议、海关全面从严治党工作会议，按照总署领导“快速、广泛、深入”做好统计研究工作的要求，聚焦国际国内宏观经济和外贸形势变化，夯实统计工作基础，创新分析研究机制，提升服务中央宏观决策能力，推动海关改革发展。不断加强政策研究工作，牵头跨境贸易便利化和海关知识产权保护2个署级课题，参与国家粮食安全等署级课题5个，实现江门海关牵头署级课题零的突破；研究制订《江门海关对接落实〈“十四五”海关发展规划〉实施方案》，保障国家“十四五”及海关“十四五”发展规划的各项任务顺利实施；统计分析精准有力，密切关注国内外经济走势，充分发挥海关统计数据优势，找准工作切入点，深入开展外贸进出口数据分析，撰写分析报告，提出工作建议，获国务院办公厅采用6篇次、总署办公厅采用16篇次；统计基础工作不断夯实，出口先导指数调查每月填报率和及时率均保持100%，贸易统计连续15年“零差错”；数据安全管理安全有效，扎实推动《中华人民共和国数据安全法》（以下简称《数据安全法》）学习宣传贯彻工作，完善江门海关的业务数据安全管理体系，保持数据管理工作“零事故”。

政策研究

【江门海关政策研究及统计工作会议】 2021年3月19日，江门海关以视频会议形式组织召开年度政策研究及统计工作会议，会议的主题是以习近平新时代中国特色社会主义思想为指导，深入贯彻党的十九大、十九届历次全会和中央经济工作会议精神，认真落实全国海关工作会议和全国海关全面从严治党工作会议部署，坚持系统观念，统筹安排年度江门海关政策研究与统计工作，全力服务党中央决策，服务改革开放大局，服务海关事业发展。副关长、党委委员钟就华出席会议并发言，8个隶属海关做业务交流发言。会议充分肯定2019年以来江门海关政策研究与统计工作取得的成绩，分析了新发展阶段面临的任务要求，对做好全年工作进行了安排，指出重点要在强化政策研究的组织领导、提升数据分析研究能力、落实海关统计现代化改革、加强海关业务数据安全与管理方面下功夫，以更加主动的担当、更加有力的举措、更加扎实的行动推动政策研究与统计工作取得新的更大成效。

【发挥政策研究职能】2021年，江门海关统筹整合政策研究资源，由江门海关党委书记、关长詹少彤牵头，组织署级研究课题2个，参与国家粮食安全等署级课题5个，实现江门海关牵头署级课题零的突破。其中，跨境贸易便利化课题获得《海关政研》新发展理念专题作为首刊采用。

【编制《江门海关对接落实〈“十四五”海关发展规划〉实施方案》】2020年7月，总署党委启动“十四五”海关发展规划研究工作。江门海关党委指示并指导推动规划研究扎实开展，成立江门海关“十四五”海关发展规划编制研究工作领导小组，组织开展规划编制的前瞻性研究。领导小组组织全关干部职工参加总署“我为海关献一策”活动，共提出建议73条，6条建议被总署采纳。经3次研讨、5次修改后形成13,000字的《江门海关对接落实〈“十四五”海关发展规划〉实施方案》。6月，总署印发《“十四五”海关发展规划》（以下简称《发展规划》）。江门海关从对接和实施两个维度，研究制订江门海关“十四五”发展规划的对接方案和落实措施，收集整理署领导讲话、总署各业务条线的规划、地方发展规划等资料，加强与统计司沟通协调，深入江门海关20余个单位部门摸清职能部门和业务现场的诉求；4次到江门、阳江两市的市委政研室、商务局、统计局等部门进行调研，充分考虑区域发展需求，体现区域特色；先后3次征求江门海关各单位部门意见，针对重点任务加强与承办部门沟通，同时紧密结合江门海关“三定”规定和工作实际，确认职责分工。

【实现政策措施的动态储备】2021年，江门海关围绕建设社会主义现代化海关，聚焦海关改革发展面临的重点、难点问题，强化基础性、实用性研究，为海关改革发展提出新思路新举措。全年完成司局级课题3个，关级课题27个，部门级课题44个。

【推进海关智库建设】2021年，江门海关统筹谋划，在参与课题研究成员撰写的课题中挑选精品，推荐在相关内部刊物刊发，提升成员的获得感，《我国跨境贸易便利化现状及对策研究》《关于提高基层海关党建质量的若干思考》《世界贸易组织改革研究》3篇被采用。初步开展探索建立江门海关的政策研究智库，全年参与课题研究人员数量超100人。

统计分析

【落实统计分析“快广深”新要求】2021年，江门海关围绕贯彻落实党中央、国务院决策部署，参与总署专项研究工作，参与撰写宏观材料7篇次。派员参与贸易问题研究8期。撰写各类监测分析文章124篇，获国务院办公厅采用6篇次、总署办公厅采用16篇次、广东省政府采用9篇次。

【调研外贸发展和特色产业情况】2021年，江门海关结合贯彻落实“中央一号”文件精神、中央农村工作会议精神，助推辖区企业养殖鳗鱼出口，开展调查研究，形成调研报告《广东鳗鱼养殖规模居全国之首 产业高质量可持续发展面临挑战》；贯彻落实习近平主席在中国—中东欧国家领导人峰会上重要讲话精神，对江门市与中东欧贸易情况进行分析，形成分析文章《2020年江门市对中东欧国家贸易情况简析》。围绕碳达峰碳中和背景下新能源锂电池产业的发展趋势，撰写4篇关于我国锂动力电池产业发展的分析报告，定期向地方通报产业发展的最新信息。

统计调查

【海关统计专项调查和专题调研工作】2021年，总署开展的海关统计专项调查项目有3项，分别为中国外贸出口先导指数调查、进口货物使用去向调查、跨境电商统计试点调查。2021年，江门海关参与以上三项调查样本企业共53家次，调查问卷填报率和及时率均保持100%。10月，根据总署统计分析司工作要求，联系主要外贸出口企业、地方商务部门和货代公司就辖区内海运集装箱运力运价情况开展调研，了解江门海关港口班轮主要航线的海运运费变动情况、运力紧张运费上涨的主要原因，分析海运运费上涨对外贸带来的影响，提出应对措施建议。

【制度方法建言献策】2021年，江门海关向总署统计分析司报送统计调查调研报告5篇，获编发采用5篇；为统计指标、口径及其统计方法提意见和建议，获采用28条。

贸易统计

【统计基础数据审核情况】2021年，江门海关执行各项统计数据质量管控工作规定，以海关贸易统计系统（TSD系统）、报关单数据质量检控分析系统（CSD系统）和海关统计日报系统为抓手，开展基础数据审核，落实统计监督职责要求，保障进出口统计数据质量，全年审核报关单记录条数194万条，更正错误记录774条，通过数据审核立案21起，行政处罚20起，案值4,217万元，其中统计处罚17起，案值3,865万元。贸易统计数据保持15年“零差错”。

【参与总署数据质量控制中心工作】2021年，江门海关2人入选统计司成立的全国海关统计数据质量控制中心，参加总署统计分析司开展的2020年贸易统计数据年审线上集中工作，参与审核中心具体工作，审核参数87条，提出参数维护建议13条。

【不实贸易管控情况】2021年，江门海关各单位部门间加强联系配合，共同处置涉嫌不实贸易线索。对江门海关辖区一家出口贵金属制品企业下达稽查指令，对三家在江门海关短期出口值突增异地企业联系属地海关进行核查，对一家异地企业下达风险布控指令进行现场查验。

【发挥统计监督效能】2021年，江门海关开展对隶属海关统计数据审核指导，对数据审核中发现新问题、典型问题及时编发统计监督信息，提示隶属海关关注，编发统计监督6期。

业务统计

【业务统计数据质量管控情况】2021年，江门海关落实总署关于维护海关统计数据真实准确的工作要求，执行统计数据月审核机制。全年审核业务统计数据约13.5万条，纠正差错的业务数据25条，更正自采指标差错46个，编制统计监督，提请关注业务统计数据审核中的常见错误，运输工具船舶数据正确填报要求，保障海关统计数据的真实性、准确性、完整性和及时性。

【参与总署专项工作】2021年，江门海关参与总署业务指标新体系建设、业务运行异动情况监测、中欧班列运行情况分

▲2021年6月，江门海关开展业务统计数据质量管控工作

析、总署运力运价课题研究等项目，参加总署集中工作16次，协助开展货运量专题、中欧班列专题研究，部分成果得以向国务院报送；参与编写《业务统计工作研究快报》等报告9篇次。

【开展海关业务统计数据应用】2021年，江门海关开展海关贸易数据和业务数据融合分析，每月整理江门、阳江两市的贸易统计数据和江门海关业务统计数据以及对业务动态进行分析，编写12期分析资料作为江门海关月度形势分析例会的主要材料，开展“十三五”期间江门海关业务分析，为海关管理和改革发展决策服务。

数据管理

【业务数据安全与管理工作】2021年，江门海关规范海关业务数据应用系统（项目）数据使用安全，根据总署关于海关业务数据应用系统（项目）数据安全规范指引，对关级业务数据应用系统（项目）的开发应用进行规范，包括开发建设前置审

核、优化完善安全管理模块、整理数据资源清单并进行分类分级、梳理数据资产、编制业务指标目录、配套数据安全管理制度等，整体提升关级业务数据应用系统（项目）安全管理水平，保持数据管理工作“零事故”。

【学习宣传贯彻《数据安全法》】2021年，江门海关召开学习宣传贯彻《数据安全法》专题关长办公会。会议组织学习《数据安全法》，通报江门海关学习宣传贯彻《数据安全法》实施方案。各单位部门通过对照《数据安全法》进行涉数业务文件清理、应用系统账号清理等措施，落实海关业务数据日常安全保护。举办统计基础业务培训班，就业务数据安全作专题讲解，重申业务数据安全管理相关概念及要求，开展业务数据安全教育，防范各类数据安全风险。

统计服务

【为地方促外贸稳增长工作提供决策辅助】2021年，江门海关联系地方商务部门，解答外贸数据问题；每月在江门海关门户网站、地方政务大数据平台维护统计数据资料，方便社会公众查询。指导社会公众使用总署门户网站贸易统计数据在线查询功能获取海关统计数据，根据社会公众申请提供统计数据服务。

【动态监测地方外贸】2021年，江门海关对江门、阳江两市“十三五”外贸发展工作进行总结分析，为“十四五”时期江门、阳江两市外贸实现高质量发展献言献策，“加快发展中欧班列集拼中心、充分利用大广海湾保税物流中心（B型）助力江门市外贸高质量发展”两条建议被评为江门市一等奖。定期向江门市、阳江市通报地方外贸发展情况，提出推动锂电池正极材料产业加快发展、推动中欧班列落地等促进外贸稳中提质的建议；密切联系地方政府，前往两市的市委政研室、商务局、统计局开展调研14次，了解地方外贸发展动态；前往摩托车、竹藤草制品、五金刀剪制品出口企业开展实地调研，了解双循环格局下外贸企业发展状况；向地方党政部门报送外贸进出口专题分析文章17篇，新闻稿件被新浪、搜狐、《广州日报》、《江门日报》等媒体刊载。

（撰稿人：苏彩华　陈锡亮　陈　野
范海燕　林锦朗　赵淑华）

企业管理和稽查

概况

2021年，江门海关按照总署党委工作要求，持续深化“放管服”改革，落实海关报关单位全面实现备案管理，规范海关报关单位注销工作，落实海关企业信用管理制度改革，构建以信用管理为基础的新型监管模式；落实新冠肺炎疫情防控期间免收加工贸易担保措施，完成出口监管仓库“入仓退税”资格年审，支持保税物流高质量发展，深化保税监管业务一体化改革，大力推广企业集团加工贸易监管模式和边角废料内销网上公开拍卖共管机制；打击“洋垃圾”走私，开展对进口固体废物企业和进口再生金属企业专项稽查行动，打击伪报瞒报等走私违规行为，规范固体废物行业。完善企业主动披露制度，推进海关稽查工作机制改革，深入推进“多查合一”改革，实施核查领域跨部门联合抽查工作；开展属地查检资源摸底，健全关区属地查检工作运行机制，做好进口目的地指令执行监控，严肃危险品属地查检外勤执法工作。

截至2021年12月31日，江门关区备案企业8,205家。2021年，江门关区高级认证企业增加10家，共42家；实际运作加工贸易企业295家，加工贸易企业进出口464.65亿元，同比增长22.91%，保税物流进出口10.71亿元，同比增长21.84%；办结稽查作业211起，查发问题作业121起，稽查作业有效率为57.30%；办结核查作业946起，查发问题作业545起，作业查发率为57.61%；属地查检进口检验检疫申报1.31万批，出口检验检疫申报批7.41万批。

企业管理

【企业备案】截至2021年12月31日，江门关区通用资质备案企业7,773家，同比增加15.5%，其中进出口货物收发货人及分支机构7,539家，报关企业及分支机构60家，其他经营类别174家；特定资质备案企业432家，其中出口食品生产备案企业223家；其他特定资质备案企业

209家。

【报关单位全面实施备案管理】2021年，江门海关及时修订海关相关的行政审批事项服务指南，做好配套政策宣传工作，明确备案办理方式和流程，确保《中华人民共和国海关法（2021年修订）》自4月29日公布之日起，在江门关区内全面实施报关单位备案管理工作。

【海关报关单位注销工作】2021年，江门海关通过“注销便利化”途径注销企业2家；通过“单一窗口”“互联网+海关”途径注销企业71家；通过主动联系地方市场监管部门，对其提供的2.67万家已在市场监管部门注销或吊销的企业与海关报关单位注册登记名录有效企业进行比对，主动注销51家。

【推荐肉类企业对港澳注册】2021年，江门海关选派3名专家加入总署对外推荐企业注册专家团队，协助总署企业管理和稽查司完成涉及17个直属海关56家冰鲜猪肉、冰鲜牛羊肉、冰鲜冷冰禽肉对香港注册企业信息整理及分析工作；完成涉及15个直属海关97家冰鲜猪肉、冰鲜牛羊肉、冰鲜冷冰禽肉对澳门注册企业信息整理及分析工作；完成涉及25个直属海关，105份供港肉类加工企业及相关种植养殖场调查问卷审核汇总工作。

【推动供港肉类企业注册业务改革】2021年，受总署企业管理和稽查司委派，江门海关企管技术团队多次与香港食物环境卫生署相关工作人员沟通协调，在对内地与香港11部肉类相关法律法规深入研究基础上，推动内地供港肉类企业注册业务进行改革：从6月30日起，内地对香港注册企业仅限于冰鲜禽肉、冷冻禽肉、冰鲜猪肉以及冰鲜牛羊肉；对首次供港肉类企业注册要求由“经香港食物环境卫生署实地检查合格后才能供港”优化为“经总署推荐后即可供港”；将内地与香港法规无明确要求检查项目从香港食物环境卫生署对内地企业现场检查内容中剔除。

【出口食品生产企业申请境外注册管理】2021年，江门海关组织工作人员走访关区出口食品生产企业，有针对性对15家企业63人次进行国外相关法律法规培训。指导有出口意愿企业，按国外相关法规要求完善HACCP计划及硬件改造。优化办理流程，加快对符合要求企业对外注册推荐工作。年内完成对外注册推荐企业19家次，同比增长220%。

【输美熟制禽肉和鲶鱼官方监管体系检查】2021年7月27日至9月7日，美国农业部食品安全检验局首次以视频形式对中国输美熟制禽肉和鲶鱼官方监管体系检查，总署企业管理和稽查司委派江门海关联合广州、合肥等地海关专家收集、整理材料，向美方介绍中国对输美鲶鱼企业评审流程、评审内容和关注重点，并通报对江门相关出口企业质量安全方面的监管情况，以“零不符合”完成监管体系等效性确认工作。

【海关企业信用管理制度改革】2021

年，江门海关召开9场座谈会，分批对250家企业开展《中华人民共和国海关注册登记和备案企业信用管理办法》政策解读和宣传，年内江门关区新增AEO高级认证企业10家，同比增加150%。

▲2021年11月8日，江门海关企业管理和稽查处在《中华人民共和国海关注册登记和备案企业信用管理办法》实施后组织对企业申请成为海关AEO开展认证

保税监管

【疫情防控期间免收加工贸易担保】2021年，落实支持广东稳住外贸外资基本盘的措施，疫情期间除法律、法规、规章等规定必须收取担保外，加工贸易业务原则上不要求企业提供担保。2021年江门海关为23家加工贸易企业免收担保1.16亿元。

【出口监管仓库“入仓退税”资格年审】2021年，根据广东分署、国家税务总局广东省税务局的组织部署，江门海关对关区出口配送型监管仓库“入仓退税”资格进行审核，于4月8日将审核结果报送广东分署。5月18日，广东分署、国家税务总局广东省税务局联合发文，确认关区出口配送型监管仓库“入仓退税”资格通过年度资格审核。

【保税物流中心（B型）高质量发展】2021年，江门海关研究提出“分批送货、集中报关”和“一次申报、分批送货”个性化监管措施，支持企业分批提货开展生产。2021年，关区保税物流中心（B型）累计办理5.56万吨货物的“分批送货、集中报关”业务，价值2.32亿元；办理2.16万吨货物的“一次申报、分批送货”业务，价值0.93亿元。年内，包括造纸、新材料、金属制品、大健康（食品）等行业113家企业在关区保税物流中心（B型）开展进出口业务，一线进出口货值4.2亿元。

【深化保税监管业务改革】2021年，江门海关将保税料件串换纳入保税监管集中审核范围，2家企业办理保税料件串换手续，串换保税货物50.60吨，货值42.66万元。保税监管集中审核中心2021年纠正企业申报差错404次。推进边角废料内销网上公开拍卖共管机制，江门关区29家加工贸易企业通过拍卖形式处置边角料4,931.73吨。

【推广企业集团加工贸易监管模式】2021年，总署部署全面推广企业集团加工贸易监管模式，江门海关对313家加工贸易企业开展政策宣传、政策解读、需求调研和培育。江门关区海信、崇达、德昌电机3个集团的关联企业适用该监管模式，便利流转保税料件货值1.11亿元；免办内销征税手续而减轻税负815.6万元。

稽查核查

【打击“洋垃圾”走私专项稽查行动】2021年，江门海关对6家废纸、废船、废铜回收利用企业开展专项稽查，对13家企业开展两轮进口再生金属专项稽查，对8家企业稽查补税，形成3篇固体废物行业专题调研报告。

【稽核查业务改革】2021年，江门海关认真落实稽查改革工作，梳理涉及常规稽查的规章制度；完善关区稽查专业人才建设机制；推进实施稽查部门直接办理自主查发的简易程序和快速办理案件。推进“多查合一”改革，办结核查作业946起，同比增长36.12%，核查工作实现关税、统计、企业管理、保税监管、进出口食品安全、商品检验、动物植物检验检疫7大业务领域全覆盖。

【落实主动披露制度】2021年，江门海关对外宣传海关主动披露制度，发放政策宣传单张800余份，各隶属海关设立专人专岗受理主动披露事项，推动运用“互联网+海关”平台，实行不见面线上办理业务。2021年，江门海关办理主动披露事项35个。

【实施核查领域跨部门联合抽查工作】2021年，江门海关分别与江门市、阳江市市场监管部门协商建立联合抽查联系配合机制，会商确定选取“出口备案食品生产企业核查”为2021年联合检查事项，建立随机抽查检查对象名录库、执法检查人员名录库和实施具体联合抽查作业；建立联合抽查工作指引，明确开展跨部门联合抽查工作的职责分工、操作流程。年内，对46家出口备案生产企业实施部门间联合抽查作业，查发问题企业38家，检查结果全部通过国家企业信用信息公示系统向社会公示，公示率100%。

【开展属地海关税收风险验核处置试点工作】2021年，江门海关加强与税管局（广州）的协同配合，探索建立属地海关税收风险验核处置新模式。2021年，接收一般贸易关税核查风险指令4条，查发问题作业3起，接收并下达税管稽查指令11条，查发问题作业9起，对相关企业作出补征税款处理。

属地查检

【开展属地查检资源摸底】江门海关落实总署关于推进进出口货物属地查检工作的要求，围绕关区属地查检业务种类、业务规模、机构设置、资质人员配置、业务流程、系统应用、外勤执法等方面开展调研摸底，摸清辖区属地查检业务基本情况，提出做好属地查检业务工作的意见和建议，为推进属地查检改革打好坚实基础。

【健全关区属地查检工作运行机制】江门海关以属地查检外勤执法职责调整为

契机，优化完善进出口货物属地查检工作机制，明确属地查检业务领域安全生产和疫情防控、外勤执法规范作业、布控指令执行等工作责任和要求。建立进出口货物属地查检业务监控机制，对布控指令执行运行开展监控，及时发现执行异常情况，同步建立管理台账，做好跟踪管理。

【严肃危险品属地查检外勤执法工作】 江门海关严格落实对危险品监管人员资质和双人持证上岗要求，严禁无资质人员从事相关属地查检作业，严格执行相关业务操作规范实施现场作业，需现场实施抽采样的，在符合安全要求的条件下，按照相关业务操作规范实施抽采样。开展进出口危险货物及其包装检验监管人员培训考核暨资质考试，8 人通过考试取得相关资质。

（撰稿人：杨　军　陈浩文　柯伟轩
徐维佳　黄炳夫　黎杰麟）

查缉走私

概况

2021年，江门海关落实中央政法工作会议、全国公安工作会议精神，按照全国公安厅局长会议和全国海关工作会议部署要求，坚持党对缉私工作的绝对领导，坚持总体国家安全观，坚持严格规范公正文明执法，以党的政治建设为统领，以推动打私工作高质量发展为主题，以防范化解重大走私风险为主线，以深化改革创新为动力，以推进教育整顿、锻造“四个铁一般”过硬队伍为保证，持续强化专业打私，推动多警种合成打私，落实海关全员打私，深化反走私综合治理，坚定不移履行好打击走私职责使命。2021年，江门海关缉私部门刑事立案52宗，同比下降18.75%，案值3.13亿元，同比下降80.2%；其中涉税案件22宗，涉税物品主要有成品油等重点商品；非涉税案件30起，非涉税物品主要为珍贵动物及其制品、毒品、冻品、淫秽物品等。行政立案253宗，同比增长49.7%，案值2.65亿元，同比增长37.82%。3起案件被总署缉私局列为挂牌督办案件。

专项行动

【“国门利剑2021”专项行动】2021年，江门海关缉私局落实关长打私第一责任人职责，研究制订江门海关“国门利剑2021”行动方案，全年刑事立案52宗，同比下降18.75%，案值3.13亿元，同比下降80.2%；行政立案253宗，同比增长49.7%，案值2.65亿元，同比增长37.82%。3起案件被总署缉私局列为挂牌督办案件。

【“国门绿盾2021”专项行动】2021年，江门海关缉私局坚决贯彻落实总署统一部署要求，江门海关认真组织开展打击非法引进外来物种和种子苗木“国门绿盾2021”行动。建立“国门绿盾2021”行动工作机制，成立专项工作组，强化形势分析研判，部署强化监管打击。年内，缉私部门立案侦办走私入境境外野生木本植物行政案件1宗。

【“国门勇士2021”缉枪行动】2021年，江门海关缉私局坚决落实公安部“国门勇士”专项行动部署要求，制订专项行动方案，组建研判组、行动组，开展联合研判及集中打击。

【“清源断流”禁毒专项行动】2021年，江门海关缉私局坚决落实公安部“清源断流”禁毒专项行动部署要求，立案侦办邮寄渠道涉嫌走私毒品案12宗，查获大麻净重合计3,348.35克、大麻油毛重195.67克、含有氯胺酮及甲基安非他明成分的胶囊10.84克，含有冰毒成分的药丸状颗粒物净重342.26克，抓获犯罪嫌疑人4名。与地方公安禁毒部门建立打击资源共享机制、线索移交机制，通过数据信息共享，利用大数据分析，成功堵截2件跨境走私毒品邮件。与恩平市横陂镇建立对口联系制度和帮扶对接措施，制订具体工作方案，开展指导和督导检查。联合江门市禁毒办、江门市技术学院、江门市工贸职业技术学院、荷塘镇联育小学等相关部门开展线上禁毒宣传教育活动，通过互联网发布视频网课形式，普及毒品预防知识。深入码头口岸、渔港乡村开展禁毒、反走私宣传，发放禁毒、反走私宣传册。举办江门关区缉毒技能培训班，邀请专家授课，关警员140人参训。

【成品油专项整治行动】2021年，江门海关缉私局立案侦办成品油走私犯罪案件4起，抓获犯罪嫌疑21人，查扣走私成品油224.24吨，走私船舶3艘，查证涉案案值1,342万元。

【打击冻品等农产品走私】2021年，江门海关缉私局立案侦办冻品走私案件10起，案值529.68万元。结合疫情防控要求，开展冻品查缉办案疫情防控演练，并制作下发操作视频指引。积极配合地方相关部门开展非设关地沿岸防控、清查整治冷库、落实涉案冻品无害化处置等工作，处置涉案冻品3,212.08吨。制订新冠肺炎疫情期间查缉、办理冻品（濒危野生动植物及其制品）走私案件相关工作指引，分别开展水上查缉、陆上处置、办案中心处理等现场演练。

▲2021年3月5日，江门海关缉私局查获冻品走私案件

【打击非法有害出版物走私】2021年，江门海关缉私局刑事立案1宗淫秽物品走私案件，经深挖扩线，将1宗淫秽物品行政案件转为刑事案件，查获淫秽物品3,691件，该案被总署缉私局列为二级挂牌督办案件。

全员打私

【落实制度机制】2021年，江门海关缉私局推动总署关于“全员打私”的相关要求，修订完善打私业务考评办法，下达全员打私业务指标，加大考评通报力度，年内进行关区全员打私工作业务考评通报4次。

【合成作战】2021年，江门海关缉私局切实强化江门海关“全员打私”工作，进一步促进关区各部门在打私工作中紧密配合、协同作战。年内召开专项工作联合研判会议11次。

执法专业能力建设

【改革项目和重点项目】2021年，江门海关缉私局开展第4轮“深调研、找差距、理思路”专项工作，制订2021年改革项目、重点项目任务书，明确2项改革项目、10项重点项目、61个节点计划，并于12月24日召开改革项目和重点项目督导问效会，推进各项改革工作开展。

【司法鉴定中心】2021年，江门海关缉私局完善司法鉴定中心实验室管理体系，顺利通过2021年公安机关刑事技术实验室能力验证和中国合格评定国家认可委员会（CNAS）资质验证。年内完成鉴定检材153个，出具电子数据鉴定报告56份。拓展鉴定项目，开展书面调研和实地走访，形成理化专业立项建议。

【智慧缉私改革】2021年，江门海关缉私局持续推进智慧缉私二期建设，审定智慧缉私二期建设规划及建设方案。充分发挥近海雷达、光电、AIS设备、无人机等科技装备应用，搭建一体化的组织行动机制和指挥打击平台，整合水上缉私警力与分局警力合成作战。2021年查获3宗集装箱船走私冻品案，涉案冻品1,559吨，抓获涉案嫌疑人13人。

【队伍素质能力】2021年，江门海关缉私局扎实推进全警实战大练兵，共组织参训2,800多人次，实现一线办案民警全覆盖。其中，18个党支部书记全部受训、青年党员受训320人次、新党员受训20人次。开展各类政治轮训21期、1,099人次受训。年内组织开展海关业务知识、执法行为规范、枪支使用等培训班87期、参训3,008人次。推进最小单元作战轮训，在广东警官学院开展专题轮训4期，近100人次受训。

法治建设

【制度规范建设】2021年，江门海关缉私局紧密结合政法队伍教育整顿，全面梳理建局以来制度建设情况，系统开展制度立改废工作，形成《江门海关缉私局制度汇编》，包括党建工作、队伍管理、缉私执法、综合保障，合计94份。

【案管中心】2021年，江门海关缉私局进一步发挥案管中心作用，积极开展系统使用培训，强化执法办案过程监测。以《案管中心工作简报》和《案管中心工作提示》为载体，推动执法瑕疵问题整改落实。

【执法培训】2021年，江门海关缉私

局举办新法新规和业务能力专题提升培训4期，对《中华人民共和国行政处罚法》等新法新规作重点解读，对刑事法律文书制作规范、执法质量考评办法等宣讲和解读。开展案管系统实操培训。举办刑事法律文书写作培训。组织面向30家重点外贸企业开展“跨境贸易合规与海关行政处罚”政策宣讲会。

【案件清理】2021年，江门海关缉私局开展取保候审保证金清理和JS2008办案系统未结刑事案件清理等专项工作，对2018年以来各办案单位采取、变更、解除取保候审强制措施情况进行专项核查；对缉私部门8类执法办案问题开展专项督查。3月11日启动刑事积案清理专项工作，对积案进行梳理并提出分类处理意见。

综合治理

【联系配合】2021年，江门海关缉私局局长带队走访地方公安等执法单位，协助江门市打私办修订议事规则等规范性文件，推动出台市一级的反走私工作会商研判制度。

【联合执法行动】2021年，江门海关缉私局配合地方执法单位联合开展“打击应节商品走私联合行动”“整治珠江水域冻品走私专项行动”“非法成品油整治联防联控”“清理整治三无船舶专项行动”等专项打击整治行动，会同公安、海警、市场监管等单位开展“海啸”“清湾”“清港”等联合执法12次。联合开展涉案货物物品及走私工具销毁处置。协同地方打私办对上半年非设关走私趋势抬头的5个镇街开展挂牌整治，至12月20日，相关镇街全部整改验收合格，结束挂牌。

【反走私宣传】2021年，江门海关缉私局创新开展线上宣传教育方式，通过互联网发布视频网课形式，在快件中心、码头口岸、渔港乡村等地发放宣传册和纪念品、张贴海报等，广泛宣传反走私知识。深入江门、新会、台山的非涉关地沿河沿海村庄码头，进行反走私和普法宣传8次，推广“中国反走私”“广东缉私”公众号。

▲2021年9月26日，江门海关缉私局在江门高新港开展反走私宣传

（撰稿人：袁　平）

第五篇

综合保障

政务管理

概况

2021 年，江门海关按照总署党委工作要求，健全江门海关党委工作规则、江门海关工作规则、“三重一大”决策制度实施细则等制度 10 项。落实中央为基层减负要求，持续精文简会。统筹督查检查考核，精简需基层报送材料，整治指尖上的形式主义。加大信息宣传力度，信息报送数量和总署采编量均创历史新高。各类媒体报道江门海关工作 1,028 次，同比增长 49%。强化应急值守，组织各类应急演练 70 场次。规范机要保密和档案管理，推进数字档案室建设。推进“三智”建设，制定推进“智能港口”建设、支持中欧班列业务发展等 20 条工作措施；加入总署“三智”工作联络组，建设与港澳海关教育培训信息互联共享的跨境智慧培训项目。

督查督办

【落实“第一议题”制度】2021 年，江门海关落实“第一议题”的督查督办，建立任务台账，加强跟踪问效，形成抓落实闭环，切实提高落实习近平总书记重要指示批示精神和党中央决策部署的成效。2021 年，江门海关 49 次党委会、12 次形势分析及工作督查例会研究制定落实总体国家安全观、筑牢国门安全防线、推进生态文明建设、推动高水平开放、支持乡村振兴等重点任务 82 项，均有效落实。开展落实“第一议题”制度情况“回头看”，明确重点，规范实施，增强“第一议题”制度效能。

【统筹督查检查考核】2021 年，江门海关统筹职能部门下基层开展督查检查考核事项，制订年度督查检查考核计划，督检考事项减少至 19 项，除总署、广东分署要求或工作确需开展的督检考外，对未列入计划和未按要求备案的一律不得开展。采用“四不两直”方式，坚持问题导向，推动督查检查考核结果互认互用。纠正层层听汇报、过度填报要材料、简单翻笔记查台账的做法。加大信息化应用力度，运用队伍建设综合管理平台开展线上年度考核、平时考核，除归档要求外，不要求纸质留痕。

应急值守

【推进应急值守工作】2021 年，江门海关健全值班工作机制，结合新形势要求对关区值带班安排进行调整，细化值班工作规范，严格执行24 小时专人值班和领导干部在岗带班。丰富值班培训形式，制作值班手册 52 期，改进值班每日考试机制，将必备知识及操作融入考试，制作值班工作指引视频，在各类值班设备张贴“应用小贴士”，确保“逢值必考，应知必会”。加强值班队伍建设，实地培训、视频培训与专项培训相结合开展值班专项培训 14 次，建立值班问题书面提醒及通报机制，不定期与敏感节点相结合开展值班抽查650 人次。

【健全应急预案体系建设和演练】2021 年，江门海关更新 11 个单位部门防风防汛应急处置预案，采取实地演练、桌面推演相结合方式强化提高突发事件应急处置整体运作效能，强化实操能力，组织开展办公场所安全应急、灾害避险逃生、自救互救演练 70 场，1, 321 人次参与。加强应急保障和宣传，组织各办公现场开展应急物资盘点，补充应急物资 1, 368 件。原创微电影《山竹里的生日蛋糕》获广东省第一届应急管理优秀宣传作品评选“网络人气奖”。年内，江门海关没有发生重大突发事件。

政务信息

【信息工作机制】2021 年，江门海关完善政务信息报送制度，对信息考核办法进行调整优化，提高对有深度、有分量、有决策参考价值政务信息的激励力度。设计开发江门海关信息工作交流平台，开展月度信息通报，公示约稿情况，发布信息要点，分享优秀政务信息及学习资料，提供信息工作交流学习平台。公示上级采用信息实时情况，通报信息工作重要情况，通过视频进行每日滚动播放，营造良好工作氛围。组织开展关区信息员跟班学习 5 期、送培训下基层 5 期、邀请政务信息专家开展专题培训1 期，促进信息人才培养。

【信息量质管理】2021 年，江门海关定期分析周期性热点信息题材，制定并动态更新热点信息日历表，明确时间、主题、类别、责任单位等，确保热点信息不遗不漏。挖掘培育关区分析研究类信息专业人才，同步开展题材分析，组织定向约稿，自主选题的综合分析类信息首次获总署采用，报送地方信息首次获国家级载体采用。建立信息工作台账任务式管理机制，严格跟踪督办，开展约稿 101 期，上级载体采用率达 80% 以上。2021 年，编发江关动态 3, 097 条，综合信息 55 篇，工作情况交流 12 篇；17 篇要情信息、3 篇非事件类综合信息、71 条快报信息获总署采用，10 篇要情信息获国家级载体采用，均创历年新高。

办文办会

【文电管理】2021 年，江门海关压紧压实文件办理责任，确保政令上传下达“零延时”。强化关级收文催办工作，加强与督办部门、承办部门的联系衔接，进一步做好催办工作，提高办文质量和效率。认真细致做好发文，每月编制发文迟报统计表，强化跟踪反馈督办，进一步推动各单位部门公文高效办理。

【公文审核管理】2021 年，江门海关完善收文精准拟办规则，精准拟办分发，及时流转办理收发文。明确收文办理期限，建立重要文件快速处理和文件办理提醒机制，加强督办提醒和通报，提升文件办理效率。提升公文质量，开展政策研究和推进成果转化，高质量完成各类重要文稿起草审核工作，充分发挥以文辅政作用；加强公文审核把关，梳理编发《公文常用政治表述规范列举》，建立用好“公文医院”载体，实行“退文查错”“二次校核”“双人唱校”等工作法，加强通报提醒和培训学习，压紧压实部门办文责任，强化提升公文质量。持续精简文件，对各部门文件实行配额管理，加强发文数量管控，严格发文必要性审核，统筹减少发文数量。

【会议管理】2021 年，江门海关严格落实“第一议题”制度、“三重一大”决策制度等要求，加强关党委会、形势分析及工作督查例会、关长办公会等重要会议组织管理，确保会议材料、议题设置、组织安排、议事程序等符合政治要求和制度规定。周密组织各类会议和重要活动，完善重大会议活动清单化管理工作机制，做好上级领导调研指导以及地方党政、企业来访等活动组织安排。贯彻落实党中央关于精文简会的精神，通过制订配额计划、统筹合并等方式加强会议数量管控，控制压缩会议时长、参会人员数量、会议文件篇幅，持续改进会风克服形式主义。加强疫情期间会议活动管理，严格控制关区内聚集性会议和活动，非必要不聚集，尽可能采用视频方式，加强风险排查和粤康码、行程卡、核酸检测证明等验核，做好测温、通风换气和消毒等工作。严格会议费管理，落实中央和国家机关会议费管理规定，严格按照规定的额度标准、开支范围执行。

人大建议、政协提案办理

【加强机制建设】2021 年，江门海关把人大建议、政协提案办理工作作为履行法定职责、主动接受监督、了解社情民意、推动改革发展的重要内容，人大建议、政协提案的主办件由关负责同志牵头领办、批办和督办，每件人大建议、政协提案指定专人办理，建立台账制度，明确办理时限，做到“件件有落实，事事有回音”。健全人大建议、政协提案的责任制度，实行单位主管领导、部门负责人、具体经办人员分级负责制，严格办理程序，加强审核把关和催办督办，各有关部门按照职责分工分别做好意见研究、办理落实和结果反馈。

【提高办理质量】2021 年，江门海关加强与人大建议、政协提案交办单位保持密切沟通联系，及时了解掌握办理情况、反馈信息，对于主办件通过走访、座谈、电话沟通等形式主动与建议人、提案人联系，做到办前有走访、办中有询访、办后有回访。加强成果应用转化，把办理建议、提案与深化改革、推进改进工作结合起来，发挥好重点建议、提案示范作用。年内江门海关办理答复省市级人大建议、政协提案 12 件，涉及生物安全、农产品质量安全、对外开放平台建设、特色产业发展等领域，按时办结率、代表委员满意率保持 100%。

保密管理

【保密业务建设】2021 年，江门海关按照保密工作规定，加强定密、涉密人员、网络“三大”管理，未发现失泄密情事。年内，通过总署测评中心对江门海关涉密信息系统风险评估现场检测；对新增 28 涉密人员进行保密审查，组织调离涉密岗位的 7 名人员签订离岗承诺书，实行脱密期管理；组织开展保密自查自评，对 7 个单位部门开展“不打招呼”突击检查和专项保密检查，加强通报和督促整改，力保失泄密情事“零发生”；加强保密宣传教育，举办保密密码业务培训班，结合全民国家安全教育日开展密码安全宣传教育活动，对全体干部职工开展经常性的保密工作提醒，筑牢保密思想防线，增强安全保密意识；组织参加庆祝中国共产党成立 100 周年保密知识竞赛，开展以“党旗飘扬，保密护航”为主题的保密宣传教育作品征集评选活动，征集作品 23 件，其中一幅书法作品获得国家保密局书画摄影类优秀奖。11 月 15 日，新会海关崔伟冰获评全国海关机要保密工作劳动模范。

档案管理

【档案现状】江门海关全宗号为 29，本全宗收集本关工作和活动中直接形成的具有保存价值的各种文字、图表、声像等不同形式和载体的档案，2001 年被评为海关系统机关档案综合管理特级单位。江门海关综合档案室室藏 1949 年 10 月 23 日以来江门海关在日常工作和活动中形成的档案，包括文书、基建、科技、会计、已故人员、声像、调查、知识产权、行政复议和行政诉讼、稽查、缉私、审计、实物 13 大类档案。截至 2021 年 12 月，室存档案 16, 860 卷，47, 481 件，其中，文书档案 1, 845 卷，47, 481 件，基建档案 451 卷、科技档案 59 卷、会计档案 8, 074 卷、已故人员档案 82 卷、调查档案 98 卷、知识产权档案 343 卷、行政复议档案 67 卷、行政诉讼档案 18 卷、稽查档案 472 卷、缉私档案 5, 197 卷、审计档案 154 卷。声像档案 1, 041 册/盘，实物档案 155 件。江门海关综合档案室自成立以来，编制有江门海关工作总结汇编、江门海关工作计划汇编、江门海关大事记汇编、江门海关处级以上干部历年任免汇编、江门海关人员编制文件汇编、疫情防控档案专题汇编等，发挥着工作查考、保护档案等作用。

▲2021 年 5 月 27 日，江门海关档案管理员调阅档案

【档案业务建设】2021 年，江门海关挖掘红色档案资源，开展“江关红色档案故事”征集和宣传活动，向总署办公厅报送 4 篇“海关红色档案故事”均被采用编入《追寻红色记忆 传承红色基因——海关档案故事 100 篇》，其中 3 篇被“学习强国”学习平台、《中国国门时报》等媒体采用。规范做好新冠肺炎疫情防控档案的归集整理，编制完成 2020 年的新冠肺炎疫情防控档案专题目录，收集整理新冠肺炎疫情防控档案包括文书、照片、声像、实物、其他资料汇编 24 卷。采取多种形式开展第 14 个国际档案日宣传活动，通过“线上”“线下”等方式，播放宣传视频、发放宣传手册、组织观看线上直播、开展档案知识测试，扩展宣传的宽度和广度。通过视频检查、飞行检查等方式，对隶属海关的档案管理制度落实情况进行检查，提升关区的档案工作整体水平。年内对 8 个隶属海关开展视频检查 1 次，飞行检查 6 次，档案安全检查 2 次。提供档案利用服务 2,027 人次，3,484 件/卷，其中纸质档案利用 134 人次，973 件/卷。组织参加江门市档案专业人员岗位培训，开展关区档案培训，促进档案人才培养。落实好国家档案事业“十四五”规划和总署工作部署，启动数字档案室建设工作，并应用射频识别（RFID）档案管理系统，提高档案智治水平。

政务公开

【规范政务公开】2021 年，江门海关编制并公布《江门海关主动公开基本目录》，加强和规范政府信息管理，分类细化主动公开事项，并在江门海关门户网站上线“政府信息公开目录”栏目，让群众更加方便快捷获取政府信息。完成行政执法统计年报公开、行政许可和行政处罚信息公开、行政处罚和行政强制事项的公开工作，开展政务公开专题培训，指导所属隶属海关规范做好依申请公开接收、登记、办理、答复等各环节工作，保证政府信息依申请公开办理质量。年内，江门海关本级和所属隶属海关收到 20 份政府信息公开申请，其中当年度办结 18 份，结转下年度办理 2 份，没有收到关于政府信息公开的行政复议、行政诉讼。

【特色政策解读】2021 年，江门海关结合群众关注较高的热点问题和关区特色业务，在江门海关门户网站上线“进出境个人邮递物品通关”和“留学生免税购车”两个专题场景服务，为群众、企业提供高度集成的业务办理流程及文件展示。增设“特色解读”专栏，发布真人讲解 + MG 动画形式的“海关知识 90 秒”系列微视频，通俗生动地向群众、企业进行海关政策宣讲。畅通意见的收集渠道，通过门户网站发布调查问卷，在线征集群众、企业对信用管理、技贸措施及知识产权保护等工作方面的意见建议。

信访工作

【信访工作法治化建设】2021 年，江门海关制定并公布《江门海关依法分类处理信访诉求清单》，厘清部门职责，建立依法分类处理信访诉求清单动态更新机制，规范信访办理程序，保障群众合理合法诉求得到依法解决。年内，江门海关接到群众信访件 2 件，当年度办结 1 件，结转下年办理 1 件。

新闻宣传

【新闻发布】2021 年，江门海关紧扣学习宣传贯彻党的十九届五中、六中全会精神、落实“六稳”“六保”、优化口岸营商环境等重大专题，充分运用新闻发布平台，结合关区业务特色，围绕富贵竹、蛋制品、月饼、中式包点、水产品、调味品、家用电器等特色商品，每季度确定一个宣传主题，发布外贸进出口情况、优化口岸营商环境工作成果、“我为群众办实事”实践活动成效等权威信息。年内，举办新闻发布活动 5 次。

【媒体宣传报道】2021 年，江门海关发挥媒体融合传播作用，加强传播手段和话语方式创新，采用图片、文字、视频等多种形式，生动展现文明家庭、驻村扶贫、抗疫人物典型事迹，通过“学习强国”、报刊、微信公众号、抖音等多类媒体平台，全面、立体地发出江关声音。年内，组织推送稿件 117 篇，被各媒体采用 1,028 篇次，其中中央电视台、新华社、《人民日报》等中央媒体多渠道采用 99 篇次，“中国海关”强国号、《中国国门时报》、总署门户网站、“海关发布”等海关系统媒体采用 176 篇次。

12360 热线

【完成 12360 热线归并工作】2021 年，江门海关落实国务院办公厅关于进一步优化地方政务服务便民热线的工作要求，主动联系江门、阳江两市 12345 政务服务热线主管部门，确定归并工作方案，8 月 23 日实现 12360 热线与地方 12345 政务服务热线的三方话务转接。10 月，江门海关办公室 12360 服务热线工作室被命名为“全国青年文明号”。

▲2021 年 10 月 18 日，江门海关 12360 服务热线工作室在社区为群众提供政策解读和咨询服务

【宣传海关政策】2021 年，江门海关结合“我为群众办实事”实践活动，组织 12360 热线主动拓宽与企业群众的互动渠道，用心用情用力解决好群众“急难愁盼”问题。针对关区行邮渠道咨询较多、市民群众对海关行邮政策的了解需求，定制包含 5 种海关行邮小知识的便利贴，在进境的邮快件上张贴，加强海关政策解读的同时，拉近海关与企业、民众的距离。

（撰稿人：刘剑云　李　钊　李博华
陈海艳　罗　旋　贺　进
柴俏青　黄　恋　黎海荣）

财务管理

概况

2021 年，江门海关进一步健全财务保障和管理机制，推进财务重点工作。贯彻落实习近平总书记关于食品安全“四个最严”和严禁“洋垃圾”入境重要指示批示精神，抓好涉案冻品移交地方工作，推动建立固体废物移交地方处置机制。全面保障常态化新冠肺炎疫情防控物资平稳充足，为统筹口岸疫情防控和促进外贸稳增长、筑牢国门安全防线提供必要的财力保障。严格落实过“紧日子”要求，紧密围绕“五关”建设和海关中心工作，集中财力优先保民生、重点保运转、精准保发展，资金使用效益提升。国有企业改革稳步有序推进，完成事业单位所属企业脱钩工作。智慧财务建设取得阶段性成果，国库集中支付系统监控、资金支付动态监控成效明显，财关库银横向联网持续优化，稳妥推进部门预决算公开。

税费财务管理

【关税和进口环节税】2021 年，江门海关征收关税和进口环节税净入库 55.59 亿元，同比增长 25.35%，其中关税 6.95 亿元，同比增长 26.33%；进口环节税 48.64 亿元，同比增长 25.21%。

【财关库银横向联网】2021 年，根据中国人民银行和总署统一安排，江门海关完成行邮税纳入财关库银横向联网收缴入库工作，实现行邮税电子支付，扩大海关税费电子支付应用范围，提高税款入库效率。

预决算管理

【部门预算编制】在中央部门连续三年压减预算、海关系统维持正常运转的保障压力极大的背景下，江门海关按照党中央、国务院过“紧日子”要求，科学统筹资源，调整优化结构，重点保障维持国门正常运转所需资金，精准保障维护国门安全、科技支撑、打击走私等重点工作任务，切实做到有保有压。

【制度机制建设】2021 年，江门海关建立分级管理、“分灶吃饭”的财务管理体制，完善“以预算管理为中心”的保障管理机制，资金统筹能力进一步提升。建立健全预算管理、经费支出、财务管理、政府采购、节约资源等10项制度，全面强化制度约束，形成齐抓共管合力，有效推进财务管理科学化、规范化建设。

【建立过“紧日子”长效机制】2021年，江门海关牢固树立艰苦奋斗、厉行节约思想，制定过“紧日子”要求10条措施，压减非必要、非紧急项目21个，对日常行政开支、部门包干经费实行年度计划管理和总额控制，做到“把钱花在刀刃上”，公务接待、公务用车运维、差旅费预算大幅压缩，不折不扣落实过“紧日子”要求。

【部门预算执行】2021年，江门海关持续推动预算执行质效提升，狠抓预算执行，通过落实实时监控、定期通报、目标考核、预警约谈、督促检查等管理措施进一步提升预算执行质量。

▲2021年6月23日，江门海关财务处组织开展预算工作研讨

【部门决算编报及批复公开】2021年，在新冠肺炎疫情期间不能组织现场汇编的情况下，江门海关充分运用信息化手段，采取各隶属单位交叉互审、编制工作小组集中复审相结合的方式，开展2020年度海关部门决算编报工作，顺利通过总署及财政部会审，并按要求做好决算批复及公开工作。

经费管理

【资金支付动态监管】2021年，江门海关充分运用海关国库集中支付系统，严格落实财政资金支付要求，实时掌握资金动态，制订国库集中支付业务指引，创新管理手段、优化工作流程，逐步形成有效管用的风险防范体系。

【经费支出管理】2021年，江门海关进一步严格经费支出管理，修订经费支出管理实施细则，完善资金审批机制、经费支出报销指引，落实内部控制要求，防范资金支付风险。

【“智慧财务”建设】2021年，江门海关加强财务信息化建设，完善“财务用款审批系统”“差旅费审批系统”，修改包干经费查询、医疗费报销系统，推进“智慧财务”建设。

【监督检查】2021年，江门海关开展关区财务管理监督专项工作，对财务管理及资金安全进行全面排查，夯实财务管理工作基础；开展公账户支付认证工具管理和使用专项检查，进一步规范对公账户网上银行业务管理，确保资金的安全使用和高效运作。

涉案财物管理

【建立走私冻品移交处置工作机制】 2021 年，江门海关抓好涉案冻品移交地方工作，构建“海关 + 地方政府”协同配合机制，理顺走私冻品移交地方处置流程。完善“人员精准防护、物品精准排查、环境精准消杀”的走私冻品处置防疫措施，最大限度降低暴露和感染风险。引入律师事务所、公证部门等第三方中介机构，对走私冻品无害化处置全过程监督，有力化解走私冻品处置中的食品安全和廉政风险，该做法被广东省打私办复制借鉴并向全省推广。

【建立非法入境固体废物移交处置工作机制】 2021 年，江门海关认真贯彻落实习近平总书记关于严禁“洋垃圾”入境的重要指示批示精神，根据《中华人民共和国固体废物污染环境防治法》相关规定，与地方部门建立了“双无”（无法确定责任人、无法退运）固体废物移交机制。

【规范涉案财物管理】 2021 年，江门海关完善涉案财物委托拍卖制度，研究细化涉案财物委托拍卖实施操作规程，制定规范涉案财物管理措施，进一步规范管理、防范风险夯实制度基础。加强涉案财物安全生产管理，开展海关涉案财物仓库安全风险隐患排查整治工作，从制度、监控、消防、财物保管等方面，对涉案财物仓库和社会仓库开展隐患排查。

▲2021 年 9 月 18 日，江门海关对涉案走私香烟进行销毁

企事业财务管理

【全民所有制企业改制】 2021 年，江门海关按照总署关于公司制改革的有关要求，组织开展全民所有制企业改制工作。江门市海信科技服务中心于 9 月 26 日顺利完成公司改制工商流程的审核变更手续，获江门市蓬江区市场监督管理局颁发新公司“江门市天翊科技服务有限公司”营业执照。

【事业单位所属企业脱钩】 2021 年，按照总署部署要求，江门海关组织开展企业脱钩工作，剥离相关业务，按属地管理原则，加强与地方政府联系沟通，保障企业脱钩后当地相关业务顺利衔接和稳定延续。

【规范企事业单位财务管理】 2021 年，江门海关理顺事业单位运行管理机制，制定事业单位财务管理实施细则，加强对事业单位财务的管理和监督，健全完善事业单位监督管理委员会工作规程，发挥监委会对事业单位重大经济活动事项的监督管理作用。指导事业单位制定财务支出审批办法、差旅费管理办法等管理制度，加强对事业单位财务支出的审批控制，防范财务管理风险，保障事业单位健康发展。中国电子口岸数据中心江门分中心获得广东省高新技术企业认证。

基建管理和政府采购

【基建管理实施】2021 年，江门海关在建项目 3 个，分别为缉私业务技术用房、技术中心改造、保健中心改造。督促指导项目主体责任单位有序推进项目实施，制定 8 项管控措施，开展基建项目现场监督，紧抓施工单位人员疫情防控管理。年内顺利完成保健中心改造项目建设。部分隶属海关大院试点改造取得明显成效。

【规范政府采购管理】2021 年，江门海关进一步完善政府采购制度建设，制定采购管理实施细则，明确采购范围、理顺职责分工、提高采购效率、简化采购程序，规范采购管理。组织开展政府采购业务培训，提升采购管理人员的业务素质。

资产管理

【资产管理实施】2021 年，江门海关推进资产装备制度建设，制订固定资产管理、文物保护单位管理、房地产处置利用等制度，明确职责分工，理顺管理链条，规范管理行为。组织开展关区资产清查和房屋规范入账清查工作，摸清资产底数确保账实相符。落实过“紧日子”要求，从严把控新购资产，严格履行资产配置审批程序，严格执行国家规定的配置标准，优化资产调剂渠道，发挥存量资产的作用。

【防疫物资保障】2021 年，江门海关强化防疫物资保障，组织开展关区防疫物资采购、验收、保管、配发、使用等管理情况调研和检查，加强动态管理，确保物资安全可靠并足量保障。

（撰稿人：李星辰　李慧荃　张颖怡
陈惠芬　徐兆强　黄颖欣
黄福浩　谷旭鹏）

科技发展

概况

2021年，江门海关按照总署党委工作要求，全面贯彻“重引领、快支撑、严规范、强服务、提质效”工作理念，深入推进科技兴关战略实施。加强科技创新引领，赋能关区改革发展，年内建成“智慧物流监管平台”等关级信息化应用项目4个，开发上线“HB2012大办公桌”等一批“微创新”应用，覆盖业务与政务全领域，有效推进“智慧海关”建设。发挥科技支撑保障，建成移动PCR实验室，实验室新增检测项目200余项，实现微生物领域法定项目全覆盖、进口煤全项目自检，法定检验自检率稳步提升。全力落实总体国家安全观，抓好安全生产各项工作，江门海关实现网络与信息安全事件“零发生”、网络“零中断”、系统“零重大故障”，网络可用率达100%。强化非执法领域风险防控，持续完善风险防控长效机制。

信息化建设

【信息化应用项目管理】2021年4月15日，江门海关执法“双随机”管理应用平台上线试运行，通过建立执法对象库与执法人员库，随机抽选检查对象、执法人员，实现执法“双随机”管理，年内建立65个执法对象库及49个执法人员库，运用系统进行随机选取1,245次；5月18日，该关建设的“智慧物流监管平台”在江门高新港码头启动试运行工作，通过自动进行数据比对、分析，实现现场实际物流与海关作业系统数据的有机结合，年内提供预警信息878次，推送智能分流信息12万余次，提升码头周转效率至40%以上；8月30日，二级监控指挥中心升级改造项目立项，整合了监控指挥、预警处置、研判会商、音视频会议、远程培训等多项功能；9月1日，“案件计税”项目部署上线并启动试运行工作，年内计核案件30个，涉及商品634项，为提升案件计税工作效率及准确性，规范计核涉嫌走私、违规的货物、物品偷逃、漏缴税款工作提供有效科技支撑；11月11日，启动“智慧制度平台”项目试运行工作，该平台将制度管理、查询、学习、交流、分享等功能集于一体，为制度“全口径、全周期、全要素”管理提供信息化支撑，年内录入制度文件650项。

▲2021年1月5日，江门海关关员开展“智慧物流监管平台”建设技术攻关

【“微创新”应用研发】2021年，江门海关以好用管用实用为原则，研发“微创新”应用8项。开发“HB2012大办公桌”，整合政务系统待办信息，实现“一个界面，事项全办”；开发“网址导航”应用，收录各类应用连接136个，提供快速检索功能；开发“医疗预约”“海团外卖”“海信优选”“账号底账管理程序”“实验室耗材管理”“监管设备管理程序”等应用，提高办事效率，提升管理效能。

【业务系统运维】2021年，江门海关做好署级项目报关单数据质量检控分析系统（CSD）科技保障工作，解决业务、技术故障20多次，包括完善海关业务数据使用安全管理功能、优化升级查询统计功能在内的重要变更8次，确保系统安全稳定运行。做好署级项目的推广应用与日常运维工作，年内完成“RCEP原产地管理”“智能审图信息化平台”等19个署级项目推广应用，确保海关业务工作顺利开展；完成H2018、集中审像、智能审图等重大业务系统升级更新6次，实现H986集中审像、CT机智能审图全覆盖；提高异常数据处理效能，全力保障业务系统数据安全可靠，全年共计处理异常数据45次。

实验室管理

【实验室能力建设】2021年1月26日，江门海关保健中心移动PCR实验室完成安装调试并通过卫健部门审核备案，新冠病毒核酸日检测能力大幅提升。新开检项目200余项，法定检验自检率稳步提升，江门海关技术中心实现微生物领域法定检验项目全覆盖，阳江海关实现进口煤全项目自检。江门海关技术中心顺利通过“海关科技第四协作区非洲猪瘟病毒核酸检测实验室间比对”，保健中心通过广东省临床检验中心新型冠状病毒核酸检测室间质量评价。加强实验室仪器设备配置，提升检测能力，全年新购置超高效液相色谱三重四极杆质谱仪、全自动化学发光分析仪、全自动酶联免疫分析系统等大型仪器设备。江门海关作为全国直属海关3个试点单位之一，3月25日开始实验室管理系统（V2.0版）试点工作，于4月16日成功实现新系统切换运行。

【实验室规划】2021年，江门海关明确“整合资源、优化布局、做优做特”的实验室建设原则，新会、开平海关实验室整体融入技术中心。结合关区执法需求和产业特色，申报的动物检疫、植物检疫、水产品检测、农产品检测4个新建区域实验室通过广东分署专家审核。4月，江门海关技术中心、保健中心新址启动修缮建设，保健中心于10月完成基建施工。

【实验室安全生产监督管理】2021年，江门海关加强实验室安全管理制度建设，严格落实安全生产工作职责。组织关区实验室安全技能培训6期、应急演练5次，有效提升实验室人员安全管理、安全防护和应急处置能力。开展安全专项监督检查8次，牵头组织“挑毛病”专班疫情安全防护专项督查21次，6月30日起开展新冠病毒检测实验室生物安全每日巡查184次。

【科研管理】

2021年，江门海关坚持资源共享协同发展，积极参与广东省内海关实验室构建“技术联盟”。加强与地方政府部门、科研院校、行业协会合作，探索共建公共技术服务平台，推进开展广东省乡村振兴战略专项资金项目“大湾区（江门）农产品质量安全科技创新综合服务平台”建设。年内江门海关科研项目“猪塞内卡病毒和O型口蹄疫病毒二重荧光RT—PCR检测方法的建立、阳性质控品构建及口岸监测应用”获署级项目立项，科研项目“大湾区（江门）农产品质量安全科技创新综合服务平台建设与应用”获批为年度广东省乡村振兴战略专项资金项目，获得“一种虫类标本用防蛀剂及其制备方法”“一种昆虫鉴定系统及方法”发明专利授权2项，“出口陈皮质量安全监测关键技术研究与应用”“皮革中禁限用组分快速检测关键技术研究及标准样品的研制”“玩具及儿童用品纺织材料中林苯二甲酸酯类增型剂快速筛查技术”3个项目获2021年度“无限创新”江门科学技术奖二等奖。

▲2021年3月29日，江门海关技术中心工作人员开展科研项目研究

（撰稿人：闫志刚　张文斌　胡业明）

督察审计

概况

2021年，江门海关按照总署党委工作要求，综合运用督察、审计、内部控制、执法评估等方式，强化对“关键少数”的监督，重点聚焦习近平总书记重要指示批示落实情况，中央八项规定及其实施细则精神落实情况，服务高水平开放高质量发展举措落实情况，统筹疫情防控和经济社会发展措施落实情况，依法全面履职情况，加大督审工作力度，发挥督审监督职能作用，推动各项政策措施落地见效，强化权力运行的监督制约。年内，组织开展打击走私工作措施落实情况等重大决策跟踪督察5个、新冠肺炎疫情防控监督检查9次，完成对高沙海关等单位主要负责人的经济责任审计3个、对特色农产品出口等执法评估项目3个。应用海关内部控制与监督子系统（HLS2017内控平台）、内控节点、内控评价、内控前置审核等手段，优化内部管理和执法流程，进一步优化完善内控机制。

督察监督

【重大政策措施落实情况跟踪督察】 2021年，江门海关根据总署年度重大政策措施落实情况跟踪督察重点项目清单，确定本级督察项目5个，采取各单位部门对照全面自查、督察组在线联网分析核查和实地抽查相结合的方式开展督察，综合运用HLS2017内控平台、“云擎”及相关业务操作系统查阅电子数据万余条，发现问题10个、值得关注的情况5个，提出督察建议、措施18条。开展数据管理和网络安全管理措施落实情况督察，对数据安全管理、网络安全管理组织推动及制度建设情况等7个方面28项要点开展检查；开展安全生产工作措施和口岸检查作业指令执行情况督察，结合年度专项审计及总署进出口危险化学品监管措施落实情况督察自查工作开展检查；开展严防重大动植物疫情疫病传入传出和外来物种入侵措施落实情况督察，围绕学习贯彻习近平总书记“把生物安全纳入国家安全体系”重要指示批示精神、落实党中央国务院重大动植物疫情防控和防止外来物种入侵决策部署3个方面49项细化要点开展检查；开展口岸卫生检疫措施落实情况督察，围绕学习贯彻习近平总书记关于“筑牢口岸检疫防线”重要指示批示精神、落实总署和地方有关新冠肺炎疫情防控措施等情况开展检查；开展打击走私工作措施落实情况督察，围绕学习贯彻习近平总书记“锲而不舍、一以贯之”加强打击走私工作重要指示批示精神，针对“国门利剑2021”行动落实、打击治理“水客”专项行动及长效机制落实3个方面17项细化要点开展检查。

【隶属海关督察项目】2021年6月，江门海关制定年度督察项目清单，8个隶属海关重点就打击“洋垃圾”、象牙等濒危物种进境情况、出口食品化妆品安全监督情况、优化口岸营商环境情况等开展督察。隶属海关督察项目全部完成，发现问题10个，推动完善了相关制度。

【新冠肺炎疫情防控监督检查】2021年，江门海关统筹口岸疫情防控和促进外贸稳增长工作指挥部监督组每月统筹实施不少于一次飞行检查，持续推动各单位部门落实落细各项疫情防控措施。组建江门海关疫情安全防护“挑毛病”专班，研究制订工作方案，统筹开展口岸疫情防控、关区疫情安全防护检查工作，每周通过视频回放、调阅数据、资料复核、实地检查等多种形式监督检查。年内累计统筹实施飞行检查11次、“挑毛病”专班检查21期，制发通报24期，及时通报检查发现的薄弱环节，推动登临作业使用的相关物品穿脱及消毒等4项业务操作的规范统一，督促各单位部门严格落实口岸疫情防控技术方案和个人安全防护工作指引，筑牢口岸疫情防线、确保干部职工安全。

▲2021年6月22日，江门海关疫情安全防护“挑毛病”专班到新会海关开展新冠肺炎疫情防控工作人员安全防护督导检查

内部审计

【领导干部经济责任审计】2021年，江门海关根据《党政主要领导干部和国有企事业单位主要领导人员经济责任审计规定》制订年度经济责任审计计划。组成审计组，8月25日至8月31日，对高沙海关关长履行经济责任情况进行任中审计；10月13日至10月22日，对阳江海关关长履行经济责任情况进行任中审计；11月29日至12月3日，对江门海关技术中心主要负责人履行经济责任情况进行任中审计。

【专项审计】2021年4月至11月，江门海关组织开展专项审计自查工作。制订工作方案，明确四个阶段的时间安排和工作要求，成立3个专项审计组，根据核查重点操作指南要求和关区实际确定审计重点，制订核查重点清单，细化检查要点272个，组织各单位部门对照检查要点开展自查，组织审计组推送疑点数据、开展重点核查。督促自查发现问题整改，推动制订制度5项、建立完善工作机制5项、优化工作流程2个。

【建设工程项目造价审计】2021年，江门海关对隶属海关的基础设施建设维修、江门海关国际旅行卫生保健中心改造、离退休人员活动中心维修改造等7个项目开展工程造价审计。

▲2021年6月17日，江门海关对基建项目开展现场跟踪审计

【总署审计决定执行】对照总署审计决定制发工作方案，细化分解问题整改落实任务分解表、审计建议落实任务分解表2张清单，明确具体任务、时间安排、工作要求，组织各单位部门开展整改工作。截至11月17日，全部完成总署审计决定反映问题的整改，采取措施落实审计建议。通过执行总署审计决定完善制度3项、强化内控管理措施17条。

内控建设

【内控节点岗位清单制管理】2021年，江门海关结合岗位责任制建设，制订内控节点岗位落实清单，将内控节点细化分解到具体执行岗位，并明确岗位职责、节点要求、检查频率，覆盖29个单位部门、204个岗位，涉及内控节点1,114个，包括署级节点1,045个、关级节点69个。加强内控宣传教育，开展内控专题、涉及岗位职责规范、岗位操作流程等内控相关内容的业务培训83次；开展送教上门3次、送培训下基层7次，参训人员137名；组织跟班学习23人次。

【内部控制评价】2021年，江门海关制订隶属海关、事业单位内控评价指标15项，推进基层单位内控机制建设。组织开展年度内控评价自评，涉及35个业务领域、100个署级内控节点。加强内控前置审核，年内完成内控前置审核项目34项，其中规章制度类33项，信息化应用项目1项。

执法评估

【署级专题执法评估项目】2021年，江门海关根据总署年度专题执法评估项目清单和广东分署关于专题执法评估的工作要求，参与协办署级专题执法评估项目

“进口粮食监管政策措施落实情况专题评估”，完成关区进口粮食基本情况统计摸底，牵头梳理各直属海关反映的风险点，整理相关问题与风险3个。

【自选专题执法评估项目】2021年，江门海关组织开展“进口粮食监管工作情况”“特色农产品出口情况”“进口B类快件税收征管情况”3个自选专题执法评估项目。依托“云擎”系统搭建数据查询指标模型8个，对江门关区27家代表性农产品出口企业开展问卷调查，对21个单位部门进行书面调研或现场调研，评估发现问题和风险9个，提出相关意见建议12条。

（撰稿人：朱晋飞　黄思灵）

第六篇

隶属海关

外海海关

【概况】外海海关前身为江门海关驻外海办事处、现场业务一处，于2019年1月开关，是受江门海关直接领导的隶属海关。外海海关负责广东省江门市国家级高新技术开发区、江海区开放口岸和区内海关监管通关、检验检疫、加工贸易监管、保税监管、稽核查、旅检、跨境电商和邮快件监管等各类海关业务，管辖江门市高新港、跨境电商快件分拣清关中心、邮政速递监管中心、港澳客运码头4个监管点。截至2021年年底，外海海关下设12个正科级内设机构。

2021年，外海海关坚持以习近平新时代中国特色社会主义思想为指导，认真学习贯彻党的十九大和十九届历次全会精神，坚决落实习近平总书记重要指示批示精神和党中央决策部署，按照总署党委工作要求、江门海关党委的具体安排，紧紧围绕海关中心工作，全面深化政治建关、改革强关、依法把关、科技兴关、从严治关。以政治建设为统领，深入开展党史学习教育、口岸疫情防控、促外贸稳增长、打击走私等工作，推进“两步申报”“船边直提”“企业集团加工贸易监管模式”等业务改革，完成外海海关办公场所整体搬迁，“智慧物流监管平台”在高新港码头成功试运行；严格落实全面从严治党要求和党风廉政建设责任制，不断深化精神文明建设，年内获得地市级以上荣誉4项。全年税收入库7.18亿元，同比增长12.2%；进出口货运量168.7万吨，同比下降7.9%；监管邮递物品、快件196.4万件，同比增长136.3%。

【政治机关建设】2021年，外海海关坚持把学习贯彻习近平总书记重要指示批示精神作为党委会、形势分析及工作督查例会的“第一议题”，召开党委会37次、形势分析及工作督查例会12次，党委理论学习中心组学习16次，组织学习讨论52次，第一时间学习领会、研究措施、贯彻落实。强化政治担当，把做到“两个维护”体现在贯彻落实习近平总书记重要指示批示精神和党中央决策部署的具体行动上，持续抓好常态化疫情防控，组织召开疫情防控专班会议9次，研究制订各类应急预案及工作指引6份，开展安全防护培训20余次，累计选派28人次参与江门海关疫情防控集中封闭工作；严厉打击“洋垃圾”、“水客”、濒危物种及其制品、涉枪涉毒等走私，查获毒品、奢侈品等200批次。

【党史学习教育】2021年，外海海关把党史学习教育作为贯穿全年的重点工作，推动党史学习教育走深走心走实。认真学习习近平总书记在党史学习教育动员大会上的重要讲话；组织全体党员干部集中收看庆祝中国共产党成立100周年大会现场直播，党委书记为全体党员讲授专题党课；组织党员干部收看党的十九届六中全会精神新闻发布会，党委委员下沉基层一线开展宣讲督学导学，迅速掀起学习贯彻热潮。组织开展7期专题读书班，编发学习资料74期，推送党史小故事80期；扎实推进“我为群众办实事”实践活动，持续对“实事项目清单”跟踪问效、对账销号解决企业和群众问题约90个，其中“创新‘科技+’模式推动江门高新港智慧监管”“推出‘陆转水’模式，助推跨境电商零售出口业务发展”2个项目获评“江门海关十佳实事”。

【基层党建工作】2021年，外海海关突出支部特色，扎实推进“强基提质工程”，对13个党建工作品牌进行品牌升级和内涵重塑，构筑坚强战斗堡垒；突出高标准，新设党建教育长廊，内容涵盖“党史学习教育”“外海海关岁月”等8个板块，营造党建宣传浓厚氛围，增强党建文化感召力。2个支部获评江门海关先进基层党组织，1人获评江门市优秀共产党员。

【干部队伍管理】2021年，外海海关严明政治纪律和政治规矩，加大谈心谈话力度，及时掌握干部队伍思想动态。积极配合做好巡察整改“回头看”工作，组织召开党委会3次，专项推进会议2次，研究制定97条具体整改措施，采取挂号销账制度，压茬推进落实各项整改措施。成立“现场执法与外勤监管权力寻租”专项整治工作领导小组，研究制订落实方案，细化措施17项，完成102人的专项整治有关个人申报工作，确定纳入廉政风险点清单范围27条，重点岗位23个。

【筑牢口岸安全屏障】2021年，外海海关常态化开展口岸疫情防控，坚持“外防输入、内防反弹”总策略不动摇，针对疫情防控工作的新形势、新特点，加强国内外疫情形势研判，严格落实口岸“三查三排一转运”等防疫措施，召开专班会议41次，开展桌面推演5次，以贴近实战为原则，强化应急反应机制，提高应急处置能力。检疫出入境船舶1,951艘次、船员1.32万人次。加强邮递物品、快件渠道监管，注重与地方公安部门协调配合，加大与缉私部门的合力打击，完善“审图+查验”闭环对接机制，查获毒品“大麻花”1,556.43克、“大麻烟油”79.72克、三唑仑片剂10片、“冰毒”和摇头丸10.84克。强化口岸生物安全监管，以《生物安全法》实施为契机，加强境外动植物疫情和外来入侵生物信息监测、搜集、评估，加大现场检疫力度，截获红火蚁等外来有害生物16批次、38种，有效防止病媒生物传入和外来物种入侵。加强进出口危化品监管，聚焦敏感商品、高风险企业，重点围绕危化品生产、运输、存储、使用情况，开展精准排查，强化查验实效，查获出口不合格危化品及其包装20批次，同比增长100%。

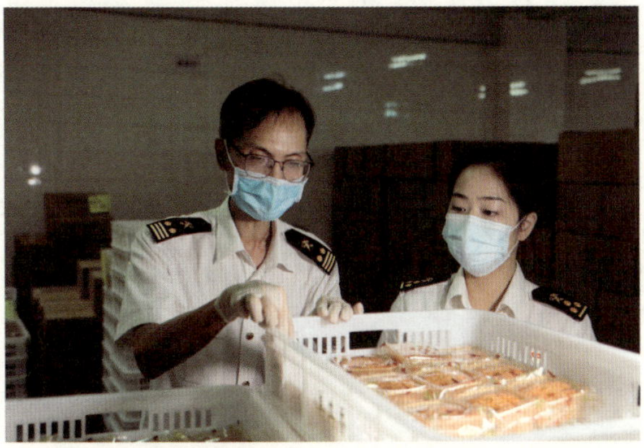

▲2021年9月1日，外海海关关员在出口月饼加工企业开展监管

【支持扩大开放】2021年，外海海关支持高新区科技创新产业城建设，按照顺势监管理念，解决企业在进出口环节遇到的困难，助力关区汽车微电机生产企业顺利投产；助推传统产业发展，支持“江门制造”出口，深入了解摩托车、家电等行业特点，配合企业出口计划，开展24小时预约通关，预约通关放行货物4,000余批次，货值约50亿元；推进“企业集团加工贸易监管改革”，实现集团内企业免税料件调拨。年内免办内销征税手续货物25批，货值约2,047万元，为企业减轻税负358.67万元。指派专人指导辖区摩托车企业按需选择“两步申报”、提前申报、担保放行等模式快速通关，通过提供下厂检验和快速验放等服务，助力企业提高国际竞争力，监管出口摩托车25.73亿元，同比增长42.73%。以高新港公共码头启用为契机，顺利完成“智慧物流监管平台”验收和试运行工作，通过探索实现在通关、监管、查验等环节智能化、信息化，提升监管与服务水平。积极推动“两步申报”“船边直提”等改革试点任务，巩固压缩整体通关时间成效，助力“江门制造”进一步拓宽国际市场，进口整体通关时间3.41小时，出口整体通关时间0.86小时；密切关注RCEP贸易协定生效和指导企业享惠，审核报关单9.4万份，审签出口原产地证书6,055份，帮助出口企业获得进口方关税减免2.1亿元。支持地方跨境电商等新兴业态健康快速发展，通过政策赋能企业开拓海外市场，专人对接解决企业规范申报、流程优化等问题，推动实现本地特色产品“卖全球”。

【政务综合管理】2021年4月，江门高新港正式对外开放。外海海关成立搬迁工作领导小组，制订搬迁计划，用1周时间完成整体搬迁工作，确保各项业务有序运转。坚持勤俭节约，建设智慧型、健康型、节约型食堂，优化办公环境、宿舍环境，干部职工获得感和认同感不断增强。统筹做好经费保障工作，合理安排，细化预算，贯彻落实过“紧日子”的要求，坚持精打细算、勤俭节约，压紧压实预算执行率。加强信息工作，报送政务信息 588 条，获江门海关采用 263 条；加强与地方政府的联系沟通，创建《外海海关工作动态》等载体，定期向地方政府报送相关信息 15 期。发布新闻稿件 15 篇，被人民网、新华网、中央电视台等媒体采用 124 篇次。完善应急值班相关配套制度，做好国庆、春节等重要节点的应急值班工作，加强应急演练和应急值班培训，规范报告及接受检查用语，着力提高重要紧急情况处置能力，举办地震消防应急培训及演练、值班工作培训班。多种方式开展保密宣传教育，通过微信群等媒介，及时推送“保密观”等微信公众号文章，组织参加保密知识竞赛，开展“全民国家安全教育日”宣传教育活动，严格按照保密规章制度，切实做好密件管理。

▲2021 年 4 月 28 日，外海海关港口大厦新办公区正式启用

【精神文明建设】2021 年 9 月，外海海关通关攻坚小组获评“全国青年文明号”。该小组通过开展“讲政策、送信息、听意见”等系列服务，主动对接“两步申报”“船边直提”等改革试点任务，保障外贸产业链和供应链的畅通运转，为 110 家次企业预约通关加班累计 2,380 小时。5 月，徐珂同志被授予“广东省优秀团员”称号，该同志创新防疫物资管理“三个一”工作法，推动“智慧饭堂”系统上线使用，创新就餐订餐模式，在本职工作和共青团工作中发挥了生力军和后备军的作用。9 月，李汉云同志被授予“全国群众体育先进个人”称号，该同志组队参加 13 次以上的全国、全省海关体育赛事，为海关系统赢得荣誉，为推动海关文化建设发挥积极作用。

（撰稿人：李观伟　郑永强

钟志杰　曾方亮）

高沙海关

【概况】高沙海关前身为江门海关驻高沙办事处、现场业务二处，于2019年1月开关，是受江门海关直接领导的隶属海关。高沙海关负责广东省江门市蓬江区开放口岸和区内海关监管通关、检验检疫、加工贸易监管、稽核查等各类海关业务，同时负责江门关区的加工贸易电子化手册集中审核、跨境电商及快件电子报关单集中审单、大型集装箱机检货物集中审图、减免税集中审核业务，管辖江门市高沙国际货柜码头江门市高新港、广东现代新造集装箱专用堆场2个监管点。截至2021年年底，高沙海关下设14个正科级内设机构。

2021年，高沙海关坚持以习近平新时代中国特色社会主义思想为指导，认真学习贯彻党的十九大和十九届历次全会精神，坚决落实习近平总书记重要指示批示精神和党中央决策部署，按照总署党委工作要求、江门海关党委的具体安排，深入推进政治建关、改革强关、依法把关、科技兴关、从严治关，推动高质量发展。持续推进党史学习教育、口岸疫情防控、促外贸稳增长、打击走私、精神文明建设等重点工作；深化海关业务改革，推进企业集团加工贸易监管改革试点、原产地证书智能审核等改革工作取得成效，推广应用“提前申报”“两步申报”模式，持续优化口岸营商环境；强化口岸监管能力，发挥“四个集中审核”优势，筑牢口岸疫情防线，加强口岸安全生产管理，严格进出口食品、危化品管理；推动全面从严治党向基层延伸，加强精神文明建设与干部队伍建设，增强干部队伍的战斗力。全年监管进出口货物97万吨，同比增长2.8%，货值230.21亿元，同比增长17.9%；征收税款4.69亿元，同比增长28.2%。

【政治机关建设】2021年，高沙海关落实“第一议题”制度，把学习贯彻习近平总书记重要指示批示精神作为党委会、形势分析及工作督查例会等会议的“第一议题”，聚焦党史学习教育、口岸疫情防控、稳外贸稳外资、禁止“洋垃圾”入境、打击濒危物种及其制品走私及安全生产等重大决策部署，制定具体落实措施。

建立督办长效机制，完善督办任务台账，对形势分析及工作督查例会议定32项重点事项开展跟踪督查。

【党史学习教育】2021年，高沙海关发掘和利用好本地红色党史资源，开展“榕树下的讲堂”“水上码头的党课”，以及“党史云课堂”“在歌声中学党史”“党的故事我来画”亲子漫画学党史等特色活动庆祝中国共产党成立100周年。推进“我为群众办实事”实践活动，细化党委重点民生项目清单14项38条措施，为企业和群众解决危化品规范申报、原产地税收优惠适用等实际困难83个。

【基层党建工作】2021年，高沙海关完善党建工作机制，健全党委工作规则、“三重一大”决策等制度。修订党委全面从严治党主体责任清单，构建一级抓一级、层层抓落实工作格局。开展“党建+”文化工程，丰富党建阵地建设，建设“光辉历程”党史长廊、新时代文明实践中心。深化“强基提质工程”，持续抓好“四强”党支部建设。集中审核一科党支部获得“江门市先进基层党组织”称号，2个支部被评江门海关“四强”党支部，2个支部党建品牌被评为江门海关基层党建示范（培育）品牌，2名党员分别被评为江门海关“优秀共产党员”和“优秀党务工作者”，3个一线窗口岗位被授予江门海关“党员先锋岗”称号。

【干部队伍建设】2021年，高沙海关不断深化巡视巡察整改落实，结合纪律教育月组织开展“基层书记、组长谈责任专题访谈”、学习典型案例、廉政文化创作、“以案促改”等活动，组织各党支部开展廉政专题学习65次。扎实推进“现场监管与外勤执法权力寻租”专项整治工作，建立工作机制、优化工作流程17个。强化干部人事管理，推进干部工作“五大体系”建设，组织晋升职级，调整人员岗位，开展试用期科级领导干部任职考核。加强年轻干部的政治历练、思想淬炼、实践锻炼和专业训练，在口岸疫情防控、业务一体化改革等工作中培养干部。高沙海关“星火青年”工作站获评2019—2020年度江门市青年文明号，高沙海关团支部获评“江门海关先进团支部”。

【新冠肺炎疫情防控】2021年，高沙海关坚持“外防输入、内防反弹”总策略，落实各项外防疫情输入措施，登临查验船舶162艘次，核验健康申明卡6,631人份，实施体温监测1,038人次。联合地方联防联控部门完善应对境外新冠肺炎疫情合作机制和应对口岸突发公共卫生事件合作机制。落实安全防护措施，建立落实安全防护监督制度。加强口岸疫情防控基础设施建设，优化口岸卫生检疫区域设置和污染控制。加强卫生检疫一线工作人员封闭管理工作，安排12组次、24人次参加片区集中工作，严格落实封闭管理措施。健全完善疫情内部防控措施，落实“网格化”管理机制，坚持“日报告、零报告”，落实每日健康打卡、排查机制，从严管控干部职工出差出行、来访人员管理、会议培训、公共区域管理、疫情监测排查、应急处置等，保持干部职工及家属“零感染”。

▲2021 年 6 月 24 日，高沙海关开展口岸新冠肺炎疫情防控、反恐、消防综合应急演练

【检验检疫】2021 年，高沙海关加强对进出口危化品的检验监管，监管出口危化品 268 批，危化品包装使用鉴定 734 批，进出口危化品包装 41 批，检出 7 批不合格出口危化品。加强进出口食品安全管理，检出进口的盐焗开心果霉菌项目不合格 3 批、133 吨。助推关区首个进境日本锦鲤指定隔离检疫场顺利通过验收，累计隔离检疫 5 批、2.22 万尾日本锦鲤，隔离动物成活率 100%。支持竹木草企业扩大出口，帮助 21 家企业获得出境竹木草加工企业注册资质。

【口岸监管】2021 年，高沙海关严密口岸一线监管，严格进出口贸易禁限管理，加大知识产权海关保护力度，采取知识产权保护措施 11 批次，涉及侵权物品 27.79 万件，货值 387.12 万元，立案处置 5 宗。推动监管作业场所经营企业完善安全生产管理制度，建立隐患排查治理机制，督促企业切实履行安全生产主体责任。强化快件全链条监管，加强快件报关单的审核，审核关区 B 类快件报关单 503.31 万票。大力推动智能审图应用，智能审图 2,996 幅，有效商品过机率 78.1%，机检报关单直接放行率 60.2%，查获集装箱内夹藏米粉、黄铜砂和挂钩等未申报货物的案件 3 宗，涉案货物 100.82 吨。集中审核关区加工贸易手（账）册设立 393 份，变更 1,516 份，核销手（账）册 415 份，新增加工贸易企业 23 家。落实减税降费政策，建立关地重点项目享受税收优惠联动配合机制，办理企业减免税 506.53 万元。开展“国门利剑 2021”联合专项行动，打击“洋垃圾”、濒危物种及其制品、“水客”等走私，查获行政案件 30 宗，案值 6,563.67 万元。

【税收征管】2021 年，高沙海关开展税收征管方式改革，推进属地纳税人管理，落实“以企业为单元”的自报自缴、电子支付等便利措施。建立税收风险研判机制，密切关注税源商品价格归类风险新动态，做好税收进度和商品异动的监测监控，全年征收税款 4.69 亿元，同比增长 28.2%。

【企业管理和稽查】2021 年，高沙海关推进高级认证企业培育工作，2 家重点培育企业通过高级认证。办结稽查作业 38

个，办结主动披露作业9家；办结核查作业102家。对有关企业补征税款。加强普法宣传，完善“共筑法治同心圆”普法品牌，把握普法的各项新制度、新措施、新要求，举办政策宣讲会16次，送法到企业15次。

▲**2021年12月2日，高沙海关到企业开展政策宣传**

【支持扩大开放】2021年，高沙海关推进企业集团加工贸易监管改革试点工作，办理企业集团内部保税料件调拨7批，货值9,025.41万元，节省税收物流成本512.27万元。推进全国通关一体化等海关各项业务改革，探索货物快速通关作业流程，推广应用“提前申报”“两步申报”模式，实现进口货物“船边直提”、出口货物“抵港直装”，减少企业成本，提高通关效率，采用全国通关一体化模式在高沙口岸申报的报关单占总量的45.15%。优化原产地签证服务，持续推广原产地证书智能审核，企业自助打印原产地证书5,354份，同比增长25%。密切与地方政府联系，每月向地方政府提供外贸统计分析，提出对重大建设项目加强减免税政策、扶持助企享红利等8条建议。推动跨境电商新业态发展，办理江门关区首票跨境B2B出口货物。助力粤港澳大湾区“菜篮子”建设，为申报粤港澳大湾区“菜篮子”产品加工企业推出供港澳食品“优先查验、优先检测、优先出证”等惠企措施，打造供港澳食品零延时“绿色通道”。主动对接地方“十四五”规划产业集群建设，持续跟进重大项目落地情况，为49家企业提供一对一政策宣传及指引服务，涉及项目投资额50亿元。

【政务综合管理】2021年，高沙海关落实政府信息公开要求，发布“双随机、一公开”信息32条，及时答复2条依申请公开信息。扎实推进政务信息与新闻宣传，紧紧围绕机构改革成果、口岸业务亮点、口岸疫情防控等方面开展信息和新闻宣传工作，被江门海关采用政务信息397篇，9篇新闻稿先后被中央电视台《央视直播间》、《人民日报》、“学习强国”学习平台、广东卫视等媒体报道。落实接受审计联系配合机制，细化落实审计整改长效机制，倒逼完善制度、加强管理、规范执法。设立HLS2017内控平台数据分析组，开展专项监控分析，查获违规案件2宗，案值247万元。深化内控节点岗位落实清单应用，提升内控建设体系化水平，2篇内控节点应用信息被总署采编。构建预算保障机制，持续调整优化支出结构，坚决落实过“紧日子”要求，通过合理安排预算、从严控制“三公”经费、做好采购工作。实行防疫物资“警戒线”管理，完善验收环节要素，实行购置、验收、入库登记台账、发放、盘点全链条双人双锁全链条规范管理。

（撰稿人：王　祥　王颖苑　韦　颖　叶永强　朱赛楠　关文华　李成昂　李　莉　岑嘉悦　陈丽婷　陈艳冰　林仲明　官乐楚　袁梅青　郭成龙　黄英霞　梁晓璐　梁家明　彭　勇　樊　俊　薛卓联）

新会海关

【概况】1988 年 3 月 13 日，国务院批复同意设立新会海关，1990 年 10 月 18 日新会海关正式成立，是受江门海关直接领导的隶属海关。新会海关负责广东省江门市新会区开放口岸和区内海关监管通关、检验检疫、加工贸易监管、保税监管、稽核查等各类海关业务，管辖新会港、新会大鳌集装箱起运码头、新会中集新造集装箱专用堆场 3 个监管点，保税监管场所 6 个，其中包括江门关区首个保税物流中心（B 型）。截至 2021 年年底，新会海关内设科级机构 9 个，派驻机构 1 个：新会海关驻新会港办事处（副处级，下设科级机构 3 个），下设 1 个事业单位：新会海关综合技术服务中心。

2021 年，新会海关坚持以习近平新时代中国特色社会主义思想为指导，认真学习贯彻党的十九大和十九届历次全会精神，坚决落实习近平总书记重要指示批示精神和党中央决策部署，按照总署党委工作要求、江门海关党委的具体安排，强化政治统领，推进各项工作高质量发展。强化政治机关建设，推动党史学习教育入脑入心，践行“人民海关为人民”的理念；推进全面从严治党，加强党委班子建设和基层党组织建设，推进“强基提质工程”，扎实开展“现场监管与外勤执法权力寻租”专项整治，强化纪法教育和警示教育，推进清廉海关建设，以内控工作为抓手强化风险防控，持续深化准军事化纪律部队建设，从严教育管理监督；强化监管优化服务，促进地方外贸高质量发展，扎实推进业务改革，支持地方传统产业和特色产业、保税物流中心（B 型）持续发展，从严从紧从细抓好常态化疫情防控工作。

【政治机关建设】2021 年，新会海关持续推动各级党组织和广大党员干部树牢政治机关意识，坚持把学习贯彻习近平总书记重要指示批示精神和党中央决策部署作为党委会、形势分析及工作督查例会的“第一议题”，结合党委理论学习中心组学习研讨等方式，打通集体学习、会议研究、检查指导、督促落实全过程。牢记“国之大者”，锲而不舍贯抓好口岸疫情防控、打击象牙等濒危动植物及其制品走私、打击“洋垃圾”走私等工作，筑牢口岸安全防线。

【党史学习教育】2021 年，新会海关成立党史学习教育领导小组，制订工作方案，党委班子带头领学督学，结合“4 + 3”指定书目开展专题读书班，各级党组织书记讲授“七一”专题党课。开展“我为群众办实事”实践活动，党委落实“重点民生项目清单”。统筹开展“学史·铸魂”红色讲坛、“永远跟党走”活动，组织拍摄颂唱《红船向未来》视频被“学习强国”登载。派员参加江门海关“党史青（少）年说”微演说获二等奖。退休干部吴昆同志获颁“光荣在党 50 年”纪念章，高树根同志的“永葆‘老黄牛’本色的常青树”先进事迹获总署离退局“智慧银海”微信公众号刊载。

【基层党建工作】2021 年 5 月，经江门海关党委批准，撤销新会海关党总支，设立新会海关机关党委，机关党委下设机关纪委、15 个党支部。2021 年该关党员 110 人，其中在职党员 93 人，退休党员 17 人，5 名年轻干部被吸收为预备党员。综合业务一科党支部被评为广东省先进基层党组织，通过全国海关党建示范品牌复核；稽查科党支部获评江门海关第二批“四强”党支部；稽查科党支部党建品牌“稽查红·外·线”被评为江门海关基层党建培育品牌；1 人被评为江门海关优秀党员，1 人被评为江门海关优秀党务工作者。

▲2021 年 10 月 18 日，新会海关机关党委开展“讲述奋斗历史　牢记初心使命”主题党日活动

【干部队伍管理】2021 年，新会海关开展“现场监管与外勤执法权力寻租”专项整治，组织开展纪法、警示教育，联合新会区工商联举办“现场监管与外勤执法权力寻租”专项整治宣讲暨政策宣讲会。落实中央八项规定及其实施细则精神，深化作风建设，新会海关综合业务一科党支部、企业管理科党支部通过“党员先锋岗”复审，综合业务二科党支部被授予江门海关一线窗口“党员先锋岗”。“好差评”办理 44 件，好评率 100%，召开特约监督员座谈会 1 次，定期听取意见建议，组织开展外勤回访。组织干部参加政治、业务培训 105 班次，组织参加资质考试 3 次，35 人次通过考试取得专业资质；组织党史知识竞赛、岗位练兵考试 12 场，实现全员覆盖；利用江门海关船舶登临检疫业务实操培训点开展专业能力培训，组织集中封闭管理人员岗前培训 14 期；3 人纳入江门海关干部教育培训师资库，全体干部

人均学习 375.38 学时，人均获得 180.93 学分。

【新冠肺炎疫情防控】2021 年，新会海关牵头负责江门海关第一片区入境人员卫生检疫岗位工作人员及进口冷链食品安全监管工作人员封闭管理，累计实施封闭管理 160 人次，开展登临 424 艘次。建立新会海关一线疫情防控三级梯队 37 人，开展口岸新冠肺炎疫情应急处置演练 5 次。强化新冠肺炎与地方联防联控，严格“闭环管理”。建立新会口岸新冠肺炎疫情防控安全防护监督机制，成立安全防护“挑毛病”专班，落细落实各项安全防护工作措施。强化疫情内部防控，落实“网格化”责任，严格执行每日健康打卡、进入大院和会场测温、核酸检测、公共办公区域消毒以及出差出行管理等规定，落实外勤作业个人防护要求。

【业务改革发展】2021 年，新会海关征收关税及进口环节税 10.88 亿元，同比增长 6.87%，报送税政调整建议 4 条，1 条获总署税管局采用。参与江门海关出口原产地证书集约化审核改革试点工作，集中审核新会海关及台山海关、恩平海关的出口原产地证书 12,381 份，签证金额 30.61 亿元。参与江门海关出入境检验检疫证书集约化审核改革试点工作，承担江门关区入境货物检验检疫证明、动物卫生证书、健康证书、卫生证书集约化审核工作，审核证书 7,299 份。推广“互联网+稽核查”改革应用，落实稽查改革要求。3 月，新会海关综合技术服务中心实验室业务整体整合到江门海关技术中心，由江门海关技术中心统一负责实验室管理并承担新会辖区法定检验和委托检验工作。

【检验检疫】登临检疫进出境船舶 252 艘次，其中港澳船舶 187 艘次，国际船舶 65 艘次；实施核酸检测采样 537 次，处置有症状船员 9 人次。对进境船舶实施卫生处理 5 艘次；对进境集装箱实施卫生处理 712 标箱；对出境集装箱实施卫生处理 180 标箱。卫生监督发现问题 7 个。口岸医学媒介监测鼠类超标 3 次、伊蚊超标 1 次，截获输入性医学媒介 2 种。监管供货供宰活禽 29.48 万只；发现 1 家供宰活禽的 1 个监测项目超标；抽取 3 批进境动物皮张样品送检；开展 2 种动物疫病的监测。从入境的货物、集装箱、交通工具和木质包装中截获有害生物截获 22 种次；入境农产品熏蒸残留气体浓度超标检出 5 批次；监管进境粮食调运 35.83 万吨；监督处理带疫粮食 2 批；监测发现红火蚁 3 次。检验监管进出口食品化妆品 5.07 万批，检出不合格 9 批次；完成出口动物源性食品风险监测 38 批次、检测 84 项次，检出超限 1 批次。检验监管进出口工业品 5,563 批，120.9 亿元，检出不合格包装 1 批；完成法定检验商品以外进出口商品抽查检验 2 批次，检出不合格 1 批次。

【口岸监管】2021 年，新会海关监管进出境（港）船舶 1,143 艘次，监管进出口货物 194.1 万吨，货值 164 亿元。加强对船员行李物品的检查，立案处理1宗船员未按规定向海关申报随船进境行李物品的案件。开展口岸监管环节危化品处置应急演练，联合口岸单位、地方相关部门开展反恐设备练习使用培训。加强知识产权海关保护，推进“龙腾2021”行动，开展粤港澳海关保护知识产权联合执法行动2次。开展“全国知识产权宣传周”活动。走访新会区市场监督管理局（知识产权局）、江门公安局新会分局等部门，走访辖区企业10家，引导完成辖区新增备案企业5家，广东省以上著名商标企业备案率100%。保持打击走私违法行为的高压态势，落实“国门利剑2021”行动要求，开展禁止“洋垃圾”入境“蓝天2021”专项行动、打击“水客”走私专项行动。

【企业管理和稽查】2021年，新会海关报关单位备案1,221家，其中高级认证企业12家，注册登记和备案企业1,206家，失信企业3家。加大对“一带一路”沿线国家（地区）贸易往来企业、龙头企业的信用培育力度，新增AEO高级认证企业1家；加强与地方市场监督管理部门联动配合，落实失信联合惩戒机制，注销企业62家。年内辖区加工贸易企业66家，加工贸易进出口货值72.48亿。办结稽查作业38个，办结核查作业196宗，对发现问题企业作核查补税处理。与市场监督管理局联合开展抽查作业9宗。执行进口目的地查验指令106批次，执行出口属地查验指令803批次。

▲2021年2月24日，新会海关关员在江门大广海湾保税物流中心（B型）监管装卸设备

【支持扩大开放】2021年，新会海关持续优化口岸营商环境，口岸进口整体通关时间6.24小时，出口整体通关时间0.54小时。通过“单一窗口”受理证件33种。支持江门大广海湾保税物流中心（B型）发展，新会海关综合业务一科迁往江门大广海湾保税物流中心办公大楼办公，为江门大广海湾保税物流中心（B型）办理“分送集报”业务，办理“一次申报、分批送货”业务。持续推进习近平法治思想的学习宣传，打造关企“面对面”工作室普法品牌，发挥业务骨干力量开展“窗口普法”“上门普法”，推广应用税款担保新模式等惠企政策，把普法宣传融入监管与服务全过程。做好进出口统计记录数据审核工作，保障报关单数据的准确性，配合总署对辖区企业进行抽样调查，调研了解进口货物使用情况和跨境电商经营情况。开展统计分析和政策研究，2篇政研文章分别获广东分署、中国海关学会广州分会“推进外贸高质量发展”专题征文二等奖、三等奖，1 篇统计分析文章被全球贸易监测分析中心（广东）全球物流链（贸易链）研究小组采用。

【政务综合管理】2021 年，新会海关加强政务运行管理，3 篇新闻稿件分别被《人民日报》客户端、《南方日报》等采用。年内调整新会海关定密责任人名单，1 人获评“全国海关机要保密工作劳动模范”称号。完成经济责任审计整改 1 项，开展专项审计自查 1 项，开展隶属海关层面督察 1 项。组建内控员队伍和内控平台数据分析组，提升工作绩效，基层内控机制建设进一步深化。贯彻落实过“紧日子”要求，强化制度约束，严格预算执行，提高资金使用绩效。做好新冠肺炎疫情防控后勤保障工作，建立防疫物资动态管理机制，落实专人管理、专库存放、定期盘点措施，合理配备和发放防疫物资。

【精神文明建设】2021 年，新会海关持续深化文明单位建设，组织“爱心父母”党员干部和支部集体结对帮扶困境儿童，用实际行动支持脱贫攻坚；根据江门海关安排，选派 1 名党员到台山市广海镇鲲鹏村担任“第一书记”，持续推进乡村振兴，组织团支部深入该村参与助学，展现为民服务情怀。

（撰稿人：区嘉燕　李惠如　陈　莉
周嘉俊　赵洁芳）

鹤山海关

【概况】鹤山海关于1990年6月正式建关，是受江门海关直接领导的隶属海关。鹤山海关负责广东省鹤山市开放口岸和市内海关监管通关、检验检疫、加工贸易监管、稽核查、旅检、跨境电商和快件监管等各类海关业务，管辖鹤山港货运码头、鹤山港客运码头、万年松跨境电子商务清关中心、南方跨境电子商务清关中心、江门北站5个监管点。截至2021年年底，鹤山海关下设10个正科级内设机构。

2021年，鹤山海关坚持以习近平新时代中国特色社会主义思想为指导，认真学习贯彻党的十九大和十九届历次全会精神，坚决贯彻落实习近平总书记重要指示批示精神和党中央决策部署，按照总署党委工作要求、江门海关党委的具体安排，深入推进政治建关、改革强关、依法把关、科技兴关、从严治关，推动高质量发展，实现“十四五”良好开局。坚持政治机关建设，开展党史学习教育、口岸疫情防控、促外贸稳增长、打击走私等工作成效明显；积极推进海关业务改革，推广应用“提前申报”“两步申报”等业务改革；强化监管效能，加强食品、危化品等进出口商品监管，严厉打击“洋垃圾”、象牙等濒危物种及其制品、“水客”等走私行为，筑牢国门安全防线；推动全面从严治党向基层延伸，加强精神文明建设与干部队伍建设，推进清廉海关建设。

【政治机关建设】2021年，鹤山海关坚持把学习贯彻习近平总书记重要指示批示精神作为党委会、形势分析及工作督查例会的“第一议题”。统筹口岸疫情防控和促进外贸稳增长，严厉打击“洋垃圾”、“水客”、象牙等濒危物种及其制品走私，货运渠道查获固体废物铝块“再生铸造铝合金原料”100.82吨，快件渠道查获大麻油116克、大麻339.59克等；加强政策宣传，落实RCEP实施准备工作，积极推动辖区企业与中东欧国家经贸合作，年内江门北站铁路类监管作业场所审批通过，为珠西国际物流中心开通中欧班列、东盟班列业务奠定基础。

【党史学习教育】2021年，鹤山海关成立党史学习教育领导小组及办公室，制定党史学习教育细化方案、推进计划。组织到中共鹤山支部、鹤山市苏维埃政府旧址等红色教育资源参观24批次、216人次，开展以“述往思来 向史而新”为主题的支部书记讲党史活动、“党史教育进校园”宣讲活动、“学先进 守初心 铸忠诚”主题党日活动。推进“我为群众办实事”实践活动，开展专题调研，现场解决企业反馈疑难问题；开展“百件实事及时办”行动，对照总署党委重点民生项目清单，细列15项具体办实事项目，优化完善13个重点民生项目35个具体措施，解决企业和群众问题28个。

【基层党建工作】2021年，鹤山海关完善党建工作机制，健全党委工作规则、“三重一大”决策等制度，扎实推进“强基提质工程”，打造坚强的基层战斗堡垒，年内综合业务一科党支部获评“江门海关先进党组织”，3名同志分别获评“江门市优秀党务工作者”“江门市优秀共产党员”“江门海关优秀共产党员”。

【干部队伍管理】2021年，鹤山海关制订全面从严治党工作会议重点任务分工方案，明确57项任务要求。严格执行党委议事规则和决策程序。推进巡视巡察常态化整改，聚焦问题导向，明确55个方面整改措施，及时查漏补缺。做好领导干部报告个人有关事项工作，开展干部配偶、子女及其配偶从业情况自查工作99人次。制定“现场监管与外勤执法权力寻租”专项整治实施方案，明确5个阶段17项规定要求。按要求组织开展违规事项个人自查申报，深入开展风险自查。对照驻署纪检监察组反馈意见指出的4个方面6个主要问题，举一反三，立行立改。

【新冠肺炎疫情防控】2021年，鹤山海关抓好新冠肺炎疫情防控，坚持“外防输入、内防反弹”总策略，坚持人物同防、多病共防，加强来往港澳小型船舶船员转运移交和闭环管控，派员参加口岸卫生检疫人员集中封闭管理。年内监管进出境船员6,791人，对173名船员实施核酸采样，协助98人次到境内完成新冠疫苗的接种；办理港澳航线船舶外贸转内贸11艘次；参加集中封闭管理40人次。落实联防联控机制，加强与鹤山市卫健局、科工商务局、边检、口岸经营单位等的协同配合，实时更新新冠肺炎疫情合作机制，保证机制良好运转；持续跟进旅检口岸复航工作，加强与地方联防联控单位沟通，督促做好客运港口岸场所设施改进。

【业务改革与发展】2021年，鹤山海关推进“两步申报”“提前申报”“两段准入”等各项业务改革项目，对口岸报关单量前20名企业采用便利通关模式的情况进行分析，协助企业及时解决申报过程中碰到的疑难问题，持续压缩整体通关时间，年内鹤山口岸进口、出口整体通关时间分别5.55小时、0.49小时，支持加工贸易稳步发展，为辖区5家首次开展加工贸易企业免收担保4,804万。支持地方重点项目建设，助力地方外贸发展，鹤山市全年外贸进出口总值268.14亿元，同比增长 43.45%，增幅位于江门市三区四市首位。落实“证照分离”改革，优化行政审批流程，办理 1 起“海关监管货物仓储”行政审批作业。发挥公职律师、法制岗专业能力，妥善处置异常关停加贸企业欠税案件。

【检验检疫】2021 年，鹤山海关重点加强口岸非洲猪瘟、高致病性禽流感等重大动物疫情防控工作，做好供港澳农产品检验检疫，监装供港活猪 6,350 头，完成供港澳活猪疫病监测抽检 440 份，重点疫病 19 批抽检，一般疫病 3 批抽检。做好入境动物隔离检疫工作，1 月 14 日至 2 月 14 日，对 25 只荷兰进口的矮马进行隔离检疫合格后，出具入境动物货物检验检疫证明；12 月 25 日，从荷兰进境的 120 只羊驼安全运抵辖区进境动物隔离场，进行为期 30 天的隔离检疫。开展进出口食品化妆品抽样检验及风险监测 70 批，检测项目 350 项，全部按要求抽样送检，检测结果均合格。制定出口动物源性食品安全监控工作，全年检出 1 家供港冰鲜鸡肉企业鸡肉和鸡饲料氨本砷酸超标情事，按要求暂停该鸡场供货业务并要求整改。梳理辖区出口危化品企业及其产品基本情况，重点针对仓储、使用、运输等环节进行检查。全年检验监管出口危化品 677 批次，货值 2.61 亿元，检出不合格情况 13 批，其中包装性能检验不合格 10 批，包装使用鉴定不合格 3 批。

▲2021 年 1 月 14 日，鹤山海关关员开展危化品检验监管工作

【口岸监管】2021 年，鹤山海关查验报关单 389 票，查验集装箱 1,380 箱次，免除查验没有问题吊装费 42.33 万元，惠及 193 家企业；监管进出境船舶 1,092 艘次，其中进境 568 艘次，出境 524 艘次，登临检查进出境船舶 179 艘次；机检 5,113 个集装箱。加强与风控、集审等部门协同配合，强化涉税风险监控，筑牢国门生物安全防线，提高外来入侵有害生物检出率，推进快件渠道的严密精准监管。快件渠道截获奇亚籽、薰衣草、藜麦等禁止进境植物种子 26 批次，同比增长 30%。做好进口应税商品的归类、审价、原产地等工作，充分运用验估、送检、统计等手段，严格把关审核，税收入库 2.10 亿元。指导企业用好优惠贸易协定，属地纳税企业自贸协定项下进口货值 2.30 亿元，减让税款 3,875 万元。优化原产地签证服务，签发区域性优惠原产地证书金额 14.83 亿元。开展“国门利剑 2021”“蓝天 2021”等专项行动，严厉打击“洋垃圾”、象牙

等濒危物种及其制品、“水客”等走私行为，年内向缉私部门移交行政、刑事案件30宗。

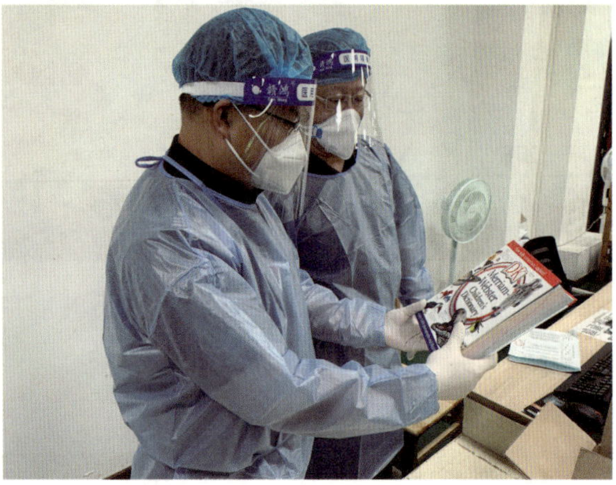

▲2021年10月18日，鹤山海关关员对问题书籍进行检查

【企业管理和稽查】2021年，鹤山海关加强企业指导和高级认证服务，帮助企业用足用好海关信用管理政策，截至12月31日，鹤山辖区有5家高级认证企业。推进稽查改革，坚持以查促管，对近3年进口固体废物加工企业、进口再生金属行业、B类快件代理申报企业开展专项稽查，提高稽查查发率，年内办结稽核查作业112家，并对发现问题企业作补税处理。

【政务综合管理】2021年，鹤山海关落实应急值班工作要求，严格遵守值班报告制度。提高公文办理质效，强化效率意识，严格公文办理时限。加强保密管理力度，重点对管理网、互联网以及手机、微信、互联网邮箱等开展保密自查。加强新闻宣传，撰写新闻稿件10篇，分别被《人民日报》《南方都市报》《江门日报》等媒体及“学习强国”“海关发布”等平台采编。落实过“紧日子”要求，坚持精打细算、勤俭节约，科学统筹全年资金使用，开展全面的财务分析，动态掌握实时资金状况，切实解决资金缺口问题。以节能降耗为目标，实行“划区管理”，建立用水用电日常巡查机制，设立餐饮浪费督导员，督促提醒干部职工厉行节约。成立关、科两级内控工作复核工作小组，对各个业务岗位履行职责情况开展监督检查，对发现的问题建立整改措施及进度台账，及时处置风险隐患，年内纠正业务差错次数4次，补证45件，移交稽查线索1家，并对相关企业作补征税款或立案处理。

（撰稿人：邓志豪　龙陈珍　李立国　陈　伟　罗卓君　谭启常）

开平海关

【概况】开平海关前身为1983年成立的三埠海关，2006年4月1日起正式更名为中华人民共和国开平海关，是受江门海关直接领导的隶属海关。开平海关负责广东省开平市开放口岸和市内海关监管通关、检验检疫、加工贸易监管、稽核查、跨境电商监管等各类海关业务，管辖三埠港客货运输码头、开平市跨境电子商务快件分拣清关中心2个监管点。截至2021年年底，开平海关下设8个正科级内设机构、1个事业单位。

2021年，开平海关坚持以习近平新时代中国特色社会主义思想为指导，认真学习贯彻党的十九大和十九届历次全会精神，坚决贯彻落实习近平总书记重要指示批示精神和党中央决策部署，按照总署党委工作要求、江门海关党委的具体安排，深入推进政治建关、改革强关、依法把关、科技兴关、从严治关，推动高质量发展，实现“十四五”良好开局。始终坚持政治建关，党史学习教育、口岸疫情防控、促外贸稳增长等工作成效明显；深入推动改革强关，持续深化“放管服”改革落实惠企暖企政策，助力辖区企业加速融入国内国际“双循环”发展格局；不断深化依法把关，全方位强化正面监管，年内开平海关监管进出口货物37万吨，货值70.4亿元；加快推进科技兴关，强化科技人员培训，着力提升科技成果运用和技术推广；全面从严治关，持之以恒强化正风肃纪，凝心聚力做好综合服务保障，完成办公大院改造等系列民生工程。

【政治机关建设】2021年，开平海关坚持将习近平总书记重要指示批示精神列为党委会、形势分析及工作督查例会等的“第一议题”，落实“第一议题”重点工作39项。常态化推进巡视巡察整改，建立定期报送整改进展情况机制，健全常态化整改清单，建立工作台账9个，更新整改措施142项，整改全部到位。认真学习贯彻中央经济工作会议精神，结合开平市经济发展思路，研究对接粤港澳大湾区发展的有力措施和落实“十四五”海关发展规划的细化思路，年内研究报送工作建议和发展规划建议共12条，制定各类细化措施10项。

【党史学习教育】2021年，开平海关深入开展党史学习教育，出台5方面23条党史学习教育细化措施，组织党委理论学习中心组学习9次。制订党史学习教育读书班计划，组织全体党员到开平万隆客栈革命纪念馆举办党史学习教育读书班开班仪式，累计开展专题读书班研讨6次。举办“回顾光辉历程赓续革命精神”党史展览，创新运用“党史+”形式，开展“党史云联欢”“红歌传唱”“情景剧表演”“奋进百年路颂歌献给党”歌咏会等活动，2名退休老党员获颁“光荣在党50年”纪念章。建成“学史铸魂”红色讲坛，开展“党史故事大家讲”37人次、“青年讲堂”15期。扎实开展“我为群众办实事”实践活动，建立党委重点民生工程项目清单20项，引导企业参加企业集团加工贸易监管等试点改革，解决企业和群众“急难愁盼”问题24个，特色亮点做法获总署、广东分署政工简报采编。

【基层党建工作】2021年，开平海关建立健全领导班子全面从严治党主体责任清单，不断夯实基层党建基础，年内4个岗位获评“党员先锋岗”，1个支部被评为江门海关第二批“四强”党支部。完善与派驻纪检组联系配合机制，每季度召开全面从严治党专题联席会议，开展廉政风险研判。加强纪法教育和警示教育，开展“以案释纪”案例剖析活动，党委书记、支部书记、纪检委员带头讲廉政党课20余次。运用监督执纪“四种形态”对党员干部存在的苗头性、倾向性问题开展提醒谈话，年内没有收到投诉举报、问题线索、行风作风问题反映。

【干部队伍建设】2021年，开平海关开展“现场监管与外勤执法权力寻租”专项整治，召开全关警示教育大会，围绕业务廉政风险高发点，细化专项整治重点问题提纲81项，认真梳理风险点和重点关注岗位。利用一线窗口、现场执法等渠道加强宣传，张贴宣传海报，发放专项整治工作告知书116份，电话回访海关社会特约监督员12人次。注重整改巩固，制定6项整改措施，下发意见书等13份，不定期开展“回头看”检查，杜绝问题“贰过”。深化业务领域岗位练兵，提升干部综合业务能力，1人在“万人争先”线上练兵中入围全国海关线上练兵百强。组建义工服务分队，通过上门家访、视频交流、举办生日会等方式对11名封闭管理人员及其家属开展慰问。用心用情培养锻炼年轻干部，党委班子与调任干部逐个开展谈心谈话，提升新提拔的年轻科领导抓党建带队伍能力。建立青年干部培养四项机制，“开平海关360服务队”荣获江门市“青年文明号”称号。

【新冠肺炎疫情防控】2021年，按照总署最新新冠肺炎疫情防控规定，开平海关修订完善本口岸疫情防控工作方案、操作指南、应急预案等规范18版次，开展周边国家地区疫情研判并形成报告14篇。切实落实“三查三排一转运”口岸防控措施，监管进出境船舶 530 航次，检疫人员 3, 358 人次，登轮检查 81 航次。加强与属地政府部门的联防联控，移交实际入境船员 11 名，通报外贸转内贸船舶、船员及其航行计划信息 6 次。强化国境口岸卫生监督，针对鼠类、蚊、蜚蠊等开展口岸病媒生物监测 28 次，开展饮用水质量监测 4 次，向监管作业场所运营方发出《疫情防控告知单》21 份。压紧压实“网格化”管理，落实每日健康监测“日报告、零报告”，细化内部疫情防控措施 12 条，对办公场所、公务用车、公共区域实施防疫消毒 1, 645 次。严格落实外出审批制度，开展全关干部职工（含共同居住人）紧急排查 30 次、出差出行等临时核酸检测 123 人次。加强疫情防控梯队建设和培训管理，开展内部疫情防控应急演练 1 次、桌面推演 1 次。严格落实服务外包人员、基建维修施工人员日常防疫管理，与外来施工单位签订疫情防控责任书 2 份。严格落实疫苗接种要求，组织全关干部职工分批次开展新冠疫苗接种工作，实现应接尽接。

【检验检疫】2021 年，开平海关严格疫病疫情监测，定时派员到活猪、活禽养殖场执行抽样、采样、送检工作，有效保障出口活猪、活禽产品质量安全，监管供港活猪出口约 2. 4 万头，货值约 5, 200 万元。检验发现进口棉花在重量、品级等方面存在问题，协助棉花进口企业对外商成功索赔 3 次。加强进出口食品检验，检出 2 批输澳鲜牛奶不合格。加强进出口危险化学品及其包装的检验监管工作，监管进出口危险化学品 13 批约 290 万元，进出口危险化学品包装 380 批。

【口岸监管】2021 年，开平海关加大风险分析研判力度，强化对象牙等濒危物种和疫区冻品的风险研判，实施口岸货物人工查验 239 票。加强货运渠道动植物检疫监管，着力防范安全准入风险，检出 5 次熏蒸药剂残留浓度超标情事、查发 3 起木质包装不合规情事。持续开展打击治理“水客”走私专项行动，加强入境船舶登临查验和船边视频监控监管，查获 1 起船员及码头工作人员逃避海关监管走私应税物品进境案件。加大对进口重点商品涉税要素规范申报的监控力度，纠正商品归类等涉税要素错误 5 例，并按规定完成补税。办理辖区首票“汇总征税”业务，助力企业实现“先放后税、汇总缴税”，涉及货值 14 万元。开平海关全年税收入库 1. 09 亿元，同比增长 57. 49%。落实口岸查验配套服务费改革和国家减免出入境检验检疫费用政策，免除查验没有问题的集装箱

▲2021 年 4 月 15 日，开平海关关员进行外来有害生物监测

179 箱次，涉及企业 110 家次，累计为企业节省费用 7.23 万元。

【企业管理和稽查】2021 年，开平海关设立关地企“直通车”“手拉手”服务窗口，深入开展企业培育和辅导，新增 91 家企业利用“互联网 + 海关”平台无纸化办理海关注册登记，1 家企业通过 AEO 高级认证，帮助 9 家企业完成知识产权备案工作。积极引导企业参与集团加工贸易监管模式改革，助力企业出口轮胎帘子布及聚酯高强力纱订单回流，货值 7.13 亿元，同比增长 83%。开展在线核查和实时记录，引导企业自查自纠、守法自律，核查效率提高 30%，办结主动披露作业 2 宗。加强跨部门联合执法，与地方市场监管部门开展联合抽查，实施跨部门联合抽查作业 8 家，联合抽查作业有效率 100%。

【支持扩大开放】2021 年，开平海关围绕地方政府推动跨境电商业务、申建保税物流中心（B 型）、建设供港澳蔬菜基地等需求，组织开展政策宣讲 3 次，深入辖区重点企业调研 6 次。主动收集发布出口国或地区技术贸易措施，助力辖区 5 家企业获得粤港澳大湾区“菜篮子”生产基地证书，推动蛋制品龙头企业获得对欧盟、新加坡出口资质。持续优化原产地证书审签服务，成功签发江门关区首份中国——毛里求斯自贸协定优惠原产地证书，涉及签证金额 155.59 万元。落实江门海关压缩整体通关时间工作机制，2021 年开平口岸进口整体通关时间 1.57 小时，出口整体通关时间 0.49 小时。积极推广“提前申报”“两步申报”和“两段准入”便利化通关模式，建立对货物申报的全流程跟踪服务机制，提供预约通关服务 259 次，累计货值超 5.18 亿元。积极推动经济发展新模式新业态，组建工作专班深入企业调研，做好支持企业发展跨境电商出口业务的分析研判，积极开展政策宣讲，推动开平市跨境电子商务快件分拣清关中心恢复运作，协调进出口企业、报关企业、电子口岸等部门开展通关测试。11 月 2 日，江门关区首票跨境电商 B2B 出口海外仓业务（“9810”模式）在开平海关顺利申报放行。积极推动本地明胶产业发展，指导企业加强原料源头管理和生产过程控制。在开平海关的帮助下，相关企业获得含安全控制 HACCP 体系的 IFS 国际食品安全认证，达到食用明胶出口欧盟基本要求，通过海关对欧盟出口动物源性食品注册推荐并获得欧盟认可。5 月 20 日，辖区企业生产的明胶首次顺利出口克罗地亚。

▲2021 年 5 月 24 日，开平海关关员对出口明胶进行查验

【政务综合管理】2021年，开平海关持续精简会议，改进文风会风。信息宣传工作取得进展，被江门海关采用动态信息174条，总署采用3条，广东分署采用18条；综合信息被江门海关采用6篇；《江门海关优化服务助力亚太最大的骨明胶生产企业产品首次出口中东欧国家》等新闻稿被总署门户网站、《羊城晚报》采用。加强应急值班管理，加大实地检查、电话抽查力度，开展值班专题培训4次。强化督察审计监督，对粮食和危化品监管开展专项督察2次。全面改善办公环境，完成青年讲堂硬件配置、大院基础设施工程项目、办公大院改造等系列民生工程，改造面积5,000多平方米。始终坚持用制度管人管事，制订小额采购操作规程、落实厉行节约过“紧日子”要求实施细则等制度文件。成立资产清查工作小组，强化新增资产配置管理，加大资产共享调剂力度，组织开展2次实地资产盘点。在预算范围内大力压减非刚性、非重点、非急需支出，从严控制会议、差旅、培训及“三公”经费，水电能耗大幅下降。

（撰稿人：王熙程 李仰琛 胡子敏
钟 延 夏经纬 戚炜强
卢志升 谢佩瑜）

台山海关

【概况】台山海关前身为1988年成立的广海海关，1996年正式更名为中华人民共和国台山海关，是受江门海关直接领导的隶属海关。台山海关负责广东省台山市开放口岸和市区海关监管通关、检验检疫、加工贸易监管、稽核查等各类海关业务，管辖台山公益港码头、香港惰性物料台山处置区、国能粤电煤电专用码头3个监管点。截至2021年年底，台山海关内设正科级机构7个。

2021年，台山海关坚持以习近平新时代中国特色社会主义思想为指导，认真学习贯彻党的十九大和十九届历次全会精神，坚决贯彻落实习近平总书记重要指示批示精神和党中央决策部署，按照总署党委工作要求、江门海关党委的具体安排，坚持稳中求进工作总基调，立足新发展阶段，贯彻新发展理念，构建新发展格局，推动高质量发展；全面加强党的领导，扎实开展党史学习教育，践行“两个维护”更加坚决有力；统筹发展和安全，口岸疫情防控和促进外贸稳增长取得成效；强化海关正面监管，反走私综合治理进一步深化；落实全面从严治党“最后一公里”，深入开展“现场监管与外勤执法权力寻租”专项整治，清廉海关建设进一步推进。

【政治机关建设】2021年，台山海关落实“第一议题”制度，召开形势分析及工作督查例会12次研究具体工作措施、督促落实。深入开展党史学习教育工作，出台15项党史学习教育细化措施，举办党委理论学习中心组学习和党史学习读书班17期，开展“讲党史薪火相传”党史故事分享、“红歌传唱”、“情景剧表演”等系列活动，“七一”前建成台山海关关史馆，组织党员干部深入台山市林基路革命烈士纪念馆、深井镇革命老区、滨海松苑等红色基地进行参观体验学习14次。开展“我为群众办实事”实践活动，确立党委重点民生工程项目9个，制定落实措施23项，为群众解决紧急通关、期满换证、紧急救援等“急难愁盼”问题29个。

【干部队伍建设】2021年，台山海关开展警示教育，召开“正风肃纪打造清廉台关”警示教育会，举行“基层书记组长谈责任”主题访谈活动，各支部讲授廉政专题党课8次，家访助廉16人次，增强党员干部底线思维和红线意识，确保全面从严治党要求落地落实。推动基层支部党建高质量发展，通过“智慧党建”系统规范各支部“三会一课”，发出通报15期，创建省级“巾帼文明岗”，综合业务二科“紫巾花”创岗品牌顺利通过江门市评审。综合业务一科党支部为“四强”党支部，3个业务岗位为江门海关一线窗口“党员先锋岗”。开展“现场监管与外勤执法权力寻租”专项整治，成立专项整治工作领导小组，制定4个阶段21项具体工作措施。广泛开展监督，在现场设置两个专项整治举报箱，通过关企微信群、办公大楼电子显示屏、微信群等向辖区100余家企业推送专项整治工作通告，通过召开重点企业、特约监督员座谈会、走访企业等方式向22个地方党政部门和企业及时宣传海关专项整治工作，发放专项整治工作告知书110份。全面开展自查自纠，各业务科室对照总署重点问题参考提纲和职能部门重点问题细化提纲进行自查，制定“三张清单”，确定12个业务风险环节、5个重点岗位。建立长效整改机制，制定完善措施27条，对专项整治中检查存在的问题举一反三、立行立改。深化准军事化纪律部队建设，坚持每周队列训练，开展内务规范强化月活动，内务督察12次，发出整改通知书6份；推进精神文明建设，大力宣传冯佑来家庭获评“全国最美家庭”“全国文明家庭”等先进事迹，组织开展志愿义工服务活动30场，参加人员254人次。落实谈心谈话制度，掌握队伍思想状况，开展岗位调整、职务晋升、日常性提醒谈话约30人次。深入开展机关建设，台山海关办公室被评为“台山市模范机关创建先进单位”。

【新冠肺炎疫情防控】2021年，台山海关开展进出境船舶登临检疫工作，对船员实行“三查三排一转运”，对船舶进出境全流程单证资料实行“一船一档”管理。监管进出境船舶859艘次，监管进出境船员8,123人次，对船舶实施登临检查143艘次，监测船员体温1,701人次，查发1宗船舶未申报擅自转内贸情事。与地方联防联控实现闭环管理，联合开展口岸疫情防控暨反恐应急处置演练3次，累计参与100余人次。7月15日，联合帮助1名患病船员入境紧急就医。严格疫情内部防控，落实网格化管理措施，及时开展健康排查，对口岸一线人员和关区重点人员进行核酸采样检测1,980人次。该关负责江门海关第二片区（开平海关、台山海关）入境卫生检疫人员集中管理工作，制订口岸入境卫生检疫人力资源保障工作实施方案，在集中封闭管理居住点设置工作区、居住区与物资保障供应区，安排专车接送入境卫生检疫人员，实行“两点一线”健康管理。6月24日对入境卫生检疫人员首次进行集中封闭管理，至年末完成封闭管理人员轮换14次。10月4日，台山、开平第二片区联合登临小组派出3名入境卫生检疫人员到阳江海关支援进境船舶登临检疫工作，登临检疫进境船舶1艘。

【检验检疫】2021年，台山海关开展国门生物安全监测144次，发现桔小实蝇等外来有害生物2.9万只，首次监测发现检疫性有害生物辣椒实蝇、对粒材小蠹。对进口原木进行“先检后卸，卸后再检”，发现活体检疫性有害生物或其他不符合要求的原木，严格实施检疫除害处理，在进口原木中截获活体有害生物17种119头。落实供港澳活猪的检疫制度，按规定、计划开展抽样检测、批批监装，监管出口供港澳活猪13,508头。持续开展禽流感疫情疫病监测、水生动物疫病风险监测，加强备案养殖场的日常巡查与不定期抽查，对冰鲜禽肉及其制品抽样送检149批次，对鳗鱼及其制品抽样送检286批次。开展动物源性食品风险监测，检出8份动物源性食品原料药物残留超标。

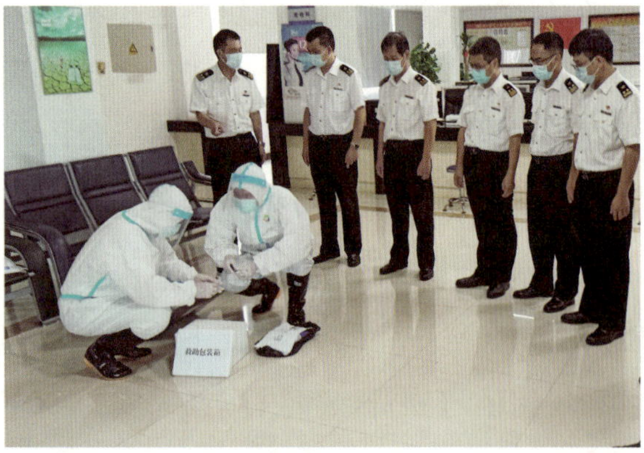

▲2021年8月11日，台山海关开展危化品属地查检防护应急演练

【口岸监管】2021年，台山海关强化正面监管，优化查验流程，监管进出口货物190.82万吨，货值75.5亿元，进出口集装箱45,398标箱次，箱载货物48.24万吨。支持惰性物料填海处置工程，在处置区建设卫生检疫用房、设置移动方舱，灵活应用无人机、视频远程监控等科技手段强化处置区船舶监管，监管承运香港惰性物料小型船舶456艘次。落实口岸查验配套服务费改革和国家减免出入境检验检疫费用政策，免除查验没有问题企业费用9.73万元。维护口岸安全稳定，与地方边检等部门开展口岸反恐联合演练3次，组织反恐设备实操演练培训12次，参加150多人次。组建两级整体通关时间专项工作小组，对运输企业和申报企业开展业务指导，专人跟进报关单通关全程，进口整体通关时间8.67小时，出口整体通关时间1.06小时。积极推进业务改革，“两步申报”比例38.01%，进口、出口“提前申报”比例95%、76.27%，“两段准入”应用率4.58%。推进属地纳税人管理工作，推广自报自缴、新一代税费电子支付方式、汇总征税等改革，接审报关单9,837份，税收入库2.32亿元，自报自缴率为74.59%，新一代电子支付率为88.83%，汇总征税率为4%。落实内销保税货物审价作业规定，内销征税681.86万元。

【企业管理和稽查】2021年，台山海关深化“放管服”改革，实行行政审批业务“一网通办”，办理企业注册备案、注册变更及注销168家次，关区新注册企业71家。推进出口原产地证书集约化审核，开展RCEP原产地规则和关税减让政策宣传，签发原产地证书5,106份，签证金额14.59亿元。推进加工贸易企业发展，积极宣传加工贸易手账册设立、核销等相关政策，辖区加工贸易企业进出口总值45.2亿元，为辖区加工贸易企业免除保证金664万元。加大信用培育力度，开展AEO认证多元辅导9家次，辖区1家上市企业获得高级认证企业证书。深化稽查改革，以“查发问题”为导向转变稽查理念，办结稽查作业23个，查发问题15个，办结核查作业151个，对违规企业作补税处理。推广主动披露和容错纠错机制，推广“互联网+主动披露”模式申报，7月办结江门关区首宗涉检企业主动披露作业，办结主动披露作业5宗。

【打击走私】2021年，台山海关对进口货物运输信息、图像特征等进行分析，严格开展机检非侵入式检查与现场开柜查验，查获3起货运渠道夹藏案件。完善业务风险防控协同机制，企管、稽查、监管、缉私等部门进行风险信息共享，开展联合业务风险分析研判12次，办理“两简案件”7宗，涉及案值约546万元，深入推进系列打击走私专项行动，立案侦办刑事案件3宗，案值2,585.6万元；立案调查行政案件13宗，案值1,731.9万元；立案调查涉检行政案件1宗，案值2.3万元。

【保障粮食能源安全】2021年4月22日，台山海关为中央储备粮江门直属库下属台山分公司和台城分公司紧急办理进口粮储备库备案手续，保障企业顺利进口粮食、完成国家粮食调拨任务。年内监管调运进境粮食74.1万吨，同比增长4.8%。组建进口煤炭监管工作专班，对10万吨级专用卸货码头定制口岸疫情防控工作方案，保障煤炭“零延时”通关，监管进境国际航行船舶24艘次，累计进口煤炭147.64万吨，货值9.9亿元。支持国家重点项目台山核电建设，指导企业应用通关一体化、提前申报、汇总征税的方式进口货物，监管进口核燃料组件6.84亿元。

【特色农产品出口监管】2021年，台山海关支持粤港澳大湾区“菜篮子”工程建设，推动国家地理标志产品“台山鳗鱼”出口，对饲鳗料投入、育苗养殖、活鳗出口到深加工出口等进行全链条监管，保障鳗鱼质量安全卫生，监管出口鳗鱼及其制品10.3亿元。对企业开展对外注册辅导，帮助辖区咸鱼产品企业推荐对美国注册，9月关区咸鱼产品首次报关出口至美国。主动研究港澳进口农产品相关标准规定，6月24日经香港食物环境卫生署批准，台山辖区某公司首批出口冷冻鹧鸪正式在香港市场流通销售，实现内地（养殖）鹧鸪供应香港市场的“零”的突破。2021年监管供港澳冰鲜禽肉及其制品3.09万吨，供港鸡苗 304.73 万只。

▲2021 年 11 月 23 日，台山海关关员到出口活鳗注册登记中转场实施现场检疫

【政务综合管理】2021 年，台山海关持续精简会议，严格控制会议规模、时长，进一步改进会风会纪。信息宣传工作取得进展，报送动态信息 306 条，获江门海关采用 209 条，总署采用 5 条；综合信息江门海关采用 2 篇，广东分署采用 1 篇；新闻稿获《江门日报》头版采用 1 篇。深入开展分析研究，参与撰写分析文章《广东鳗鱼养殖规模居全国之首产业高质量　可持续发展面临挑战》。加强应急值班管理，加大实地检查、电话抽查力度，制发情况通报 7 期。强化督察审计监督，对企业管理和稽核查工作开展专项督察 1 次，提出改进相关工作建议 2 个。修订完善小额采购操作规程。强化预算执行，加强固定资产盘查，成立资产清查工作小组，组织开展 2 次资产盘点，开展节约型机关建设，6 月 1 日顺利通过创建验收，水、电能耗同比分别下降 10.14%、10.48%。改善干部职工工作生活环境，完成水管更换、加装电梯等民生工程建设。

（撰稿人：邢泓伟　刘倩荷　许竟文
严　力　李晓岚　林滔略
罗　锋　黄秋兰　谢素仪
甄伟文　戴佳亮）

恩平海关

【概况】1986 年 7 月，江门海关在原恩平县城设立工作组；1994 年 6 月 6 日，恩平海关正式建关，是受江门海关直接领导的隶属海关。恩平海关负责广东省恩平市开放口岸和市内海关监管通关、检验检疫、加工贸易监管、稽核查等各类海关业务，管辖恩平进出境车辆检查场 1 个监管点。截至 2021 年年底，恩平海关下设 4 个正科级内设机构。

2021 年，恩平海关坚持以习近平新时代中国特色社会主义思想为指导，认真学习贯彻党的十九大和十九届历次全会精神，坚决落实习近平总书记重要指示批示精神和党中央决策部署，按照总署党委工作要求、江门海关党委的具体安排，以党建高质量发展为主线，推动各项重点工作取得较好成效。大力推进党的政治建设，坚持“四个突出”推动党史学习教育走深走实；落实落细各项重大工作任务，全力支持口岸新冠肺炎疫情防控，参与检出新冠肺炎病毒阳性病例；全面加强新冠肺炎疫情内部防控，实现“零感染”；坚持底线思维，强化监管，提升税收征管质量，持续守好供港澳活动物检疫关，稽核查、原产地管理工作再上新台阶；主动融入地方经济发展大局，知识产权保护工作取得新突破，全力支持特色农产品出口工作；深入推进全面从严治党，压紧压实专项整治、巡察整改各项工作，实施清单式管理；强化青年干部队伍建设，建立健全激励、容错机制，培养“一岗多能”人才，多名青年干部获得江门海关表彰。

【政治机关建设】2021 年，恩平海关坚决把学习贯彻习近平总书记重要指示批示精神和党中央重大决策部署作为党委会议的“第一议题”，坚持不懈地用习近平新时代中国特色社会主义思想武装头脑，认真落实党委理论学习中心组学习制度，补充完善实施办法，制订年度学习计划，组织开展集中学习、专题研讨等；督促各支部做好工作台账，定期督查，对传达落实存在的问题及时整改。通过党员大会、支委会、专题培训班、集中学习研讨等多种形式，认真传达学习领会党的十九届五中、六中全会精神，落实习近平总书记重要指示批示精神，不断增强“四个意识”、坚定“四个自信”、做到“两个维护”，提高政治判断力、政治领悟力、政治执行力。扎实开展党史学习教育，加强党员干部对党史学习教育知识的学习掌握，进一步推动党史学习教育入脑入心，确保做到学习全覆盖；抓好各支部对中央指定的4本读本和3本简史的学习研讨，严格落实“三会一课”和主题党日活动，以政治建设为引领切实提高党建工作质量。夯实党建工作基础，规范党组织生活，规范党费收缴，严格按照程序发展党员，4名青年干部提交入党申请；完善党建阵地建设，加强宣传工作；定期对支部组织生活等情况进行检查，督促整改落实，推动基层党建工作提质增效。

【干部队伍建设】2021年，恩平海关推进“四强”党支部建设，完善“一支一品”建设，推动党组织从“建在科上”向“强在科上”发展，该关办公室党支部被评为江门海关“四强”党支部，综合业务科党支部企业信用管理岗、查检科党支部动植物检验检疫岗被评为江门海关“党员先锋岗”；落实全面从严治党“清单式”管理，研究制订重点任务分工清单，明确8个方面、23项任务、60条措施；扎实开展“警示教育月”活动，加强与派驻纪检组联系配合，主动走访地方公检法部门，严格外出执法廉政监督。开展“现场监管与外勤执法权力寻租”专项整治，成立专项整治工作领导小组，制订实施方案，细化分解27项任务，按照路线图和时间表扎实开展各阶段工作；在业务现场和办公大楼分别设立专项整治举报箱，并向社会协助公布投诉举报地址、邮箱、举报电话等信息；通过座谈、上门、邮件、办事窗口等途径向特约监督员以及辖区94家进出口企业派发告知书；组织全关如实填报干部配偶、子女及其配偶从业情况，开展对退休人员、辞职离岗人员就业情况排查；认真排查重点关注对象和岗位，确定重点岗位4个，梳理廉政风险点10个，拟定重点关注对象2人；制定廉政风险防控措施43条，整改现场监管与外勤执法领域问题2个，完善相关作业指引4个，工作台账6个。加强青年队伍建设，针对青年干部比例高的特点，完善跨科室岗位AB角机制，通过参加专业培训、集中工作、跟班作业、考取专业资质，培养“一岗多能”青年人才，2名青年干部分别被评为江门海关2018—2020年度先进党务工作者和2021年度江门海关优秀党务工作者。

【新冠肺炎疫情防控】2021年，恩平海关建立健全新冠肺炎疫情防控组织体系，制订完善口岸新冠肺炎疫情防控工作方案等7个预案、措施、计划；全面加强与恩平市疫情防控指挥部、恩平市卫生健康局等地方职能部门联系，建立健全信息共享、应急处置、协同监管以及培训演练等联防联控工作机制；积极派员参加江门海关第三片区入境卫生检疫队伍，共计派出12人次参与支援。及时制定安全防护相关制度，落实“岗前检查、工作巡查、全程督查”“双人作业、互相监督”的安全防护监督工作；通过“钉钉”、e课堂、微培训、实操演练等方式，强化支援口岸检疫人员及梯队人员业务能力培训、安全防护培训，提高规范操作水平。进一步压实“四方责任”，落实“四早要求”，强化“网格化”管理，落实“日报告、零报告”制度，强化外单位来访人员“一登记二绿码三测温”管理机制；做好经费和应急防控物资保障工作；加强出行人员管理，严格执行“非必要不出省”的纪律和出行审批；严格落实人力资源保障和关心关爱措施，做好各项疫情防控人力资源保障工作；持续推进疫苗接种工作，实现应接尽接。

【检验检疫】2021年，恩平海关严格要求养殖场全面落实防疫生产主体责任，密切关注国内外非洲猪瘟疫情动态，从源头杜绝疫情发生。全面抓好冬春季疫情防控工作，坚持“人物同防”“多病共防”，督促运输车辆司机核酸“一日一检”。切实做好养殖场监督管理，每月核查养殖场存栏量，排查防疫风险隐患。全链条完善出口动物临床检疫监装、监测采样送检、车辆防疫消毒、运输过程追踪等环节的监管，年内监管内地供港澳活猪481批、17,550头，保持“零疫情”。

【企业管理和稽查】2021年，恩平海关主动做好后续对接工作，不断提高辖区企业规范化管理水平，通过发挥“大数据”功能，提高数据分析能力和问题发现能力。加强自主风险分析研判，找准稽查重点，集中力量对漏报运保费和对美加征关税商品开展专项稽查，查获商品归类错误税差超20万企业1家，漏报运保费企业1家。积极向企业宣传主动披露政策，畅通自我纠错及救济渠道，释放改革红利。及时了解企业在生产经营、进出口环节的合理诉求和难点痛点，协调有关部门，逐项研究解决方案，依法依规为加贸企业纾困解难。大力推广加工贸易边角废料网上拍卖机制，加快加工贸易手册账册核销，帮助企业缓解资金周转压力，年内加工贸易进出口总值21.5亿元，同比增长18.8%。

▲2021年8月20日，恩平海关关员监装供港活猪

【安全生产】2021年，恩平海关积极开展“安全生产月”活动，抓好节日节前安全教育，组织全关学习《生命重于泰山》等电视专题片，汲取“湖北十堰爆炸事故”、荷塘“9·16”火灾等事故教训，深入学习宣传贯彻《安全生产法》，强化全员安全生产意识。组织开展消防、反恐

等各项演练6次。重点抓好进出口危险化学品监管，梳理辖区生产企业及产品种类，建立出口危险化学品清单，全面排查安全隐患，全年监管出口危险化学品51批865.42吨，同比增长183.53%；货值1,476.84万元，同比增长145.55%。

【优化口岸营商环境】2021年，恩平海关推广“提前申报”“两步申报”“汇总征税”等通关便利措施，持续压缩口岸整体通关时间；发挥关地企“直通车”“手拉手”机制作用，建立“一企一策”，推广原产地证书自主打印和智能化审核，全面推进知识产权保护工作，到21家企业进行一对一政策宣传，在知识产权海关保护子系统成功备案商标37个；支持粤港澳大湾区“菜篮子”工程建设，指导企业办理海关企业备案、产品出口通关等业务，助推“恩平濑粉”“簕菜茶”等辖区特色农产品出口。

▲2021年7月12日，恩平海关关员监管冻虾、冻罗非鱼

【政务综合管理】2021年，恩平海关认真做好信息公开分类，严格信息审查，按流程审批公开信息，确保公开信息准确，主动公开行政处罚、“双随机、一公开”信息7条。组织开展各类业务培训，全体干部全年累计参加培训5,579.7学时。专人对新海廉平台进行监控，不定期开展提示警示信息处理，通知责任科室进行信息移除并提醒分管领导进行确认，每日登录事件管理平台，及时根据提示处置联系单，提醒相关责任科室按时限及要求完成相关核查。落实过“紧日子”要求，严格预算管理，结合预算压缩形势，加大资金统筹力度；严格实行节能降耗指标管理，加强用水用电设备的日常检查维护，压缩水、电、油、气等消耗性支出；规范资产管理基础工作，摸清资产底数，提倡修旧利废，提升资产使用管理效能。

（撰稿人：李春丽　吴许尧　吴玩蓉
张　弘　陈大勇　洪碧帆
梁映华　谢明华）

阳江海关

【概况】阳江海关前身为江门海关驻阳江办事处，于1999年1月14日正式建关，是受江门海关直接领导的隶属海关。阳江海关负责广东省阳江市开放口岸和市内海关监管通关、检验检疫、加工贸易监管、稽核查等各类海关业务，管辖阳江港通用码头、阳江保丰码头、阳江良港码头3个监管点。截至2021年12月，阳江海关内设科级机构7个，派驻副处级机构1个（下设科级机构3个），所属事业单位1个。

2021年，阳江海关坚持以习近平新时代中国特色社会主义思想为指导，认真学习贯彻党的十九大和十九届历次全会精神，坚决落实习近平总书记重要指示批示精神和党中央决策部署，按照总署党委工作要求、江门海关党委的具体安排，聚焦主责主业，推动各项工作全面落实。坚持以政治建设为统领，强化政治机关建设，推动落实“第一议题”制度、党史学习教育、履行全面从严治党主体责任、“现场监管与外勤执法权力寻租”专项整治、创建模范机关等工作成效明显，阳江海关驻阳江港办事处获评“阳江市2019—2020年度市直机关模范机关创建先进单位”称号；坚持以作风建设为抓手，规范队伍管理，严格干部选拔任用，加强准军事化海关纪律部队建设，持续完善内控机制建设，7个集体、个人获江门海关记三等功、嘉奖表彰；坚持以落实总体国家安全观为目标，强化监管效能发挥，严厉打击“洋垃圾”走私，筑牢预防外来物种入侵防线，有效阻击境外新冠肺炎疫情输入，打击象牙等濒危物种、野生动物及其制品、“水客”、重点商品等走私活动成效明显，查办走私罪案件4宗和违规案件4宗；坚持以发挥服务效能为手段，强化扶持外贸高质量发展能力，聚焦“六稳”“六保”，持续优化口岸营商环境，促进外贸量价齐升，阳江市全年外贸进出口值增速居广东省第一。

【政治机关建设】2021年，阳江海关坚持落实“第一议题”制度，党委会、形势分析及工作督查例会等“第一议题”学习贯彻习近平总书记重要指示批示精神50次，督办“第一议题”事项12项。推动党史学习教育走深走实，建立健全党史学习教育组织领导，细化工作措施38项，讲授党课14次，编发简报18期，开展红色教育基地现场教学4场次；开展“学党史、颂党恩、庆华诞”“十个一百”系列活动，打造“班前晨读十分钟”“微课堂”等；召开党史学习教育专题组织生活会，开展集中学习29次，收集意见、查摆问题449条，制定整改措施79条；推进“我为群众办实事”实践活动，完成重点民生实事项目30项，为企业、群众办实事36件。夯实“强基提质工程”，选举产生第一届机关党委，创建完善并展示12个支部党建品牌，发展预备党员6名，1个支部被推荐参评总署党建示范品牌，1个支部被评为江门海关第二批“四强”党支部，1个支部被评为江门海关优秀基层党组织，1名党员被评为江门海关优秀共产党员。

【干部队伍管理】2021年，阳江海关坚决履行全面从严治党主体责任，明确落实全面从严治党重点工作56项，制定党委、基层党支部两级主体责任清单；坚持每月自我政治体检机制，每季度研究巡视巡察问题整改。开展警示教育和廉政文化建设，细化12项警示教育月活动安排，开展案例宣讲6场次，开展2次纪法教育知识测试。深化内务规范强化月活动，加强准军事化海关纪律部队建设，开展队列训练，举办队列会操1次。严肃党风党纪，运用监督执纪第一种形态提醒谈话6人次，予以党内警告处分3人次。扎实有序开展“现场监管与外勤执法权力寻租”专项整治，细化重点问题提纲100项，排查领导干部亲友从业情况19人，查询纸面和电子资料815份，排查出9个廉政风险点，8个重点关注岗位，制定整改措施45项，完善制度机制和工作流程2项。加强干部选拔晋升和考核推荐工作，规范队伍日常管理，建立干部日常表现工作台账、年轻干部成长档案；坚持每季度人事信息数据采集，开展1次因私出国（境）证件专项清理；开展内务督察12次，举办江门海关二级培训班7期。树立先进典型，1个集体获江门海关记三等功；1个集体获江门海关嘉奖；2名干部获记个人三等功；3名干部获个人嘉奖；获江门海关授予“党员先锋岗”3个。深入开展创建模范机关活动，联合阳江市直机关工委拍摄创建模范机关宣传片，参加阳江市创建模范机关先进单位评选活动，在中央、省驻阳江单位中名列第二。大力开展脱贫攻坚、志愿服务活动，开展巩卫创文社区志愿活动，干部职工“广东扶贫济困日”捐款3.45万元；开展义工活动37次，参与476人次，时长累计2,145小时。

【新冠肺炎疫情防控】2021年，阳江海关健全口岸联防联控机制，监管进出境船舶478艘次，检疫船员9,929人次，检测船员核酸样本445个，并按闭环管理移交妥善处置新冠病毒核酸阳性病例；严格进境船舶终末消毒和有症状者、疑似病例、确诊病例及无症状感染者行李物品消毒的监督，监管船舶终末消毒2艘次，监督染疫船员行李物品消毒12批次；全年15班次55人次完成集中封闭管理。严格机关内部防控措施，严格人员外出审批，建立人员外出信息台账，开展疫情风险紧急排查。

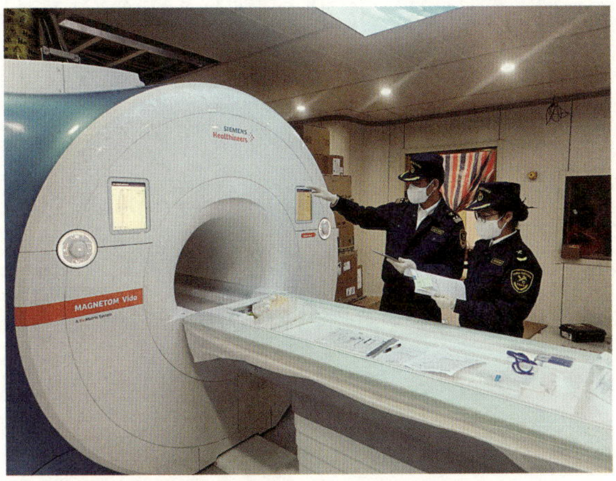

▲2021年12月16日，阳江海关关员对进口大型医疗设备进行查检监管

【检验检疫】2021年，阳江海关检验检疫进出境货物6.93万批，货值79.01亿元，签发检验检疫证书1.09万份。其中，进境货物76批，货值32.96亿元；出境货物6.93万批，货值46.05亿元。严格动植物检疫监管，严格开展非洲猪瘟疫病监测，保障活猪安全供港，监管供港活猪617批、2.36万头；开展国门生物安全监测和动物安全风险监控，监测桔小实蝇、瓜实蝇、南瓜实蝇2.71万头。强化进出口食品和商品安全监管，严把进出口食品质量安全，监管出口食品3.86批，货值20.27亿元；检验出口水产品3.79万批，货值21.20亿元；严格实施商品检验监管，落实出口危险货物及包装检验监管要求，查验监管打火石出口29批。

【口岸监管】2021年，阳江海关监管进出口货物1,198.91万吨，货值267.17亿元。运用新一代查验管理系统对125批进出口大宗散装货物实施现场查验和检验检疫，落实“先放后检”“抵港直装”等措施，检验监管进口铁矿66批，重量250.47万吨，货值26.79亿元，检出与合同不相符的铁矿2批，合计10.35万吨；免予重量鉴定进口法检商品464.37万吨，免予品质检验进口铁矿213.2万吨；检验监管进口煤矿102.28万吨，货值9.27亿元；监管进口镍矿砂540.75万吨，货值21.37亿元；检验监管进境粮食120.98万吨，货值43.45亿元，截获外来有害生物76种/561次，其中检疫性有害生物21种/164次，检疫出种衣剂大豆1批。对269艘进境交通工具进行检疫查验，查获并封存来自疫区的猪肉及其制品2,819千克。加强税收征管，建立属地纳税人管理制度，开展政策宣讲、培训17场次，推广汇总征税、自报自缴、预裁定和多元化税收担保等惠企政策，快速办理大宗进口应税商品的公式定价合同备案、审价、归类、原产地等工作；严格进口原产地、价格等涉税要素审核，对铁矿、镍铁和镍矿3项商品12票报关单进行审价补税；推广海关税款担保改革，实行税款担保全程电子化，办理保金保函2.4亿元。全年税款入库27.28亿元，同比增长55.85%。其中，关税1.77亿元，同比增长46.09%；进口环节税25.51亿元，同比增长56.58%。

【企业管理和稽核查】2021年，阳江海关积极推广“多证合一”，简化备案手续，办理新企业备案231家；推进出口原产地备案两证合一、智能审核和自助打印等业务改革，签发原产地证书14,447份，金额42.43亿元。运用企业管理可视化监控平台动态分析加工贸易发展整体情况，办理加工贸易手册备案57本，金额183.62亿元；开展边角料网上拍卖55场次，货值95.85万元。年内阳江市加工贸易进出口值49.24亿元，同比增长298.69%。严格后续稽核查，办结稽查作业20个，对发现问题企业作补税处理。办结核查作业124个，核查发现问题58个。推进“双随机、一公开”联合抽查，开展联合抽查作业12起，查发问题6起。

【打击走私】2021年，阳江海关深入开展打击走私专项行动，全年立案查办案件8宗。其中，刑事案件4宗，案值2,941.51万元；行政案件4宗，案值635.35万元。严打成品油、冻品、香烟等重点商品走私，查获成品油刑事案件1宗、冻品刑事案件1宗、香烟刑事案件1宗。严打枪爆毒等走私，查获涉枪行政案件1宗。严打象牙等濒危物种、野生动物及其制品、“水客”等重点走私，严防“洋垃圾”走私，优化合成作战小组机制，运用X光机审视换班船员行李物品852批次，查获“水客”走私手表案件1宗，办理海关移交行政案件1宗。推动地方政府落实反走私综合治理主体责任，构筑“防控、监管、打击”一体化打击体系，办理移交行政案件1宗。

【支持扩大开放】2021年，阳江海关成立支持阳江港口岸扩大开放、申建阳江保税物流中心（B型）、阳江特色农产品出口、阳江不锈钢产业高质量发展4个工作专班，细化稳外贸稳外资工作措施，与阳江高新区、阳西县政府签订战略合作备忘录，向阳江市委市政府报送统计分析工作专报16份。推广“提前申报”“两步申报”“多证合一”等业务，进口提前申报率91.36%，出口提前申报率80.51%，出口原产地证书自助打印率97.37%，“单一窗口”标准版主要业务应用率达100%。配合推动地方重点项目建设，指导阳西海滨电力发展有限公司煤码头和源强码头实施临时对外开放。成立压缩整体通关时间工作小组，实施免收缓税利息、减免滞报金、预约通关服务等政策措施，2021年进、出口整体通关时间29.86小时、0.39小时。严打进出口环节假冒伪劣商品，开展知识产权海关保护“龙腾行动2021”，新增10家备案企业。开展企业信用培育，新增2家海关AEO认证企业，免收加工贸易企业风险担保金9,400万元。年内阳江市外贸进出口值268.93亿元，同比增长40.15%。

【支持乡村振兴】2021年，阳江海关积极推动特色农产品出口，指导5家荔枝果园获得出境水果果园注册登记资格，备案种植面积3,760亩；健全生产管理和有害生物监测等制度，指导阳江荔枝时隔10年恢复出口，年内出口量达1,935吨。设立科室常驻阳春地区帮扶竹木藤草制品扩大出口，指导15家出口竹木草制品企业分类升级，协调推动地方政府和第三方检疫处理机构就近建设熏蒸场所，建立技术培训、登记备案、熏蒸质控、检疫证书等配套机制，出口竹木藤草制品23,991批次，货值17.23亿元，带动1,200多户农村家庭增收。

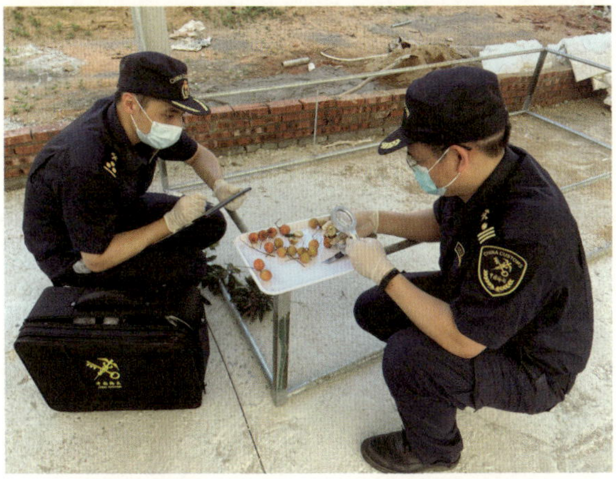

▲2021年6月1日，阳江海关关员对出口荔枝进行查验

【政务综合管理】2021年，阳江海关严格落实新冠肺炎疫情安全防护督查常态化，督促问题整改落实40项。开展促进跨境贸易便利化措施专项督察，对2019年以来的各项业务实施全面自查，查阅电子数据1,000余条，核对纸质单证600余份，查发问题34个，均整改完毕。落实“三级联动四步运转”内控运行机制，坚持每月自控自查，2021年查发问题37个，均整改完毕。发挥新海廉平台应用效能，运用HLS2017平台纠正业务差错22次，对相关企业采取补征税款等措施。严格执行开支标准和审批程序，一般性支出压减23.6%。推进节约型机关建设，细化公车公房日常保养，完善办公大院节能系统建设，普及感应节能灯具并实施冬夏双令时启停，整合办公设备118台、家具149件，安装新能源充电桩6个。打造暖心食堂，优化食堂食材采购渠道，推行食堂食材采购下单智能化管理。保障防疫物资稳定供给，实施防疫物资储备动态管理。建设水井绿化灌溉网络，改造基础设施及空气循环系统，配置完善生活设施和生活用品，开展大院路面防涝防水改造项目。提高技术保障能力，该关综合技术服务中心实验室现有仪器设备180台（套），获得国家认监委资质认定和CNAS认可，涉及19大类产品、157个检测标准、222个认可项目，参与海关行业标准制修订2项。新扩建分子生物学实验室，提升新冠病毒检测能力，开展新冠病毒样本核酸检测3,273人次。开展重点商品和动植物的项目检测，全年完成产品检测975批次、5,621项次。发挥全国五金刀剪产品WTO/TBT研究评议基地作用，利用中国技术性贸易措施网推送动态、各国标准、法规、预警等908条。

（撰稿人：冯惠华　刘　婧　江静华
吴显成　陈计房　周伟光
袁　彬　翁婉琳　梁日苗
温秉衡）

第七篇

事业单位和江门海关学会

后勤管理中心

【概况】江门海关后勤管理中心（以下简称“后勤管理中心”）是江门海关所属的事业单位，承担江门海关机关后勤服务保障职能。后勤管理中心内设机构5个。2021年，江门海关后勤管理中心坚持以习近平新时代中国特色社会主义思想为指导，认真学习贯彻十九大和十九届历次全会精神，坚决贯彻落实习近平总书记重要指示批示精神和党中央决策部署，按照总署党委工作要求和关党委工作安排，扎实推进事业单位改革，优化后勤保障服务，推动全面从严治党向纵深发展，在生活服务、疫情防控、安全生产、经营创收等方面主动作为，有力保障江门海关机关大院安全稳定，同时大力拓展经营项目，完成下属企业公司改制，不断提升经营创收能力。

【政治建设】2021年，后勤管理中心坚持把学习贯彻习近平总书记重要指示批示精神和中央决策部署作为班子会、形势分析及工作督查例会的“第一议题”，健全“学习领会、研究措施、贯彻落实、督查反馈”闭环机制，全年召开班子会53次，形势分析和工作督查例会12次，采取有力措施，全面落实新冠肺炎疫情防控、涉案财物保管等重点工作任务。深入开展党史学习教育，通过个人自学、集中研读、学习心得交流等形式，夯实党员干部的思想理论根基；组织党员干部到红色教育基地开展现场体验式学习教育，传承红色基因，强化理想信念；发挥中心职能和业务优势，开展“我为群众办实事”实践活动，多渠道开展便民服务。2021年，后勤管理中心党支部被评为江门海关先进基层党组织，1人被评为江门海关优秀共产党员。

【干部队伍建设】2021年，后勤管理中心制定党支部全面从严治党主体责任清单，推动党建工作与后勤中心工作一起谋划、一起部署、一起检查、一起考核，推动支委班子和成员落实“一岗双责”。丰富和拓展“新时代海关勤务员”党建品牌建设，推动支部建设与业务、队伍建设深度融合，做到同研究、同部署、同落实。深入开展警示教育活动，层级签订廉洁承诺书，加强对党员干部遵守政治纪律和政治规矩的监督检查。深入开展内务规范强化月活动，从严管理队伍，加强考勤内务督查通报，加强员工日常管理教育，落实“八小时以外”管理监督要求，确保队伍平安稳定。

【机关新冠肺炎疫情防控】2021 年，后勤管理中心应用人脸识别、车牌识别系统，严格规范江门海关机关大院进出人员管理，落实体温检测、健康码、行程码、核酸证明验核制度，加强外来人员登记溯源；加强重点场所、区域和大院消毒，落实落细工作日和周末电梯、食堂、楼道等公共区域消毒要求，确保江门海关机关大院防疫安全。年内，累计测温管理进入车辆人员 16 万人次、开展专项卫生清洁工作 12 次、实施消毒作业 1,460 次，配合江门市大规模人员核酸检测江门海关检测点工作 2 次。

【机关安全生产工作】2021 年，后勤管理中心落实安全生产专项整治三年行动要求，深入组织开展“安全生产月”“奋战 60 天，全力保平安”“安全生产万里行”等专项活动，完善突发应急处置方案，加强安全培训，做好防汛救灾工作准备，开展防风防汛应急演练，加强危急场景应急处置训练。2021 年，组织日常安全生产培训演练 12 次，开展安全专项检查 12 次，《安全生产法》专题学习培训 2 次，排查安全隐患 13 处，实现全年安全生产零事故。

【服务机关干部职工】2021 年，后勤管理中心贯彻落实习近平总书记关于制止餐饮浪费行为的重要指示精神，上线手机端“智慧订餐系统”，通过提前订餐，精准统计用餐人数，合理采购食材，节约成本，减少餐饮浪费。组织膳食工作座谈会，充分听取相关部门干部职工代表们的意见建议，主动加强菜式研究，丰富菜式及供应模式，不断提升餐饮服务质量。规范物业服务管理，进一步提升江门海关大院绿化、保洁等服务水平，加强与地方环保部门对接，设立垃圾分类示范点，加大宣传力度，引导干部职工养成分类投放良好习惯，配合“无烟机关”建设要求，设置户外吸烟区，加强宣传，配合做好监督检查，打造环保、整洁、有序的办公环境。推动海信种养殖合作社转变经营模式，通过合作种养方式，提升种养殖水平，为机关食堂和广大员工提供价廉质优的食材。依托海信农场，改善基础设施，扩展服务功能，主动承办机关职能部门各类工会、义工、党建活动 10 多次。

▲2021 年 1 月 29 日，后勤管理中心组织义工开展便民服务

【节约型机关建设】2021 年，后勤管

理中心结合机关大院能耗实际和规律特点，加强能源消耗监测评估，形成对比数据，加强跟踪检查，压实管理责任，采取错峰用电、更换节能设备等科学管理方式，节能管理效果良好。

【规范仓储管理】2021 年，后勤管理中心梳理完善涉案财物仓储管理制度汇编，修订部门岗位职责和工作流程，完善内控机制，严把进出仓端口，防范违规操作等风险隐患；升级改造仓库设施，对精品仓库进行全面升级改造，对江海仓库场地及库房内地面进行改造维修并新增消防配套设备，对恒温仓库重新分区规划，为“原样保管”“分类存放”夯实基础条件。

【政府采购】2021 年，后勤管理中心制定小额采购管理制度，统一规范小额采购操作流程，提高采购效率，降低廉政风险。全年承接政府采购及一般采购任务 46 个，承接小额采购及简易采购任务 41 个。

【所属企业改制】2021 年，后勤管理中心完成下属企业江门市海信科技服务有限公司的改制工作，公司名称变更为“江门市天翊科技服务有限公司”，改制后的企业类型为有限责任公司。

（撰稿人：邝健威　冯世勋　范志超
徐韵致　郭亿东　郭晓盈）

数据分中心

【概况】中国电子口岸数据中心江门分中心（以下简称“数据分中心”）为总署所属事业单位，于2003年3月正式挂牌成立，属公益二类事业单位，经费独立核算，实行江门海关和中国电子口岸数据中心双重领导。设有科级部门1个：综合业务部，下属经济实体为江门电子口岸信息科技有限公司（以下简称“公司”），成立于2006年6月，是数据分中心全资设立的计算机信息科技服务类国有企业。2021年，数据分中心坚持以习近平新时代中国特色社会主义思想为指导，认真学习贯彻十九大和十九届历次全会精神，坚决贯彻落实习近平总书记重要指示批示精神和党中央决策部署，按照总署党委工作要求和关党委工作安排，坚持开拓创新，提高服务水平，各项工作取得新进展。2021年，承接并完成82个经营项目，其中工程实施及系统集成类30个，软件开发类12个，设备销售租赁类12个，技术运维保障服务类15个，广告设计类13类；下属经济实体江门口岸信息科技有限公司获得广东省高新技术企业认证。

【政治建设】2021年，数据分中心严格落实“第一议题”制度，认真学习贯彻习近平总书记重要讲话和重要指示批示精神和党中央、国务院决策部署，健全“学习领会、研究措施、贯彻落实、督查反馈”闭环机制，逐项抓好跟踪落实。扎实开展党史学习教育，制定集中学习制度，创造党员和积极分子带领普通群众分组学习的模式，固定每周五开展党史集中学习，通过自学、集中学习、专题辅导、交流研讨、观看党史影片等形式强化党史学习教育；扎扎实实为群众办实事，开展AEO认证培训5次，从企业角度出发讲解AEO高级认证具体实操策略；组织前台维修中心开展电脑义修服务，维修电脑等电子设备40余台。年内收到企业感谢信6封，锦旗2面。接受常规巡察，对照巡察反馈意见指出的3方面24个问题，制定具体整改措施57项，修订完善10项制度，范围涵盖“三重一大”管理、财务管理、项目建设、基层党建等领域，全部完成整改并常态化巩固整改成效。

【干部队伍建设】2021年，数据分中

心推进党建品牌“科技螺丝钉”三年建设计划，制定党建品牌工作措施3条，提高党员政治水平和业务水平。年内，数据分中心有2名员工成为积极分子，1名积极分子发展为预备党员，1名党员荣获江门海关优秀共产党员荣誉称号。

【完善“电子口岸”和“单一窗口”客服服务】2021年，数据分中心联合中国建设银行江门分行推进“关银一KEY通”试点合作，通过发放具备电子口岸卡和建行网银盾功能的“共享盾”，一站式满足企业电子口岸入网和线上金融的综合业务需求。搭建江门电子口岸制卡业务网上办理平台，企业申请资料减少60%，入网时间缩短80%，实现电子口岸制卡业务零接触、零跑动、零纸质。年内自8月平台上线以来，330家企业在线上成功办理电子口岸卡；完善多种咨询渠道，通过微信、热线电话解答企业咨询，提供在线操作指导，及时帮助企业解决报关过程中遇到的困难和问题。

▲2021年6月28日，数据分中心在江门市行政服务中心开展前台员工业务培训

【开展技术攻关和创新】2021年，数据分中心重点开展软件开发研究，强化技术攻关和自主创新。加强IT信息化技术支持力度，走访了解江门海关最新信息系统建设需求，为江门海关的部门应用系统和数据库建设提供技术支持，协助提高工作效率。年内完成江门海关8个软件系统开发项目：海关制度管理平台、海关“双随机”管理应用、海关财务系统、财务处标签打印系统、进出口食品化妆品安全信息小程序、商品质量安全监管岗位练兵考试系统、台山海关防疫物资管理系统和缉私局智慧党建系统，为海关优化信息公开、规范综合执法、加强制度建设、提升教学质量、推进智慧党建、完善财务管理等工作提供信息支撑。年内获得4项软件著作权（累计18项），获得广东省高新技术企业认定。

【监管场所智能化和信息化建设】2021年，数据分中心积极助力海关监管场所视频监控智能化和信息化建设：承接8个监管场所智能视频监控工程项目，丰富监管手段，提高监管效能及科学、有效性，进一步降低监管带来的风险，减轻海关监管人员视频监控压力。数据分中心完成其中5个场所智能监控建设和验收；做好4个监管场所智能视频监控维护保障服务；为本地交通枢纽的监管场所提供视频监控施工设计方案。

【信息数据安全】2021年，数据分中心提高安全生产意识，组织学习《安全生产法》，加强对网络运维和项目工程人员的教育培训，排查网站和系统的木马病毒、隐患漏洞、安全风险，堵塞安全漏洞，提高安全生产意识和业务管理水平；组织学习《数据安全法》，精准分析业务数据安全风险根源，统筹实施科学可行的防护对策，加强网络安全监测预警，对网络出口、信息系统等全天候实时监测，及时预警发现各类安全风险，进一步完善“单一窗口”数据安全防护体系；加强对设备、社交软件保密的宣传教育，组织分析工作过程中容易出现涉密的情况，开展保密安全警示教育，规范工作流程。

（撰稿人：陈　诚　周　深）

技术中心

【概况】江门海关技术中心（以下简称“技术中心”）是江门海关所属事业单位，承担江门海关进出口商品检验和鉴定、动植物及其产品检验检疫鉴定工作，为海关执法提供技术支撑。技术中心内设部门7个，其中实验室5个，获CNAS实验室认可和CMA国家计量认证资质，CNAS认可检测项目1,758项。2021年，技术中心坚持以习近平新时代中国特色社会主义思想为指导，认真学习贯彻党的十九大和十九届历次全会精神，坚决贯彻落实习近平总书记重要指示批示精神和党中央决策部署，按照总署党委工作要求和关党委工作安排，加强业务和队伍建设，完成法检业务3,525批，同比增长27.03%，检出不合格63批，鉴定检疫性有害生物3批。以技术优势服务陈皮、鳗鱼等地方特色产业发展，2021年接受274家企业委托开展质量安全项目检测，首次承担江门市地方政府采购抽样检测服务项目，完成539批次地方政府委托抽检技术服务，全年社会委托检测1,506批，同比增长26.87%。

【政治建设】2021年，技术中心坚决贯彻落实习近平总书记重要指示批示精神和党中央、国务院决策部署，严格落实“第一议题”制度，结合工作实际，有针对性地研究制定具体落实措施。守卫国门生物安全，在江门口岸首次检疫出世界最大甲虫—长戟犀金龟；打击濒危物种及其制品走私，鉴定濒危物种4批；拓展商品外包装新冠病毒核酸检测项目，做好新冠肺炎疫情防控支持地方经济发展。制订党史学习教育方案，明确学习目标任务，形成30条细化措施；组织党员干部学习习近平总书记在庆祝中国共产党成立100周年大会上的重要讲话，安排党员干部轮流领学党史；到周文雍陈铁军烈士陵园开展祭扫活动，组织党员参观关史馆和专题展览、撰写党史学习教育心得，参加党史PK赛等多种形式丰富学习体验；通过多种途径收集服务对象、干部群众需求，建立“实事项目清单”，依托检验检测技术优势，技术中心完成解决台山鳗鱼出口检测困难、危化品包装检测难题、企业加急检测等办实事项目26项。接受关党委第二巡察组常规巡察，认真研究制定具体整改措施

91 项，集中整改销账13项巡察反馈问题，并形成常态化巡察整改方案，细化常态化巡察整改措施7项；召开巡察整改专题民主生活会，中心领导班子及成员从个人检视、征求意见、相互批评等方面进行对照检查问题35项，并制定针对性和实效性整改措施，逐项整改到位。

【干部队伍建设】2021年，技术中心党支部充分利用“智慧党建”系统规范“三会一课”，提升组织生活质量；发挥党小组基础作用，抓好党员教育、监督和管理。通过江门海关合格党支部考核，有序推进“食品安全宣传队”党建品牌建设。通过“三会一课”，认真组织开展违纪违法案例学习，用活身边案例警示教育身边人；开展谈心谈话，排查廉政风险清单2个，制定整改措施8项，顺利完成涉及中心的4项总署检查反馈问题整改，修改完善内部制度4项。通过技术中心廉政微信群，经常性开展廉政提醒教育。主动加强与党委第一派驻纪检组沟通联系，接受日常监督检查，对提出的意见和建议，及时进行整改和反馈。完成对新会、开平海关实验室的技术人员整合，进一步充实技术力量；完成24名专业技术岗人员的定岗定级，11人获聘副高专业技术岗，13人获聘中级及以下专业技术岗；1人通过总署审核获高级工程师资格。持续推动事业单位绩效工资和奖励绩效改革，为激励干部干事创业创造良好环境。

【拓展新检测项目】2021年，技术中心新开展检测项目200余项，生物检测实验室微生物检测领域开检项目达到113项，实现关区法检项目全覆盖；工业品检测实验室新增危险货物包装性能检测项目，实现纸箱、铁罐等产品5个危包性能检测项目自检，大幅度缩短检测周期；动植物检验检疫实验室完成木材树种鉴定能力初步建设，具备40种树种鉴定能力；食品检测实验室扩充食品中农兽药残留检测项目至370项。

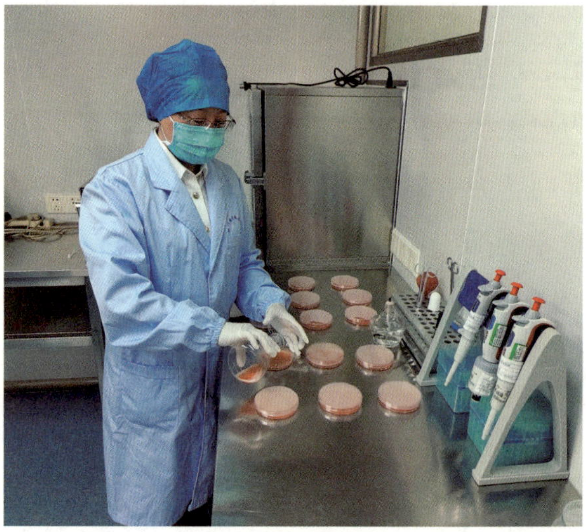

▲2021年4月13日，技术中心生物实验室技术人员正在进行检测

【国门生物安全防控】2021年，技术中心检出黄曲霉毒素、镉、农兽药残留等有毒有害物质超标29批次，检出沙门氏菌、大肠菌群、霉菌计数等微生物项目不合格25批次，确保进出口食品安全。检出纸箱危包性能检测不合格9批、铁罐危包性能检测不合格1批，防控进出口危险货物运输安全风险。检出动物疫病8批，从截获进境物品中鉴定濒危物种4批、检疫

性有害生物红火蚁3批、外来物种长戟犀金龟1批，筑牢国门生物安全防线。

【服务地方产业发展】2021年，技术中心支持江门关区特色产业发展，走访关区内特色产业企业10家，调研陈皮、腊味、鳗鱼等行业协会4家，精准了解企业检测需求15项，实验室技术人员现场对接，制订差异化检测服务方案，延长技术服务链条，提供设计、生产、产品等全环节服务。其中对陈皮产业企业或农户委托的陈皮及相关产品检测71批，445项。

【实验室建设和管理】2021年，经广东分署组织的专家审核，技术中心拟规划建设的水产品、农产品、动物检疫、植物检疫4个区域中心实验室，水产品实验室围绕“台山鳗鱼”特色产品，开展水产品养殖全链条检测；农产品实验室围绕“新会陈皮”地理标志产品，实现全产业链检测服务；动物检疫实验室开展动物疫病检疫，保障供港澳动物及其制品生物检疫安全；植物检疫实验室开展各类植物病虫害检疫鉴定，确保国门生物安全。加强实验室安全管理，与各实验室签订安全生产责任书，强化实验室安全制度落实和教育培训，对于涉及易燃易爆化学品、气体等重点岗位加强日常管理和监督，确保安全可控、杜绝安全事故发生。开展消防教育和安全演练，熟悉处理流程和消防器材使用，增强对突发消防隐患、事故的处理能力和应急处置能力。不定期开展安全自查和检查，对发现的问题及时有效整改，消除安全隐患。全年没有发生安全事故。完善检测质量管理，制定检测质量管理完善体系文件71个，多途径多手段保障检测质量，参加能力验证活动19项，其中参加CMA组织的A类能力验证3项，反馈结果均为“满意”。加强对新进人员的培训和考核，严格授权和监督，确保检测质量。完善检测样品全流程控制和管理措施5项，杜绝样品问题带来的检测质量风险和廉政风险。

【科技创新】2021年，技术中心《猪塞内卡病毒和O型口蹄疫病毒二重荧光RT—PCR检测方法的建立、阳性质控品构建及口岸监测应用》获总署科研立项，海关技术规范立项2项；《大湾区（江门）农产品质量安全科技创新综合服务平台建设与应用》获广东省乡村振兴战略专项资金项目立项；发明专利授权2项，实用新型专利授权7项。总署立项的科研项目《进境木材有害生物3D景深标准影像库的建立》顺利验收并获得优秀等级。技术中心牵头项目《出口陈皮质量安全监测关键技术研究与应用》《皮革中禁限用组分快速检测关键技术研究及标准样品的研制》《玩具及儿童用品纺织材料中林苯二甲酸酯类增型剂快速筛查技术》获江门市2021年度“无限创新”科学技术奖二等奖。

（撰稿人：王春利　闫剑勇　李　蕴
张　展　张磊敏　陈　凯
姚　科　谌　瑜　彭晓俊
蒋小良）

保健中心

【概况】江门国际旅行卫生保健中心（江门海关口岸门诊部）（以下简称“保健中心”）是江门海关所属的事业单位，负责为江门海关关区口岸卫生检疫工作提供传染病检测、媒介生物鉴定、病原微生物检测、特殊物品评估、卫生处理效果评价等技术支撑。保健中心内设机构 2 个。2021 年，保健中心坚持以习近平新时代中国特色社会主义思想为指导，认真学习贯彻党的十九大和十九届历次全会精神，坚决贯彻落实习近平总书记重要指示批示精神和党中央决策部署，按照总署党委工作要求和关党委工作安排，加强业务和队伍建设，有力有效推动各项工作。建成江门海关移动 PCR 实验室，成为五邑地区首家成功取得临床基因扩增检测实验室资质的移动 PCR 实验室；新冠病毒核酸检测实验室参加 1 次 CNAS 能力验证，3 次广东省临床检验质量控制中心的室间质量评价，结果均为“满意”。

【政治建设】2021 年，保健中心坚持落实“第一议题”制度，把学习贯彻习近平总书记重要指示批示精神和党中央重大决策部署作为首要政治任务，形成学习传达、贯彻执行、督促落实的闭环链条。全年召开领导班子会议 36 次，结合工作实际，有针对性地研究制定具体落实措施，在安全生产、疫情防控、科技创新等方面取得实效，以高质量发展成果彰显中心担当作为。严格落实“四个融入”的整改要求，针对巡察反馈的 3 个方面 9 个具体问题，研究制定 20 条细化整改措施，召开巡察常态化整改专题会议，每季度召开 1 次整改推进会，建立巡察整改动态更新机制，加强监督检查，巩固整改成果，确保整改工作持续推进到下一轮巡察。深入推进党史学习教育，注重示范引领，支部书记领学、宣讲，带领党员干部学习习近平总书记重要讲话和重要指示批示精神、党的十九届五中、六中全会精神，认认真真、原原本本学习，认清形势、统一思想、凝聚共识；利用支部特色“阅诵”读书会组织党员分享党史小故事，促使全体党员进一步牢记初心使命、坚定信仰信念；坚持“学践”结合，组织全体党员到开平周文雍陈铁军烈士陵园开展“寻根红色印记，汲取前进力量”主题党日活动，重温红色历史，推进党史学习教育；开展“履职责，强技术”主题党日活动，支部书记以及党员干部分别走上讲堂讲述党史专题党课，不断推动党史学习教育向基层延伸；落实口岸疫情防控、口岸卫生检疫技术支撑、推进便民利企服务3个方面重点民生项目，为关区疫情防控工作提供有力的技术保障，有效助力地方疫情防控工作，为出入境体检人员提供更便利、更细致贴心服务。

【干部队伍建设】2021年，保健中心严格落实“三会一课”、组织生活会等制度，规范党内政治生活，提升党支部的政治功能，召开党员大会14次，组织主题党日活动12次，讲党课4次，开展支部特色“阅诵”读书会6次，开展党建品牌“回头看”，擦亮“履职责、强技术”党建品牌，做好发展党员工作，2021年确定预备党员2人。加强党风廉政建设，利用班前会、班子会、党支部会、微信群等组织全体人员积极学习党章党规、警示教育案例及习近平总书记重要系列讲话和重要批示精神。深入学习典型案例，讲明纪法规定，讲透反面典型案例；通过“三会一课”等形式组织全体党员学习典型违纪违法案例，教育引导党员干部知敬畏、存戒惧、守底线。以巩固巾帼文明岗成果为抓手，教育管理好干部职工队伍，加强家风家教建设，打造一支政治强、业务精、作风好、肯奉献、廉洁自律、群众满意的干部队伍，有效团结凝聚党员、干部职工。加强培养管理岗和专业技术岗人才，提升专业能力、专业素养；强化一线实践锻炼，根据干部职工的特点、特长、专业、潜力等实际，制订培养计划，促进干部成长；完成7名专业技术同志的定岗定级，1人获聘副高专业技术岗，3人获聘中级专业技术岗，3人获聘初级专业技术岗；4名职工获江门海关集体嘉奖，1名职工获江门海关个人嘉奖。

【卫生检疫实验室运行管理】2021年，保健中心有效应对移动PCR实验室空间有限、分区设计不可改变等困难，通过持续完善生物安全管理、质量管理体系，落实安全措施、修订体系文件、运行安全体系等不断完善规范江门海关移动PCR实验室管理，经江门市卫健局考核验收，成为五邑地区首家成功取得临床基因扩增检测实验室资质的移动PCR实验室，全年检测样本2万多份，实验室连续以100%符合率通过国家临床检验质量控制中心能力验证；3次通过广东省临床检验质量控制中心的新冠病毒核酸检测实验室室间质量评价；开展化学发光法检测新冠病毒抗体，为疫情防控提供新的技术手段。开展多渠道与系统内外实验室交流，提升实验室整体检测效率；开展职业暴露、标本溢洒等各项演练，有力保障移动PCR实验室安全有序运行。协助口岸送样检测甲流、疟疾等重点关注传染病；依托临床扩增检测实验室资质对新会港、高新区码头口岸相关从业人员团体定期开展新冠病毒核酸检测7,521人次。

【生产安全和演练培训】2021年，保健中心加强实验室安全制度落实和安全教育培训，对于重点岗位加强日常管理和监督，确保安全可控、杜绝安全事故发生；认真开展消防教育，相关人员熟悉处理流程和消防器材使用；定期开展安全应急处置演练，增强对突发消防隐患、事故处理能力和应急处置能力。不定期开展安全自查和检查，对发现问题及时有效整改，消除安全隐患。做好预检分诊及实验室生物安全工作，开展出入境人员发热、医疗废弃物移运中途遗撒等各项应急演练；成功开展新冠病毒抗体检测（化学发光法），为新冠肺炎疫情防控提供新的技术手段；对预检分诊、实验室、方舱、清洁消毒岗位等加强院感培训，做好医疗废弃物处置工作，先后4次通过卫健部门组织的现场督查；3次修改工作应急预案，组织现场演练12次，提高医护人员新冠肺炎疫情防控及各种突发事件应急处置能力。

【传染病监测、法定预防接种及媒介监测】2021年，保健中心开展出入境人员体检、预防接种61,280项次，开展传染病检测、临检、生化检测95,400项次（含HIV抗体检测、乙肝表面抗原检测、乙肝两对半检测、丙肝抗体检测、肝功能检测、梅毒血清学检测，ABO红细胞定型、ABO血型鉴定、血常规等），检出HIV抗体阳性2人，梅毒22人，病毒性肝炎21人，乙肝表面抗原阳性92人；中心媒介实验室完成媒介监督94批746只。

【国际旅行健康咨询】2021年，保健中心对出入境人员进行旅行前的健康咨询及健康评估2,850人次，开展预防接种123针次；利用电子屏幕滚动播出艾滋病日宣传资料，设立现场咨询点并派发宣传资料及宣传物品，开展世界艾滋病日宣传活动，派发宣传手册100余份、现场咨询100余次；开展全国疟疾日宣传活动，针对前往全球疟疾高发国家的出国劳务、留学、船员等重点人群派发宣传手150份，面对面宣教90人次，防控宣教60余次。

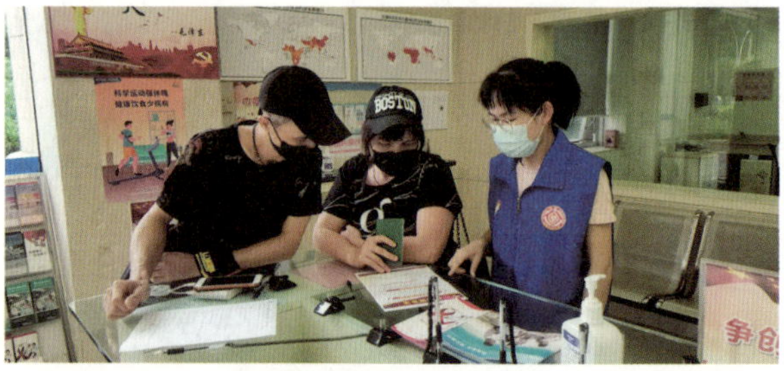

▲2021年4月15日，保健中心工作人员开展《生物安全法》宣传活动

（撰稿人：孙玉慧　林进禀　黄俊文）

江门海关学会

【概况】2021年，江门海关学会坚持以习近平新时代中国特色社会主义思想为指导，认真学习贯彻党的十九大和十九届历次全会精神，按照总署党委工作要求和关党委工作安排，持续推动群众性理论研究，召开理事会议布置全年重点工作，在开展征文活动、建设信息平台、完善建章立制等方面加大工作力度，年内征集论文185篇，实现学会2019年换届以来连续增长，在总署司室、中国海关学会及其广州代表处举办的征文活动中获奖20篇。牵头参与总署署级课题“世界贸易组织改革研究”，学会秘书处李富周被评为2021年江门市“十大书香阅读成才职工”。

▲2021年3月26日，江门海关学会召开2021年理事会议

【召开理事会议】2021年3月26日，江门海关学会召开理事会议，增补第六届学会理事，总结2020年江门海关群众性理论研究工作开展情况，对2021年学会工作进行安排。会议要求抓好党史学习教育，提高政治站位，以更高的思想境界开展理论学术研究；紧密结合本关业务特色，加强组织领导，强化协调指导，科学开展理论研究工作；大力完善研究机制，统筹研究力量，推动利用“外脑”开展研究，提升研究水平；积极推动理论与实践相结合，抓好论文研究写作的同时，促成理论成果的转化运用；见贤思齐，继续加强学习，养成在工作中学习，在学习中工作的良好习惯。

【征文活动】2021年5月，江门海关学会收集各单位部门报送的征文意向172篇，截至2021年年底收到论文成稿185篇，较2020年增长32.14%，实现学会2019年换届以来连续大幅增长，是2018年全年征文数量的9.74倍，做到全关各单位部门100%参与，处级以上领导独立或牵头撰写的论文数量超过4成，年内发布征文进度情况通报5份，与论文作者电话、当面沟通100多次，发出审稿意见50余条。年内，江门海关理论研究文章在总署司室、中国海关学会及其广州代表处获奖20篇，其中在总署风险管理司征文获一等奖1篇，中国海关学会获优秀奖2篇（含海关史研究1篇），广州代表处综合类征文获奖7篇（含领导干部优秀论文1篇，另有中国海关学会1篇优秀奖论文重复获奖），“推进外贸高质量发展”专题征文获奖11篇。

【参与署级课题研究】2021年，江门海关学会牵头申报署级课题“世界贸易组织改革研究”，获批与总署研究中心、杭州海关合作开展。江门海关成立课题组负责撰写第一章“WTO改革的宏观背景研究”，计1万字左右，文稿于6月份提交总署研究中心，并在9月底顺利结题。这是江门海关学会首次参与署级课题研究。

【建章立制】2021年4月，江门海关学会修订完善研究智库建立和管理办法、理事单位排行榜办法、学会会员积分排名方法等制度。其中研究智库管理办法对更好发挥会员作用以及入库会员评价机制做修改完善，理事单位排行增加单位的基础分和征文质量评分两部分，会员积分排名规则调整不同层级获奖论文的积分分值，增加“司局级”征文获奖级别，明确“一篇文章如果有多个作者，前3名作者按照相应档次分值的4：3：3比例分别积分，第4名及以后的作者不予计分”等规定。

（撰稿人：李富周）

第八篇

人物荣誉

2021年江门海关获评全国“两优一先”表彰名单

全国优秀党务工作者

方冬宏

2021年江门海关获省部级及以上奖项集体和个人名单

集体（个人）名称	获奖时间	获奖名称
外海海关通关攻坚小组	2021.07	全国青年文明号
江门海关办公室12360服务热线工作室	2021.07	全国青年文明号
新会海关综合业务一科党支部	2021.06	广东省先进基层党组织
江门海关团委	2021.04	2020—2021年度广东省五四红旗团委
张晶新家庭	2021.05	广东百户“最美家庭”
缉私局直属队党支部	2021.06	全国缉私部门先进基层党组织
苏彩华	2021.03	全国巾帼建功标兵
李汉云	2021.09	2017—2020年度全国群众体育先进个人
任均毅	2021.01	2020年广东省“扫黄打非”先进个人
邹琇琼	2021.03	广东省“消费扶贫突出贡献个人”
徐　珂	2021.04	2020—2021年度广东省优秀共青团员
曾广枢	2021.11	全国海关优秀公职律师
崔伟冰	2021.11	全国海关机要保密工作劳动模范
杨　雨	2021.06	全国缉私部门优秀共产党员
张　雁	2021.06	全国缉私部门优秀共产党员
罗新军	2021.06	全国缉私部门优秀共产党员
林炳森	2021.06	全国缉私部门优秀党务工作者

2021年江门海关荣获“光荣在党50年”纪念章名单

刘玉珍　　陈慕珊　　陈　荣

柯　鹏　　谢景成　　李成栋

周国祥　　余思明　　林钦耀

朱启炎　　陈立端　　谭景锐

阮宠荣　　李娇芳　　付丽兰

敖梅操　　陈计松　　陈伟均

温良恒　　吴　昆　　陈玉排

黄庆顺　　胡献金　　李广松

徐正昌　　陈玉超　　卢锡存

叶芳猷

（以入党时间为序，28 人）

2021年国务院“授衔令”（二级关务监督及以上）

一、《国务院关于授予和晋升曹大海等607 名同志海关关衔的命令》（国函〔2021〕24 号）

（一）江门海关1 名同志由二级关务监督关衔晋升为一级关务监督关衔

李　菁

（二）授予江门海关1 名同志二级关务监督关衔

盛　刚

二、《国务院关于授予和晋升陆春明等145 名同志海关关衔的命令》（国函〔2021〕65 号）

授予江门海关1 名同志一级关务监督关衔

郭忠鹏

三、《国务院关于授予和晋升俞晓丹等209 名同志海关关衔的命令》（国函〔2021〕117 号）

（一）授予江门海关2 名同志二级关务监督关衔

张　文　陈永红

（二）江门海关13 名同志由三级关务监督关衔晋升为二级关务监督关衔

陈志华　林文健　梁剑青　邢晓梅
曾　涛　陈健强　林斌华　邵　智
谈焕婷　邓子筠　刘向东　区焯文
关　海

第九篇

大事记

2021年江门海关大事记

1月

▲4日　江门海关党委召开会议，传达学习习近平总书记在中央全面深化改革委员会第十七次会议、中央农村工作会议上的重要精神，结合实际研究部署贯彻落实措施。

江门海关举行2021年庆祝元旦升国旗仪式，8个隶属海关、缉私局海缉处、技术中心、保健中心分别在驻地同步举行升国旗仪式。

▲11日　江门海关党委召开会议，传达学习习近平总书记在1月7日中央政治局常务委员会上的重要讲话精神，传达习近平总书记在总署报送的外贸进出口情况分析报告上作出重要批示精神和对政法工作的重要指示精神，结合实际研究部署贯彻落实措施。

▲13日　在总署缉私局的统筹指挥和广东分署缉私局协调指导下，在深圳海关缉私局、拱北海关缉私局、长沙海关缉私局以及地方公安等部门的支持配合下，江门海关开展打击涉嫌利用“水客”走私化妆品收网行动，摧毁走私犯罪网络，抓获犯罪嫌疑人10名，现场查扣涉嫌走私旧衣服1.014吨、少量化妆品等货物以及书证、电子证据一批。经初步查证，该案案值约4,000万元。

江门海关出动快艇在台山镇海湾附近水域查获一艘渔船，现场查扣无合法证明的涉嫌走私香烟1,477箱，案值约1,700万元，涉税约800万元。

▲18日　江门海关党委召开会议，传达学习习近平总书记在省部级主要领导干部学习贯彻党的十九届五中全会精神专题研讨班开班式上的重要讲话精神，结合实际研究部署贯彻落实措施。

▲25日　总署党委研究决定郭忠鹏任江门海关一级巡视员，免去江门海关副关长、党委委员职务。

▲26日　江门海关移动PCR实验室通过江门市卫健部门资格审核，获得广东省二级病原微生物实验室备案，正式开展新型冠状病毒核酸检测工作。

▲28日　江门海关以视频方式参加2021年全国海关工作会议、全国海关全面

从严治党工作会议。

2月

▲1—2日 江门海关召开2021年关区工作会议、全面从严治党工作会议。

在关区工作会议上，关长、党委书记詹少彤同志全面总结回顾2020年关区各项工作，分析关区面临的形势要求，明确2021年江门海关工作的总体要求，部署6个方面26项重点工作任务。

在全面从严治党工作会议上，关长、党委书记詹少彤全面总结2020年关区全面从严治党、党风廉政建设和反腐败工作，安排2021年7方面重点工作。党委委员、党委纪检组组长陈志华作工作报告，回顾2020年纪检监察工作，对2021年工作任务作出安排。

会议以电视电话形式召开。关党委委员，关一级巡视员、二级巡视员，各部门主要负责人及机关部门部分处科级干部代表在主会场参加。各隶属海关、缉私局海上缉私处正科级以上领导干部，派驻纪检组组长、副组长，缉私分局局长、政委在分会场参加。

▲3日 江门海关党委召开会议，传达学习习近平总书记在中央政治局第二十七次集体学习、1月28日中央政治局会议上的重要讲话精神和在世界经济论坛“达沃斯议程”对话会上的特别致辞，结合实际研究部署贯彻落实措施。

▲9日 江门海关党委召开会议，传达学习习近平总书记在贵州视察时的重要讲话精神，传达2021年全国海关缉私工作会议暨全国打私办主任会议、总署安全生产专项整治三年行动工作领导小组会议暨全国海关安全生产电视电话会议精神，结合实际研究部署贯彻落实措施。

▲10日 江门海关实施专业技术类公务员分类管理改革，纳入实施范围的关税处、卫生处、动植处、科技处、风险防控分局5个单位部门108人全部通过任职资格评定，套转为专业技术类公务员。

▲20日 江门海关党委召开会议，传达学习习近平主席在中国—中东欧国家领导人峰会上的主旨讲话、在中央全面深化改革委员会第十八次会议的重要讲话精神，学习总署《贯彻落实习近平主席在中国—中东欧国家领导人峰会上重要讲话精神的工作方案》，结合实际研究部署贯彻落实措施。

▲24日 江门海关党委召开会议，传达学习习近平总书记在党史学习教育动员大会上的重要讲话精神，传达总署党委扩大会议和全省党史学习教育动员大会精神，结合实际研究部署贯彻落实措施。

3月

▲1日 江门海关党委召开会议，传达学习习近平总书记在全国脱贫攻坚总结表彰大会、2月26日中央政治局会议上的重要讲话精神，学习中共中央《关于在全党开展党史学习教育的通知》，传达全国

海关政治部主任会议、全国海关办公室工作会议、全国海关政策研究及统计工作会议精神，结合实际研究部署贯彻落实措施。

全国妇联授予江门海关苏彩华同志“全国巾帼建功标兵”称号。

▲5 日　江门海关党委召开会议，传达学习习近平总书记在中央党校（国家行政学院）中青年干部培训班开班式上的重要讲话精神，结合实际研究部署贯彻落实措施。

江门海关全面启动快件“审单快放”作业新模式，该模式综合运用“快放开关 + 低风险参数 + 预警审单 + 预定查验”等手段，在风险可控的前提下，降低现场审单比例，实现企业申报即放行。

▲15 日　江门海关组织收看收听全国海关党史学习教育动员会，在家关党委委员，关一级巡视员，各单位部门党员干部职工代表 262 人参加会议。

▲16 日　江门海关党委召开会议，传达学习习近平总书记在全国两会期间发表的重要讲话精神和全国两会精神，结合实际研究部署贯彻落实措施。

▲19 日　鹤山海关按规定免收江门某企业申请首次办理加工贸易备案手续的风险保证金 2,790.57 万元。同时，按照总署稳外贸稳外资相关规定，允许企业将全工序外发加工保税料件从进境口岸直接发运至承揽工厂，无须经外发企业所在地中转，为企业节约物流费用约 300 万元。

江门海关对台山市某公司开展专项稽查，发现其以一般贸易方式进口的主梁等商品存在转移定价情事，涉及货值约 1,041 万元，对该企业作追补税处理，并查发漏报运杂费 53 万元。

▲20—22 日　江门海关顺利完成 2021 年度考试录用公务员面试、体检工作。

▲22 日　江门某公司以一般贸易方式向江门海关申报出口吸尘器 11,820 台，经查验，吸尘器所使用的标识涉嫌侵犯商标权。3 月 26 日权利人正式向江门海关提交扣留申请。

▲25 日　江门海关联合阳江海警局开展打击成品油走私海陆联合行动，在广东阳江海陵岛对开海域查获渔船 1 艘，打掉走私团伙 1 个，现场查扣走私柴油约 140 吨。经初步统计，该团伙走私柴油约 3,000 吨，案值约 1,500 万元。

▲30 日　江门海关党委召开会议，传达学习习近平总书记到福建考察调研重要讲话和指示精神，结合实际研究部署贯彻落实措施。

4 月

▲9 日　广东省口岸办牵头组织广东分署、广东海事局、珠海边检总站、江门海关等有关单位组成验收组，对江门市高新港 1—3 号泊位对外开放前的准备工作进行验收。验收组实地检查有关配套设施，听取江海区政府、江门市口岸局对外开放前准备工作情况的汇报，在验收会议上一

致同意通过验收。

▲13 日　江门海关党委召开会议，围绕“深刻领会习近平总书记在党史学习教育动员大会上的重要讲话精神，扎实开展党史学习教育”的主题开展党史学习教育专题读书班专题研讨，党委委员结合自身工作进行深入的交流研讨。

▲14 日　江门海关开展 2020 年度工程系列副高级职称评审推荐和中级职称评审工作。经情况通报、材料审议、专家评议和投票表决等环节，会议同意推荐参与总署副高级职称评审 4 人，同意通过中级职称评审 1 人。

▲17 日　江门海关对 1 票申报品名为“动漫玩偶”的进口快件实施开箱彻底查验，发现该包裹内物品实为玩偶两个和地球仪一个。经鉴定，该地球仪存在国界绘制错误等问题，涉嫌违反《地图管理条例》。

▲20 日　江门海关党委召开会议，组织学习习近平主席在博鳌亚洲论坛 2021 年年会开幕式上的视频主旨演讲和在《求是》杂志上发表的重要文章《在庆祝中国共产党成立 95 周年大会上的讲话》，结合实际研究部署贯彻落实措施。

▲27 日　江门海关党委召开会议，传达学习习近平主席在领导人气候峰会上发表的重要讲话精神，结合实际研究部署贯彻落实措施。

▲30 日　关长詹少彤会见江门市市长吴晓晖一行，通报工作情况，感谢市委市政府一直以来对海关工作的关心支持，并结合海关职能提出工作建议。吴晓晖市长代表江门市政府对江门海关支持江门经济社会发展所做出的努力和贡献表示感谢，表示市政府将一如既往地重视和支持海关工作，要求有关部门要迅速抓好对接，强化沟通协作，同心协力推动江门市经济社会高质量发展。

5 月

▲4 日　江门海关团委获评 2020—2021 年度“广东省五四红旗团委”，外海海关徐珂获评“广东省优秀共青团员”。

▲6 日　江门海关举行 2021 年庆祝“五一”升国旗仪式，关领导，总关各单位部门代表 160 人参加活动。各隶属海关及技术中心、保健中心分别在驻地同步举行升国旗仪式。

▲10 日　江门海关党委召开党委会暨指挥部会议，传达学习习近平总书记在广西考察、4 月 30 日中央政治局会议和中央政治局第二十九次集体学习时发表的重要讲话精神以及在《求是》杂志上发表的重要文章《把握新发展阶段，贯彻新发展理念，构建新发展格局》，结合实际研究部署贯彻落实措施。

江门海关在江门高新港码头查获珠海市某公司以一般贸易方式申报出口至印度尼西亚的饼干生产设备一批，涉及 31 个标准集装箱，货值超 560 万元。经权利人核实，涉嫌侵犯知识产权专利。该批货物是江门海关近年来截获的首批涉嫌侵犯专利权货物，也是历年来截获的单票货值最大的涉嫌侵权货物。

江门海关对一票申报品名为“盘子”的快件进行查验时，发现该快件实际为羽毛扇子一把，经江门海关技术中心鉴定，该扇子的扇柄材质为濒危动物玳瑁。玳瑁被列入《濒危野生动植物种国际贸易公约》（CITES）附录I，同时属于我国国家二级重点保护野生动物。

▲17 日　江门海关召开党史学习教育推进会，对扎实深入推进党史学习教育进行部署。

▲19 日　江门海关党委召开会议，传达学习习近平总书记在河南考察时的重要指示精神和在推进南水北调后续工程高质量发展座谈会上的重要讲话精神，学习习近平总书记在《求是》杂志发表的重要文章《用好红色资源，传承好红色基因，把红色江山世世代代传下去》，结合实际研究部署贯彻落实措施。

▲26 日　江门海关党委召开会议，传达学习习近平主席在全球健康峰会和中央全面深化改革委员会第十九次会议上的重要讲话精神，结合实际研究部署贯彻落实措施。

▲28—31 日　江门海关分别对 4 票申报品名为“首饰”的快件包裹进行查验时，发现疑似红珊瑚物品一批，重量 27. 3 克。经华南野生动物物种鉴定中心鉴定，该批物件均为红珊瑚科红珊瑚制品，列入《濒危野生动植物种国际贸易公约》（CITES），同时属于我国国家一级保护水生野生动物。

▲30 日　江门海关在对一票申报品名为“钥匙挂件”的快件进行查验时，发现该快件实际为骨质黄色雕刻件 1 个，经江门海关技术中心鉴定，雕刻件为象牙。长鼻目象科制品列《濒危野生动植物种国际贸易公约》（CITES）附录和国家重点保护野生动物名录，同时属于我国国家二级重点保护野生动物。

▲31 日　根据江门市委工作要求，选派新会海关张春晓同志到台山市广海镇鲲鹏村担任驻村第一书记。

6 月

▲8 日　江门海关党委召开会议，传达学习习近平总书记在两院院士大会中国科协第十次全国代表大会、5 月 31 日中央政治局会议和中央政治局第三十次集体学习上的重要讲话精神，结合实际研究部署贯彻落实措施。

▲15 日　江门海关对一票申报品名为“雨伞”的快件进行查验时，发现包裹内装的三把雨伞的握把材质为疑似象牙材质。经江门海关技术中心鉴定，雨伞握把材质均为象牙。长鼻目象科制品列《濒危野生动植物种国际贸易公约》（CITES）附录和国家重点保护野生动物名录，同时属于我国国家二级重点保护野生动物。

▲16 日　江门海关召开疫情防控和安

全生产工作会议，传达学习习近平总书记重要指示精神和李克强总理批示要求，传达倪岳峰署长的批示要求和6月15日总署疫情防控专题会议精神，分析当前面临的疫情防控和安全生产形势，结合实际研究部署贯彻落实措施。

▲17日 江门海关党委召开会议，传达学习习近平总书记在青海考察时的重要讲话精神、对湖北十堰市张湾区艳湖社区集贸市场燃气爆炸事故作出重要指示和在《求是》杂志上发表的重要文章《以史为镜、以史明志，知史爱党、知史爱国》，结合实际研究部署贯彻落实措施。

▲23日 党委书记、关长詹少彤讲授党史学习教育专题党课，围绕“从党的百年奋斗历史中汲取精神力量，奋力推动江门海关高质量发展”主题为全关党员干部讲党课，就深入学习党的百年光辉历史、深入总结党领导下海关发展的宝贵经验交流学习体会，对准确把握党史学习教育目标要求，扎实推动江门海关高质量发展提出明确要求。在家党委委员、关一级巡视员，各单位部门处级以上领导干部、党员干部代表约200人参加党课。

▲24日 江门海关党委召开党委会暨指挥部会议，传达学习习近平总书记在参观“‘不忘初心、牢记使命’中国共产党历史展览”时发表的重要讲话精神，结合实际研究部署贯彻落实措施。

▲25日 江门海关举行“光荣在党50年”纪念章颁发仪式，为28名老党员颁发纪念章。

▲28日 江门海关方冬宏同志荣获党中央授予的“全国优秀党务工作者”称号，赴京受奖。

总署党委研究决定盛刚任江门海关一级巡视员，免去江门海关副关长、党委委员职务。

▲30日 江门海关党委召开会议，传达学习习近平总书记在中央政治局第三十一次集体学习、在庆祝中国共产党成立100周年“七一勋章”颁授仪式上发表的重要讲话精神，结合实际研究部署贯彻落实措施。

江门海关缉私局杨雨、张雁、罗新军同志获得“全国缉私部门优秀共产党员”称号，林炳森同志获得“全国缉私部门优秀党务工作者”称号，直属队党支部获得“全国缉私部门先进基层党组织”。

7月

▲1日 江门海关集中收看庆祝中国共产党成立100周年大会。

关党委第一时间召开会议进行专题学习习近平总书记“七一”重要讲话，党委委员交流观看收获和学习体会，结合实际研究部署学习宣传贯彻措施。

▲2日 江门海关办公室12360服务热线工作室、外海海关通关攻坚小组获得第20届“全国青年文明号”。

广州打捞局租赁进口一条租期6个月的海上风电项目工程船舶，租金约2亿元，江门海关对该票船舶首期租金征收税款550万元，为关区首次办理租赁贸易进口业务。

▲6日　江门海关查获一宗利用物流货车非法运输白酒案，查获五粮液白酒858支，案值122.33万元。

▲8日　江门海关党委召开党委会暨指挥部会议，传达学习总署加强新冠肺炎疫情安全防护工作视频会精神，结合实际研究贯彻落实意见。

江门海关召开加强新冠肺炎疫情安全防护工作视频会议，对加强关区新冠肺炎疫情安全防护工作进行再动员、再部署。

▲10日　江门海关承担全国大数据通用分析平台（“云擎”）业务管理工作。

▲13日　江门海关党委召开党委会暨指挥部会议，传达学习习近平总书记在中央全面深化改革委员会第二十次会议、中国共产党与世界政党领导人峰会上的重要讲话精神和在《求是》杂志发表的重要文章，结合实际研究部署贯彻落实措施。

▲15日　江门海关在对申报为咖啡、米糊、天然维生素E软胶囊的进境快件进行查验时，发现该快件内夹藏疑似大麻花，净重201.99克。经鉴定，均含有四氢大麻酚等成分。

▲26日　“江门跨境B2B出口‘9710’首航启动仪式”在高沙港举行，江门市某公司以9710模式向高沙海关申报出口货物一批，货值约61万元。

▲29日　江门海关党委召开会议，传达学习习近平总书记在西藏考察调研时的重要讲话精神，结合实际研究部署贯彻落实措施。

江门海关“教育培训仿真平台”正式上线，运用虚拟仿真技术开发“船舶登临检查”“口岸毒气泄漏突发事件应急处置”等课程，配套系列业务课程；提供自学、训练、考核等学习模式，综合评价学员技能熟练程度、现场应变处置能力，提供基层急需的实操培训环境和实操锻炼。

▲30日　江门海关在邮递渠道截获涉嫌低报价格走私高档“积木熊”玩具。

8月

▲6日　江门海关党委召开党委扩大会暨指挥部会议，传达学习习近平总书记近期对疫情防控工作作出的重要批示精神，学习倪岳峰署长批示要求和全国海关新冠肺炎疫情防控工作视频会议、全省新冠肺炎疫情防控、安全生产和三防工作电视电话会议精神以及总署相关文件，结合实际研究部署贯彻落实措施。

▲9日　关长詹少彤带队走访江门市委书记陈岸明，通报江门海关主要工作情况，从海关角度围绕加快华侨华人交流合作平台建设、优化布局提升口岸竞争力、促进外贸新业态发展和特色产业发展等方面提出工作建议。陈岸明书记感谢江门海关一直以来对地方经济发展的大力支持，要求市政府成立专班抓紧研究对接，力促有关工作尽快落实见效。

▲12 日 江门海关首票加工贸易手册保税料件串换集中审核业务正式实施，涉及线型低密度聚乙烯胶粒 50 吨，货值 42.1 万元。“保税料件串换”集中审核业务是关区 7 项一体化改革项目的内容，标志着江门海关成功拓展加工贸易集中审核范围。

▲16 日 江门海关开展警示教育月活动。

▲17 日 江门海关完成首票跨境电商 9610 水陆联运出口转关业务，一票涉及 823 件日用品、价值约 95 万元的出口包裹在江门跨境电商快件分拣清关中心完成跨境电商 9610 水陆联运出口转关模式申报工作，经外海海关现场查验放行并搭载货船运至我国香港，最终抵达马来西亚清关。

▲18 日 江门海关党委召开党委会暨指挥部会议，组织学习习近平总书记在《求是》杂志发表的重要文章《总结党的历史经验，加强党的政治建设》和在北大红楼参观时重要指示精神和对档案工作的重要批示精神，结合实际研究部署贯彻落实措施。

▲30 日 江门海关党委召开党委会暨指挥部会议，传达学习习近平总书记在河北承德考察时的重要讲话精神，结合实际研究部署贯彻落实措施。

9 月

▲3 日 江门海关对 2020 年 8 月 2 日立案侦办 1 起走私石首鱼案件深挖扩线，查证涉案石首鱼鱼胶由 1,750 只扩至 3,492 只，案值由 1.8 亿元扩至 3.2 亿元。

▲8 日 江门海关对一票寄自加拿大、申报品名为维生素 C 的 B 类进境快件实施开箱查验，发现快件内夹藏疑似合成毒品 11.21 克，经快速测试初鉴为冰毒和 K 粉、送检后确认含有二亚甲基双氧甲基安非他明（MDMA）及氯胺酮成分。

▲10 日 江门海关党委召开会议，传达学习习近平总书记在中央全面深化改革委员会第二十一次会议、8 月 31 日中共中央政治局会议和中央党校（国家行政学院）中青年干部培训班开班式上发表的重要讲话精神，结合实际研究部署贯彻落实措施。

▲11 日 中央第十一督导组广东小组对江门海关缉私局开展实地督导，听取该局缉私工作情况、教育整顿工作推进情况的汇报，并进行个别谈话，查阅相关工作资料。

▲15—16 日 总署党委委员、驻署纪检监察组组长陶治国到江门海关调研督导，听取江门海关全面从严治党工作汇报，对进一步落实全面从严治党要求，加强党风廉政建设提出要求。调研期间，陶治国深入新会海关物流监控科实地督导党史学习教育、“现场监管与外勤执法权力寻租”专项整治和疫情防控工作情况，并看望慰问一线干部职工；到新会陈皮村三产融合种植示范基地调研，深入了解海关开展“我为群众办实事”实践活动情况，

并征求企业对海关的意见建议；参观江门海关关史陈列馆。

▲16日 江门海关党委召开会议，传达学习习近平总书记在陕西榆林考察时的重要指示精神，结合实际研究部署贯彻落实措施。

▲18日 江门海关李汉云同志获得“2017—2020年度全国群众体育先进个人”称号。

▲26日 江门海关党委召开会议，传达学习习近平主席出席上海合作组织成员国元首理事会第二十一次会议、第七十六届联合国大会一般性辩论发表的重要讲话精神，结合实际研究部署贯彻落实措施。

江门海关后勤管理中心下属经济实体顺利完成企业改制工作。

▲30日 江门海关党委召开党委（扩大）会议，传达学习习近平总书记在中共中央政治局第三十三次集体学习时的重要讲话精神，结合实际研究部署贯彻落实措施。

10月

▲11日 总署第五巡回指导组到江门海关召开党史学习教育实地督导见面会，对下一步工作提出指导意见。

总署缉私局第二批缉私队伍教育整顿第一督导组到江门海关缉私局进行第三轮督导检查，召开座谈会听取该局教育整顿工作情况汇报，查阅相关工作台账。

▲12日 江门海关党委召开会议，传达学习习近平总书记在纪念辛亥革命110周年大会上的重要讲话精神和在《求是》杂志上发表的重要文章《用好红色资源、赓续红色血脉，努力创造无愧于历史和人民的新业绩》，结合实际研究部署贯彻落实措施。

江门市首家机关单位老干部大学分校在江门海关成立并挂牌。

▲14日 总署第五巡回指导组在江门海关召开党史学习教育实地督导情况反馈工作会，就抓好下一步工作提出建议。

江门海关组织开展2021年度关区在线学法考试，以考促学提升关警员法治素养和依法履职能力。全关1,380人次参加。

▲19日 江门海关党委召开会议，传达学习习近平总书记在中央人大工作会议、10月18日中央政治局会议上的重要讲话和在《生物多样性公约》第十五次缔约方大会领导人峰会、第二届联合国全球可持续交通大会开幕式上的主旨讲话精神以及在《求是》杂志发表的重要文章《扎实推动共同富裕》，结合实际研究部署贯彻落实措施。

▲25日 江门海关完成哈氏可磨指数、灰融熔性指数的检测技术攻关，实现进口煤的水分、灰分、灰融熔性指数、哈氏可磨指数等15个检测项目的全部自检。

▲29日 江门海关党委召开会议，传达学习习近平总书记在中央政治局第三十四次集体学习和在山东东营考察并主持召开深入推动黄河流域生态保护和高质量发

展座谈会时的重要讲话精神，结合实际研究部署贯彻落实措施。

11 月

▲2 日 江门海关首票跨境电商 B2B 出口海外仓业务（“9810”模式）在开平海关顺利申报放行，标志着江门海关顺利打通跨境电商 B2B 出口海外仓通道。该票货物从申报到放行仅耗时 44 秒，申报出口货物为 5,066 套卫浴龙头，货物价值为 86.43 万元，将在深圳盐田港出境运抵美国奥克兰港。

▲8 日 关长詹少彤会见江门市委书记陈岸明一行，通报工作情况，感谢江门市委一直以来对海关工作的关心支持，并结合海关职能提出工作建议。陈岸明对江门海关一直以来对江门经济社会发展的大力支持表示感谢，希望海关在江门市推进“六大”工程建设中继续给予更大支持，共同推动江门外贸高质量发展。陈岸明一行还参观江门海关原税务司官署、原税务司官邸等文物。江门市委副书记陈志清，市委常委、组织部部长凌传茂，市委常委、副市长、市委秘书长刘杰，副市长蔡德威以及相关部门负责同志，江门海关政治部主任李辉、副关长胡冬梅、副关长钟就华、缉私局局长李明以及相关部门主要负责人参加座谈。

▲9 日 江门海关党委召开会议，传达学习习近平主席在第四届中国国际进口博览会开幕式上的主旨演讲和在《求是》杂志上发表的重要文章《坚定理想信念 补足精神之钙》，结合实际研究部署贯彻落实措施。

▲12 日 江门海关党委集中收看中共中央介绍党的十九届六中全会精神新闻发布会，召开党委扩大会学习党的十九届六中全会公报，研究学习宣传贯彻工作安排。

▲15 日 江门海关崔伟冰同志获评全国海关机要保密工作劳动模范。

▲16—17 日 总署副署长王令浚在江门海关调研，深入企业了解五金刀剪产业发展、农产品出口情况，听取对海关工作的意见建议，到阳江海关食品接触材料检测实验室调研，到台山海关实地督导党史学习教育，听取开展“我为群众办实事”实践活动情况汇报，亲切慰问一线关警员。其间，王副署长会见阳江市余金富代市长。

▲17 日 江门海关公职律师曾广枢获得 2020 年度全国海关优秀公职律师称号。

▲18 日 关长詹少彤会见五邑大学党委书记张焜一行，介绍江门海关基本情况并提出工作建议。张焜书记对江门海关在科教仪器设备进口减免、教育培训等方面给予的大力支持表示感谢，希望双方建立更加紧密的沟通协作机制，协力推动江门科教事业、经济发展等方面取得新成绩。

某公司以一般贸易方式向江门海关申报出口油烟机及配件一批，1,202 台，货值约 17 万元。经现场查验，该批油烟机所使用的标识涉嫌侵犯商标权。

▲22 日 江门海关普法微视频《谁来照顾我》获得第十七届全国法治动漫微视频作品优秀奖。

▲25 日 江门海关党委召开会议，传达学习习近平总书记在第三次“一带一路”建设座谈会、中国—东盟建立对话关系 30 周年纪念峰会和 11 月 18 日中央政治局会议上的重要讲话精神和在《求是》杂志上发表的重要文章《坚持用马克思主义及其中国化创新理论武装全党》，结合实际研究部署贯彻落实措施。

▲30 日 江门海关党委召开会议，传达学习习近平主席在中非合作论坛第八届部长级会议开幕式上的主旨演讲精神，结合实际研究部署贯彻落实措施。

总署党委研究决定郭忠鹏任福州海关一级巡视员，免去江门海关一级巡视员职级。

12 月

▲1 日 江门海关组织收看收听总署党的十九届六中全会精神专题会。江门海关党委委员，一级巡视员，各单位部门党员干部代表 250 人参加会议。

江门海关备案通过首份以企业为单元的税款担保保函，该保函是总署关于深化海关税款担保改革的公告实施首日，江门海关为属地纳税企业通过电子传输方式备案的首份税款担保。

▲9 日 江门海关受理企业主动披露申请，顺利办理关区首宗稽查自主查发快办案件，主要案情为影响海关统计准确性，涉案货值 393.3 万元。

▲10 日 江门海关党委召开会议，传达学习习近平总书记在中央政治局第三十五次集体学习和 12 月 6 日中央政治局会议上的重要讲话精神，结合实际研究部署贯彻落实措施。

▲15 日 江门海关党委召开会议，传达学习中央经济工作会议精神，结合实际研究部署贯彻落实措施。

▲21 日 江门海关技术中心主持的《大湾区（江门）农产品质量安全科技创新综合服务平台建设与应用》获批为 2021 年广东省乡村振兴战略专项资金项目。

▲23 日 江门海关党委召开党委会暨指挥部会议，传达学习习近平总书记对党内法规工作、全国老干部工作作出的重要指示精神，结合实际研究部署贯彻落实措施。

总署通报 2021 年度全国海关商检领域开展进出口危险品及其包装检验监管岗位练兵和技能比武及“万人争先”线上练兵情况，江门海关获评优秀组织奖，江门海关李敏敏、刘文君、戚炜强 3 人入围“万人争先”线上练兵百强。

▲30 日 江门海关党委召开会议，传达学习习近平总书记重要指示精神和党史学习教育总结会议精神，学习习近平总书记在中共中央政治局专题民主生活会上的重要讲话精神，结合实际研究部署贯彻落

实措施。

江门海关智慧制度平台正式上线。该平台录入制度文件656个，按照四个类别、三个效力层次和两个发布规格分门别类搭建起制度体系框架。

▲31日 总署党委研究决定叶超俊任江门海关副关长、一级巡视员，免去厦门海关副关长职务、一级巡视员职级；杨向宇任江门海关二级巡视员，免去银川海关政治部主任职务；肖鹏任江门海关副关长，任职试用期一年。

江门海关召开党组织书记述责述廉述党建会议。8名党组织书记向关党委进行面对面党建工作述职并接受现场提问。党委书记、关长詹少彤作点评讲话。

2021年，江门关区监管进出口货运量1,931.8万吨，同比下降3.5%；累计税收净入库55.6亿元，同比增长25.3%。

第十篇

统计资料

2021年江门海关主要业务量统计表

关别	税收入库合计（万元）		进出口货运量（万吨）		进口货运量（万吨）		出口货运量（万吨）		监管运输工具（辆/艘次）	
	2021年	±%	2021年	±%	2021年	±%	2021年	±%	2021年	±%
江门关区	555,882.00	25.35	1,931.79	-3.51	1,513.45	-5.82	418.34	5.84	8,565.00	-23.53
外海海关	71,795.00	12.22	168.73	-7.90	29.56	-44.40	139.17	7.03	2,283.00	-32.97
高沙海关	46,853.00	28.23	96.97	2.80	20.46	10.61	76.51	0.90	1,868.00	-27.74
新会海关	108,828.00	6.87	194.07	-16.96	105.85	-34.31	88.22	21.56	1,047.00	-42.47
鹤山海关	20,995.00	-11.96	38.93	-27.15	17.89	-43.90	21.04	-2.37	1,149.00	-22.15
开平海关	10,862.00	57.49	36.97	-13.07	8.20	-27.91	28.77	-7.66	618.00	-15.34
台山海关	23,213.00	-32.02	190.82	121.59	150.28	284.77	40.54	-13.86	1,005.00	89.27
恩平海关	575.00	-52.61	6.40	4.34	1.79	34.32	4.61	-3.99	0.00	—
阳江海关	272,761.00	55.85	1,198.91	-7.97	1,179.43	-8.60	19.48	58.91	595.00	-8.74

缩略语

缩略语

12360 热线：中国海关于 2012 年 10 月 1 日对外公布的社会公益服务电话号码，用于受理海关业务咨询。

“7 个 100%”检疫模式：对入境人员 100% 健康申明卡验核，100% 两道测温，100% 流行病学调查，100% 采样检测，100% 信息通报和移交处置，对高风险入境交通工具 100% 风险布控和 100% 登临检疫。

AEO：经认证的经营者。在世界海关组织（WCO）制定的《全球贸易安全与便利标准框架》中将其定义为“以任何一种方式参与货物国际流通，并被海关当局认定符合世界海关组织或相应供应链安全标准的一方。”

CNAS：中国合格评定国家认可委员会。

H2018：新一代海关信息系统，是目前海关办理通关业务的主要应用系统。

HB：中国海关办公平台。

HLS2017：海关内部控制与监督子系统。

RCEP：《区域全面经济伙伴关系协定》。

SPS 协定：卫生与植物卫生措施协定。

TBT 协定：世界贸易组织（WTO）《技术性贸易壁垒协定》，由 15 个条款和 3 个附件组成。

WTO：世界贸易组织（World Trade Organization）的英文简称。

“一带一路”：“丝绸之路经济带”和“21 世纪海上丝绸之路”的简称。2013 年 9 月和 10 月，习近平主席分别提出建设“新丝绸之路经济带”和“21 世纪海上丝绸之路”的合作倡议。“一带一路”旨在借用古代丝绸之路的历史符号，高举和平发展的旗帜，积极发展与沿线国家的经济合作伙伴关系，共同打造政治互信、经济融合、文化包容的利益共同体、命运共同体和责任共同体。

“单一窗口”：参与国际贸易和运输的各方，通过单一的平台提交标准化的信息和单证以满足相关法律法规及管理的要求。

一案双查：外查走私案件与内查违纪违法问题同步进行。

“两优一先”：在党的系列中，指“优秀共产党员”“优秀党务工作者”和“先进基层党组织”；在团的系列中，指“优秀共青团员”“优秀共青团干部”和“先进基层团组织”。

“双区”：粤港澳大湾区和深圳中国特色社会主义先行示范区。

“三查三排一转运”检疫模式：检疫筛查环节，严格100%健康申报核查、体温监测筛查、医学巡查，强化重点人员识别；检疫排查环节，做实做细流行病学排查、医学排查、实验室检测排查，科学做好人员分类；检疫处置环节，对判定的“四类人员”一律“手递手”转地方联防联控机制处置。

“三项工程”：党史学习教育中海关系统开展的国门安全工程、便民利企工程、暖心聚力工程。

“三定”：定机构、定编制、定职能。

“三位一体”考核：年度考核、专项考核、平时考核。

“三必访”：对离退休干部患病住院必访、重大节日必访、家庭重大变故必访。

“三智”：智慧海关、智能边境、智享联通。

“三不腐”：不敢腐、不能腐、不想腐。

“三会一课”：支部党员大会、支部委员会、党小组会和党课。

巡视整改“四个融入”：把巡视整改融入日常工作、融入深化改革、融入全面从严治党、融入班子队伍建设。

巡察监督“三个聚焦”：聚焦基层贯彻落实党的路线方针政策和党中央决策部署情况，聚焦群众身边腐败问题和不正之风，聚焦基层党组织软弱涣散、组织力欠缺问题。

“四不两直”：不发通知、不打招呼、不听汇报、不用陪同接待，直奔基层、直插现场。

“四个最严”：最严厉处罚、最严肃问责、最严格监管、最严谨标准。

“四强”党支部：政治功能强、支部班子强、党员队伍强、发挥作用强支部。

“四个不摘”机制：脱贫攻坚完成后，对原有帮扶村摘帽不摘责任、摘帽不摘帮扶、摘帽不摘政策、摘帽不摘监管。

“四责协同”机制：党委全面从严治党主体责任、党委书记第一责任人责任、党委其他班子成员“一岗双责”、党委纪检组专责监督责任同向发力。

“五关”建设：总署党委提出的海关工作五个方面的要求，即政治建关、改革强关、依法把关、科技兴关、从严治关。

“五项创新”：总署《海关全面深化业务改革2020框架方案》明确的“两步申报”“两轮驱动”“两段准入”“两类通关”“两区优化”五项创新改革工作。

“六稳”：稳就业、稳金融、稳外贸、稳外资、稳投资、稳预期，涵盖了我国目前经济生活的主要方面。2019年9月4日，国务院总理李克强主持召开国务院常务会议，部署精准施策加大力度做好“六稳”工作。

“六保”：保居民就业、保基本民生、保市场主体、保粮食能源安全、保产业链供应链稳定、保基层运转。2020 年 4 月 17 日召开的中共中央政治局会议强调统筹推进疫情防控和经济社会发展，在疫情防控常态化前提下，做好“保”这六方面的工作。

“放管服”：简政放权、放管结合、优化服务的简称。“放”即简政放权，降低准入门槛。“管”即创新监管，促进公平竞争。“服”即高效服务，营造便利环境。这是党的十八大后深化行政体制改革、推进政府职能转变的一项重大举措。

汇总征税：海关对进出口纳税义务人在一定时期内多次进出口货物应纳税款实施汇总计征。

“两步申报”：企业无须一次性提交全部申报信息及单证，第一步凭提单概要申报即可提货，第二步在规定时间内完成完整申报。

“两段准入”：将进口货物准予提离口岸监管作业场所视为口岸放行，以口岸放行为界，根据“是否允许货物入境”和“是否允许货物进入国内市场销售或使用”，分段实施“准许入境”“合格入市”监管。

“两轮驱动”：通过研究制订抽查方案、改进抽样标准及方法、建立科学随机抽查决策机制，推动实现科学随机抽查对安全风险防控整体面上的驱动；通过优化人工分析作业流程，实现精细化管理、拓展信息来源，扩大风险分析视角、强化关联性分析能力，科学评定风险等级、建立“大数据 + 智能分析”模式，用好智能分析手段等措施，提升精准布控对安全风险防控关键点上的驱动。

提前申报：在进出口货物的品名、规格、数量等已确定无误的情况下，经海关批准的企业可以在进口货物启运后、抵港前或出口货物运入海关监管场所前 3 日内，提前向海关办理报关手续，并按照海关的要求交验有关随附单证、进出口货物批准文件及其他需提供的证明文件。

中欧班列：按照固定车次、线路等条件开行，往来于中国、欧洲及“一带一路”沿线国家（地区）的集装箱国际铁路联运班列。

行邮：“进出境旅客行李和邮递物品”的简称。

“水客”：为逃避海关监管，以《中华人民共和国海关法》的合理自用规定为掩护，在口岸通关时多次携带少量商品、物品入境的走私群体或个人。

港澳：特指香港、澳门。供港，专指供应香港；供澳，专指供应澳门。

附录

江门海关关于废止、宣布失效有关文件的公告

江门海关公告2021年第1号

根据相关工作进展，我关决定废止、宣布失效以下文件：

一、决定废止江门海关公告2019年第2号（江门海关关于加工贸易管理有关问题的公告）。

二、决定对江门海关公告2008年第2号（江门海关关于执行《海关总署关于H2000深加工结转管理系统推广应用暂行办法》的公告）、2012年第8号（江门海关关于H2000深加工结转系统推广应用有关问题的公告）、2015年第6号（江门海关关于全面推广加工贸易电子化手册随附单证无纸化改革的公告）、2018年第1号（江门海关关于2018—2020年江门关区保税仓库、出口监管仓库布局规划的公告）、2020年第2号（江门海关关于用于新型冠状病毒感染的肺炎疫情防控和治疗的进口捐赠物资办理减免税手续的公告）等5个公告宣布失效。

本公告自发布之日起生效。

特此公告。

江门海关关于废止保障新型冠状病毒感染的肺炎疫情进口捐赠物资快速通关有关规定的公告

江门海关公告2021年第2号

根据海关总署2021年第57号公告（海关总署关于废止用于新型冠状病毒感染的肺炎疫情进口捐赠物资通关手续办理有关规定的公告），现决定废止江门海关2020年第1号公告（江门海关关于全力保障新型冠状病毒感染的肺炎疫情进口捐赠物资快速通关的公告）。相关工作应按照《中华人民共和国海关进出口货物申报管理规定》（海关总署令第243号）、《海关总署关于实施〈慈善捐赠物资免征进口税收暂行办法〉有关事宜的公告》（海关总署公告2016年第17号）等现行有关规定办理。

本公告自发布之日起生效。

特此公告。

“‘全国文明单位’江门海关2021年度高质量发展十件大事”和“优化口岸营商环境 促进外贸高质量发展十大举措”

背景介绍：为全面客观记录江门海关2021年推进“政治建关、改革强关、依法把关、科技兴关、从严治关”的有力行动，总结高质量发展的成果，该关开展了“高质量发展十件大事”和“优化口岸营商环境 促进外贸高质量发展”十大举措评选活动，经申报、初选、网络投票、综合评定等环节得出结果。

“全国文明单位”江门海关2021年度高质量发展十件大事

一、江门海关推动政治机关建设持续深化

江门海关党委认真学习贯彻习近平总书记重要指示批示精神和党中央决策部署，落实全国海关全面从严治党工作会议的部署，坚决扛起全面从严治党主体责任，扎实推进全面从严治党向纵深发展。旗帜鲜明讲政治，深入推进政治机关建设，坚决落实“第一议题”制度，建立学习领会、研究措施、贯彻落实、督查反馈的闭环机制，有效落实“第一议题”部署的全部82项任务。深化“四责协同”机制，完善全面从严治党责任清单体系，细化加强对“一把手”和领导班子监督工作措施，推动打通全面从严治党“最后一公里”。深入开展“现场监管与外勤执法权力寻租”专项整治，精准有效治理一线执法领域廉政风险。构建纪检监察、督察审计、巡察工作“三察联动”机制。召开“担当尽责与精准问责”等专题系列座谈会，面对面听取意见建议，着力凝聚管党治党合力。以增强支部政治功能和提升组织力为重点，深化“强基提质工程”建设，实施“头雁工程”开展基层党组织书

记轮训，入选总署“书记项目”，获评江门市基层党建创新优秀案例，2 个支部工作法编入总署《支部书记“百问百答”》，《吹响红色集结号，涵养初心担使命》微党课，成为全国海关首批 20 个“支部书记开讲啦”课程之一，培树关区基层党建示范品牌 6 个、培育品牌 12 个，“四强”党支部 26 个，基层党建工作质量进一步提升。持续开展警示教育活动，汇编“反思集”，各基层党支部制作“清风清心”原创廉政短视频 37 部滚动展播，征集创作廉政文化作品 97 件，组织创作“纪检委员讲故事”廉政微党课，清廉江关建设取得新成效，干部队伍对关区政治生态认可度创历年新高。

二、江门海关改革强关取得新成效 实现“十四五”良好开局

2021 年 2 月 1—2 日，江门海关召开 2021 年关区工作会议，深入学习贯彻习近平总书记重要指示批示精神和党中央决策部署，落实全国海关工作会议的部署，全面总结 2020 年关区工作，分析面临形势，提出推动江门海关工作高质量发展的总体思路，部署 6 个方面 26 项重点工作任务。一年来，各项工作多点突破、亮点纷呈。严格落实各项疫情防控措施推进稳外贸稳外资工作成效显著，优化口岸营商环境取得优异成绩，进口整体通关时间连续两年居全国海关首位，出口提升 7 位进入前 10，监管进出口货值创历史新高，税收入库大幅增长，辖区江门、阳江两市外贸增速分别位居广东省第四、第一，江门市外贸创历史新高。深化业务改革力度加大，推动关区 7 个重点领域和重点业务环节一体化改革取得积极成效，服务“双区”和横琴、前海两个合作区建设、支持和推进江门跨境电商综合试验区、大广海湾保税物流中心（B 型）等对外开放新平台建设取得新进展，实现跨境电商、B2B 等新业态零突破。助力“江门制造”搭上中欧班列快车，中欧班列业务进出口货值同比增长 60.39%。落实信用管理制度改革，江门市、阳江市新增 AEO 高级认证企业同比增长 150%。建立疫情常态化防控下海关政策宣讲机制，惠及企业近 1,600 多家。贸易统计连续 15 年“零差错”，数据管理工作保持“零事故”，为地方政府及时掌握国际国内宏观经济形势及市区县微观外贸动态提供科学精准的分析报告创历年新高。全面从严治党纵深推进，党史学习教育高质量开展，“现场监管与外勤执法权力寻租”专项整治扎实深化，“全国文明单位”品牌效应明显增强，干部队伍精气神进一步提振，整体工作呈现健康良好稳定发展态势，高质量发展迈出坚实步伐，实现“十四五”良好开局。

三、江门海关高质量开展党史学习教育　深化“三项工程”为群众办实事成效突出

江门海关党委认真学习贯彻习近平总

书记在党史学习教育动员大会、在庆祝中国共产党成立100周年大会、在党的十九届六中全会上的重要讲话精神，全面落实学史明理、学史增信、学史崇德、学史力行的要求，精心组织实施、有力有序推进党史学习教育多形式、全覆盖、立体化开展。以党委理论学习中心组为龙头，建立健全个人自学、集体研学、实地教学、理论讲学“四学”学习研讨机制，创新“沉浸式”教育方式，创立“榜样开讲啦”“微党课”“班车课堂”“指尖课堂”等党课品牌，组建“巾帼宣讲队”，开展“党史青年说”，举办“百年风华”党史系列图片展、颂党歌曲传唱、情景剧创作展演，激励党员干部牢记初心使命、赓续红色血脉、勇于担当奉献。以深化“国门安全”“便民利企”“暖心聚力”三项工程为牵引，扎实推动“我为群众办实事”实践活动落地见效，两级党委完成“68+241”项重点民生项目，解决困难问题515件，项目“党员先锋情暖夕阳红 送医送学服务送上门”入选全国海关“‘我为群众办实事’百佳项目”；积极有效解决一批干部职工关心关注的“急难愁盼”问题，队伍向心力、凝聚力、战斗力明显增强。12360热线受理问题5,754个，问题解决率和回访满意度均100%，“江门海关12360”微信公众号开辟“我为群众办实事”政策宣讲专栏，常态长效指导企业用好政策，惠及企业近1,600多家，群众、企业的获得感和满意度明显提升。通过党史学习教育，党员干部受到一次全面深刻的政治教育、思想淬炼、精神洗礼，取得学党史、悟思想、办实事、开新局的效果。“学习强国”学习平台、《中国国门时报》等媒体报道173篇次。

四、江门海关以整建制荣获“全国文明单位”为新起点 精神文明建设出新出彩

2021年1月4日，江门海关举行“全国文明单位”揭牌仪式，标志着江门海关以整建制荣获“全国文明单位”为新起点，踏上提升精神文明创建质量、擦亮“文明江关”品牌的新征程。一年来，江门海关坚持“党建引领、创建深化”思路，健全完善精神文明创建“四结合”机制，以精神文明创建为动力，在强化实际监管守护国门安全、优化服务促进经济社会发展、严格风纪推进准军事化纪律部队建设、主动作为深度参与大力支持全国文明城市创建4个方面下功夫，取得丰硕成果。坚决守住口岸疫情防线，力促关区江门、阳江两市外贸增速位居广东省前列。营造政策研究、业务钻研浓厚氛围，政研论文获总署、海关学会特等奖、一等奖多篇，获奖数量和等次均创历年最好成绩。开展进出口危险品及其包装检验监管岗位练兵，获全国海关系统优秀组织奖，3名干部进入全国海关线上练兵百强；坚持“及时奖”与“专项奖”相结合，对8个集体、19名个人记三等功，26个集体、157名个人给予嘉奖奖励，激发全关干部

职工积极性主动性创造性。组织“关爱”义工服务队参与文明城市创建；干部员工踊跃献血，全年无偿献血量超3,000毫升，吴语海个人累计献血超过8,000毫升，获得“全国无偿献血奉献奖”金奖。广泛开展爱心助学活动，为鲲鹏村渔民子弟学校购置学生课桌椅400套，打造12个图书角，添置室外篮球架等各类体育器材，教学环境条件大幅度改善提升。募集爱心捐款获“江门市杜鹃花慈善捐赠奖”铜奖。开展“爱心父母”活动，帮扶困难儿童154名，帮扶人数及金额均创历年新高。全力支持江门市、阳江市文明城市建设，参与江门市“网络文明风尚传播”的宣传活动，广泛传唱《文明在哪里》《我的爱唱歌给你听》歌曲。一年来，江门海关新增国家级荣誉6项、省级荣誉6项、市级荣誉21项，方冬宏同志获“全国优秀党务工作者”，外海海关通关攻坚小组、江门海关办公室12360服务热线工作室获“全国青年文明号”，苏彩华同志获“全国巾帼建功标兵”，李汉云获“全国群众体育先进个人”，刘益麟家庭获“全国五好家庭”，张晶新、王颖家庭获广东省百户“最美家庭”，5个单位部门获评江门市、阳江市模范机关标兵单位和先进单位。江门海关以务实有效的举措和沉甸甸的成绩单，赢得各方面的充分肯定和高度评价。《人民日报》、中央电视台、新华社等媒体多角度讲述“江关好故事”，宣传江门海关工作及成效次数创历史新高。

五、江门海关组织系列活动庆祝建党百年　方冬宏同志获“全国优秀党务工作者”称号

2021年，江门海关高质量推进党史学习教育，开展“学党史、颂党恩、庆华诞”“十个一百”系列活动，庆祝中国共产党成立100周年。系列活动以习近平新时代中国特色社会主义思想为指导，以“百个党史故事”宣讲、“百篇学习文章”征集、“百首颂党歌曲”传唱、“百名优秀党员”事迹宣传、“百件实事及时办”行动、“百幅党建作品”展览、“百名支部书记”轮训、“百名党员干部”关怀帮扶、“百名书记讲党课”“百个先进典型”培树等10个专题活动贯穿全年，教育引导党员干部全面认识党百年奋斗的重大成就和历史经验，深刻领悟党的十八大以来党和国家事业取得的历史性成就、发生的历史性变革，激励党员干部深刻认识“两个确立”的决定性意义，进一步增强“四个意识”、坚定“四个自信”、做到“两个维护”，满怀信心迈进全面建设社会主义现代化国家新征程。方冬宏同志荣获“全国优秀党务工作者”荣誉称号赴京受奖，参加“七一勋章”颁奖仪式、庆祝中国共产党成立100周年大会及庆祝中国共产党成立100周年大型文艺演出《伟大征程》。江门海关隆重举行仪式，为28名“光荣在党50年”的退休党员颁发纪念章。江门海关合唱队参加“百年征程盛世歌——

江门市庆祝中国共产党成立100周年合唱比赛暨第十四届‘百歌颂中华’歌咏活动”获得总决赛金奖第一名和“最佳演绎奖”。

六、江门海关强化实际监管 筑牢国门安全防线

江门海关党委深入学习贯彻习近平总书记重要指示批示精神，坚决贯彻落实总体国家安全观，牢牢把好政治、经济、文化、生态、生物等领域安全关口。毫不动摇坚持“外防输入、内防反弹”总策略，坚决筑牢口岸卫生检疫防线。坚持“多病共防”，严防传染病疫情叠加。深入开展“国门利剑2021”行动，严厉打击“洋垃圾”、濒危动植物及其制品走私，破获“水客”走私大案；查获冰毒、大麻等毒品及咖啡因片（二类精神药品）多起；查扣知识产权侵权货物（物品）数量、价值同比分别同比增长26%、673%；查获违禁印刷品及音像制品等多批。开展“国门绿盾2021”行动，有效处置进口农产品霉菌超标等情事，寄递渠道截获外来物种同比增长118%。开展“国门守护”行动，严格法定检验商品以外进出口商品抽查检验，检出各类不合格食品、商品，增强人民群众安全感。

七、江门海关荣获“七五”全国普法工作先进单位

江门海关坚持将学习贯彻习近平法治思想作为加强关区法治建设、推进依法把关的首要任务，贯穿全程，覆盖全域，筑牢法治工作根基。深入开展习近平法治思想大学习，组织全员网上专题培训，举办专题讲座，开展主题征文活动，学深悟透、把握要义、指导实践。完善关区制度体系，推动“强化法治意识措施”有效落实，健全完善两级党委工作规则、“三重一大”决策等制度14项，修订《江门海关业务制度管理办法》，形成“四类三级两规格”层次分明、脉络清晰的关区制度体系。开发应用智慧制度平台，为制度“全口径、全周期、全要素”管理提供信息化支持。深化“放管服”改革，海关涉企经营许可事项“证照分离”改革实现全覆盖。开发执法“双随机”管理应用平台，实现抽查事项和监管对象系统随机执法全覆盖，配合地方实现跨部门联合抽查“进一次门、查多项事”。落实“谁执法谁普法”责任制，建立月度“学法+普法+交流”机制，每月编制《学法参考清单》，开展“100个电话”精准普法，组建“普法小分队”提供“订餐式”普法咨询。创作普法宣传作品分别荣获第十七届全国法治动漫微视频作品征集展示活动优秀奖、广东省第一届应急管理优秀宣传作品评选展播活动“网络人气奖”。

八、江门海关助力乡村振兴，帮扶多项特色农业产品实现出口“零”的突破

江门海关坚决贯彻落实习近平总书记

关于巩固拓展脱贫攻坚成果同乡村振兴有效衔接的重要论述和重要指示批示精神，着力帮扶江门、阳江两地特色农产品提升质量、优化品质、走出国门，实现“农业增效、农村就业、农民增收”。积极推动构建粤港澳大湾区“菜篮子”供应基地和绿色生态农业发展平台的规划建设，推荐认定“广东省农产品出口示范基地”企业、“粤港澳大湾区‘菜篮子’生产基地”73家；助力冷冻鹧鸪产品首供香港市场，监管出口竹丝鸡约占澳门市场80%；监管出口活日本鳗鱼占全国80%；支持开展种用资源保良育优技术攻关，选育种鸡品系在省内供港澳冰鲜鸡肉制品市场占比超60%，监管供港活鸡苗占内地80%；指导建成进境水生动物指定隔离检疫场，迈出地方锦鲤产业高端化、高质量发展“关键一步”。指导打造荔枝、火龙果和“新会柑果”出口标准化种植基地，实现基地供货出口“一带一路”沿线国家地区“零”的突破，帮助阳江荔枝时隔10年恢复出口。选派干部任驻台山市广海镇鲲鹏村第一书记，指导“广海咸鱼”生产企业通过食品生产许可认证并入驻电商平台拓宽销路，募集爱心捐款支持广海镇鲲鹏村实施“教学基础设施提升工程”“村容村道美化工程”，超2000人受益。

九、江门海关深化“三智”合作　推动智慧海关建设提质增效

江门海关深入贯彻落实习近平总书记关于开展“三智”国际合作的重要指示精神，制订“十四五”科技发展实施方案，确定扎实推进智慧海关建设、整合优化实验室、完善信息化技术基础、优化科技体制机制等4个方面重点任务。一年来，高质量落实全国海关“云擎”业务管理工作，推进大数据在通关效率评估、税收风险防控、风险监控等业务领域应用，优化整合实验室建设布局，推进实验室能力建设，完善核酸检测实验室，补齐危险货物包装性能检测、树种鉴定能力短板，拓展陈皮、鳗鱼、禽蛋等特色农产品检测范围，法定项目项次自检率大幅度提升，实现微生物领域法定项目全覆盖。积极参与构建省内海关实验室“技术联盟”，推进新会陈皮质量监督检验中心“园关共建”、阳江五金刀剪技术性贸易措施研究基地和风险监测点工作，探索建立公共技术服务平台。软件研发能力取得突破性成果，获得多项著作权，培育经济实体获评广东省高新技术企业。创新“实践＋”教学模式，建成实操培训点，上线教育培训仿真平台，打造多维度实训框架，探索建立“跨境智慧培训”项目。

十、江门海关创建节约型机关取得新成果

江门海关坚持树牢过“紧日子”思想，坚持依法理财、科学理财，优化资金配置，积极创建节约型机关。完善预算管理等制度规定，健全财务管理制度，强化

制度约束，进一步促进财务管理科学化规范化。组织开展节能宣传周和全国低碳日活动，举办关区节能知识专题讲座，多维度加强“碳达峰碳中和”宣传教育，用水、用电、用油均在控制标准之内。大力精文减会，全面压减公务接待、公车运维、差旅费预算开支，把资金用到重点改革项目以及民生保障项目，资金资源使用效益明显提升。落实勤俭节约要求，改进食堂供餐模式，开发“智慧订餐”系统，引入外卖购物平台、“智慧洗车”等，便民服务水平进一步提升。

江门海关2021年度优化口岸营商环境 促进外贸高质量发展十大举措

一、深化业务改革，推进贸易便利化成效明显

江门海关以“五项创新”、海关全业务领域一体化改革为抓手，推动贸易便利化取得明显成效。“两步申报”改革实现关区全覆盖，报关单比例提高74.09%，“两段准入”助力关区进口整体通关效率大幅提升。“船边直提”和“抵港直装”改革有效实施，改革后货物从到港到直提（装）整体时间较传统模式提速93%。推进7项业务开展全业务领域一体化改革，实现业务改革“再深化”，搭建并优化关区快件、加工贸易、检验检疫证书和出口原产地证书的集约化审核模式，推进完成货运、非贸、物流通关等5个不同领域“云擎”平台应用。改革以来，关区加工贸易手册审核平均耗时较集审前大幅缩短。

二、实施企业集团加工贸易监管模式，助力加工贸易高质量发展

江门海关落实国务院关于促进加工贸易创新发展的部署要求，以企业需求为导向，针对企业集团统一采购、生产加工、销售等一体化的经营模式下需要保税货物快速流动的需求，企业集团化运作优势充分发挥的问题，积极探索建立企业集团加工贸易监管模式。探索跨关区建立“以企业集团为监管单元的一体化保税监管”模式，得到总署认可并在全国9个直属海关开展改革试点，后在全国推广实施。组织对313家保税企业开展政策宣讲和需求调研，加强信用培育和帮扶。该模式的实施大大促进保税料件在集团企业间的自由流通，简化办事流程，最大限度为企业带来便利，助推加工贸易新发展。

三、强化信用赋能，引导企业守法便利

江门海关贯彻落实“放管服”改革部署，多措并举推进企业信用管理制度改革，培育企业提高信用等级享受通关便利。大力宣传解读新信用管理办法，召开9场座谈会，分批对250家进出口企业开展海关新信用制度政策解读和宣传。为高

级认证企业提供协调员服务，组建25人技术团队，通过“中国海关信用管理”微信平台构建“线上答疑，线下协调”服务企业新模式。加大企业信用培育力度，创新认证培育的方式和手段，多渠道多层次开展信用培育，助力更多符合条件的企业成为高级认证企业。推动落实认证企业的5类22条便利措施，2021年关区新增高级认证企业同比增加150%。

四、压缩进口整体通关时间成效明显

江门海关健全压缩整体通关时间工作机制，实现管理制度化，形成齐抓共管合力。建立“压缩整体通关时间问题工具库”，针对通关堵点难点精准施策，协同推进提升通关效能。大力推进“提前申报”“两步申报”等便利通关模式，2021年“提前申报”进口、出口应用率分别提高29.94%、26.48%；“两步申报”报关单比例提高74.09%。2021年12月，关区进口整体通关时间3.16小时，关区出口整体通关时间0.31小时。全年关区进口整体通关时间4.98小时，出口整体通关时间0.76小时。

五、优化原产地管理，释放“纸黄金”红利

原产地证书是货物在进口国（地区）享受优惠关税待遇的重要凭证，被广大企业视为降低外贸成本的“金钥匙”“纸黄金”，也是增强我国制造商品国际竞争力的重要证书。江门海关以RCEP的签署为契机，进一步优化原产地管理，引导企业提前布局搭乘“RCEP关税减让”快车。举办线上宣讲会，400多家企业参会，引导企业从优惠贸易协定种类、商品种类、进口国家等方面扩大商机。筛选受惠国家进出口数额较大的企业，实施“一企一策”精准帮扶，帮助企业进一步扩大受惠进出口规模，提升协定利用率。启动出口原产地证审核集约化试点改革，实现快速审签，增强企业获得感。推广原产地证书自助打印，帮助企业“足不出户”签领证书。

六、助力乡村振兴，托稳粤港澳大湾区“菜篮子”

江门海关以支持粤港澳大湾区“菜篮子”民生工程建设为重点，强化供港澳农产品安全监控和服务工作，落实“质量、品牌、标准”引领举措，推动特色产业结构优化、供给侧升级。推荐认定“粤港澳大湾区‘菜篮子’生产基地”企业49家、“广东省农产品出口示范基地”企业24家。统筹落实新冠肺炎以及重大动物疫病“全链条”“双防控”和“联防联控”“稳产保供”各项措施，关区供港活鸡苗数量内地占比保持80%，确保检疫安全“零事故”和通关顺畅“零障碍”。紧贴全国最大日本鳗鱼出口养殖基地“台山鳗鱼”特色产业需求，帮扶企业成功应对国外技术性贸易措施。2021年“台山鳗鱼”出口量

占全国活日本鳗鱼出口量的80%，同步实现产业链增值升级和农业结构优化，产业产值在全产业链总产值占比近70%。服务地方打造“新会柑”出口标准化种植基地，走好“种植升级”到“果品升级”再到“果皮升级”的关键步，提升“新会陈皮”品质“含金量”，引导推进关联产业供给侧结构性改革。发挥关地企“直通车”机制，“一对一”量身定制从荔枝种植管理到出口注册“全流程”帮扶方案，在实验室检测、现场装运监管方面铺设“鲜品”快速通道，做到当天采摘、查验、装车、启运出口“零等待”，实现关区荔枝种植基地供货出口“零”的突破。

七、支持大湾区“江海门户”建设，拓展国际物流通道

江门海关立足江门区位优势，以支持江门高新港和江门市首家铁路类监管作业场所——江门北站海关监管作业场所建设为重点，全力支持大湾区“江海门户”建设，拓展国际物流通道。2021 年 4 月 13 日，江门市高新港正式对外开放，该港口是华南最大内河智慧港口，是大湾区国际化物流运输网络的重要支点，江门海关推动“江门海关物流协同辅助平台”在高新港码头试运行并顺利验收，支持智慧口岸建设。2021 年 12 月 6 日，江门北站海关监管作业场所正式设立，使江门北站具备开通中欧班列，打通珠西物流中心直接连接国际物流通道的条件。该场所运营后，可通过海铁联运模式连接盐田港、南沙港、高栏港三大海运枢纽港，推动港口功能延伸至珠西、粤西，构建起全方位的货物进出口通道，推进珠西物流中心构建大交通、大商贸、大物流服务体系。

八、全力支持江门市跨境电子商务综合试验区建设，拓展对外开放新平台

江门海关在成功助推江门市获批跨境电子商务综合试验区的基础上，召开多次新闻发布会、政策宣讲会，主动走访跨境电商企业进行“一对一”政策辅导，为30家有意开展跨境电商业务的本地企业及时办理登记备案手续。做好通关服务和协调指导，帮助企业应对疫情影响下海运船期不稳定等负面因素。持续推动新业务拓展，年内先后打通跨境电商海陆出口通道、跨境电商 B2B 出口通道：7 月 26 日首票跨境电商企业对企业直接出口业务顺利通关，8 月 17 日首票跨境电商水陆联运出口转关业务顺利通关，11 月 2 日首票跨境电商出口海外仓业务顺利通关。

九、精准施策，支持新造集装箱等特色产业加快发展

江门海关坚持问题导向、精准施策，积极支持和推动地方特色产业发展。新冠肺炎疫情全球持续蔓延，为缓解出口集装箱“一箱难求”，全流程对接支持新造集装箱扩大出口，精准掌握企业生产计划和库存情况，实现从生产到起运的全过程通

道式管理，应用专用堆场管理系统，提高交箱的及时性和便捷性，推广“配货出口”，降低企业运营成本。阳江市刀剪产品占全国五金刀剪产量7成份额，出口量占全国85%，是国内高知名度产业。充分利用国家五金刀剪研究评议基地和五金刀剪风险质量安全风险监测点的作用，搜集各国五金刀剪产业有关的预警通报、产品标准等850多条，解答新产品研发、标准更新等业务咨询，提供标准及技术规范320多项，设立“关企直通车服务窗口”，采取节假日预约通关、派员监管、下厂查验等举措，引导企业申请知识产权海关备案，指导国内首家刀剪企业通过海关高级认证，提升企业竞争力。成功推动11家麦克风生产企业的40个商标在总署“知识产权海关保护系统”备案，帮助企业应对国外技术贸易措施，指导企业用好用足税收优惠措施，缓解资金压力。2021年，监管出口新造集装箱数量同比增长1.4倍，货值同比增长3.46倍，“配货出口”新造集装箱数量同比增长1.5倍；阳江市刀剪产品出口同比增长32.76%；恩平麦克风产品出口量、值双增长。

十、推行“法治+”深化“放管服”改革，打造法治化口岸营商环境

江门海关制定深化“放管服”改革、培育激发市场主体活力13项措施，推进“证照分离”改革，落实取消“报关企业注册登记”备案管理、“进出口商品检验鉴定业务的检验许可”事项审批，实行“告知承诺”制，推进注销便利化。建设9个标准化的“行政审批窗口自助办理区”，开展“互联网+”新型评审核查方式，推广行政审批一网集成办理，行政审批网上办理率100%。完善关地企沟通机制，主动创新普法调研，以“100个电话”、12360热线、行政复议等常态化、多渠道收集梳理企业群众需求，围绕15个监管重要业务节点开展“链条式”安全生产普法，以普法增进关企沟通理解，集中普法回应企业问题78项，惠及企业近700家，打通政策宣讲“最后一公里”。加强知识产权海关保护，构建高风险重点商品数据库，快速研判风险，提升通关效率的同时保持打击侵权高压态势。2021年扣留涉嫌侵权货物（物品）数量、价值同比分别增长26%、673%；及时解决企业品牌授权、备案申请等困难35个，推动19家重点培塑企业进入地方知识产权海外护航援助服务范围；对194家重点外贸企业精准调研推动申请海关备案，2021年新增备案用户同比增长54%；立足江门市“中国摩托车出口基地”，加强业务指导，增强拥有自主知识产权摩托车企业的国际竞争力，为进出口企业保驾护航。

江门海关2021年获奖论文一览表

参加总署司室2021年征文获奖名单

序号	单位	作者	题目	奖别
1	风险防控分局	风险防控分局课题组	总体国家安全观视域下推进“两轮驱动”改革路径探析	一等奖

参加中国海关学会2021年征文获奖名单

序号	单位	作者	题目	奖别
1	风险防控分局	风险防控分局课题组	以整体风险管控落实总体国家安全观的思考——以供应链为单元的海关风险防控研究	优秀奖
2	海关学会	李富周	洋关里走出的红色音乐家	优秀奖

参加中国海关学会广州代表处2021年综合类征文获奖名单

序号	单位	作者	题目	奖别
1	关领导	李　辉	铭记光辉历史汲取成功经验，奋力推动海关事业高质量发展	领导干部优秀论文
2	风险防控分局	风险防控分局课题组	以整体风险管控落实总体国家安全观的思考——以供应链为单元的海关风险防控研究	一等奖
3	缉私局	缉私局课题组	从多维合成作战能力建设角度看深入打击跨境快件渠道毒品走私	二等奖
4	风险防控分局	区健强 郑兆斌	总体国家安全观下应用物流链信息强化风险防控工作的思考	三等奖
5	统计处	陈建光 李　霞 林锦朗	广东摩托车出口市场现状与问题及改进策略探讨	三等奖
6	动植检处	尼桂祯	全球新发人畜共患病流行态势及海关监管防控建议	三等奖
7	关税处	谭　靖 梁浩明	从国际贸易货物保险试论我国海关对进（出）口货物的估价	三等奖

参加中国海关学会广州代表处2021年专题征文获奖名单

序号	单位	作者	题目	奖别
1	统计处	林锦朗	推动新时期广东外贸高质量发展的思考	一等奖
2	关税处	梁浩明 唐斓心	关税政策调整中的公众参与研究	一等奖
3	新会海关	余德强 陈　野 林瑞平	发挥银洲湖纸业基地优势，推动江门造纸产业转型升级	二等奖
4	台山海关	黄秋兰	关于优化农产品出口监管模式推动粤港澳大湾区菜篮子建设的思考	二等奖
5	检验处	黄耿龙	促进广东水海产品出口的思考	二等奖
6	统计处	陈建光 冯锦标 李　霞 苏彩华 郑晓阳	从城市竞争力探索江门市高质量发展的途径	三等奖
7	鹤山海关	李　林	关于创建鹤山寄递集散中心的思考	三等奖
8	统计处	钱惠姗	完善保税物流货物制度，推进外贸高质量发展	三等奖
9	新会海关	陈万齐 吴俊锋	推动关区特色农产品高质量发展的研究和思考	三等奖
10	稽查处	曾　涛 林振锋 黄炳夫 程紫雯	引入“首违不罚”理念，优化海关主动披露制度	三等奖
11	监管处	任炎平	关于继续推进粤港澳游艇自由行的若干建议	三等奖

“中国海关史料丛书” 编委会